Theo Hirsbrunner

Die Musik in Frankreich im 20. Jahrhundert

Theo Hirsbrunner

DIE MUSIK IN FRANKREICH IM 20. JAHRHUNDERT

Laaber

ISBN 3-89007-197-X

Gesamtherstellung: Friedrich Pustet, Regensburg
Umschlagbild: Robert Delaunay, Tour d' Eiffel (1911)
(Salomon Guggenheim Museum, New York)

Inhaltsverzeichnis

Vorwort

Der Titel dieses Buches trägt der wichtigen Tatsache Rechnung, daß eine neuere französische Musik nicht ohne die Mitwirkung von Ausländern entstehen konnte. Paris war schon im 19. Jahrhundert kosmopolitisch gesinnt; Luigi Cherubini, Gasparo Spontini, Franz Liszt, Frédéric Chopin und Giacomo Meyerbeer waren wichtige Exponenten der französischen Kultur. Undenkbar wäre es bei einer Betrachtung des 20. Jahrhunderts, Igor Strawinsky, Sergej Prokofiev, Iannis Xenakis u.a. zu verschweigen. Das Zentrum ihrer Aktivitäten war und ist Paris; dort Erfolg zu haben, bedeutete, Weltruhm zu erlangen. Die Provinz spielt trotz aller Versuche, sie aufzuwerten, eine untergeordnete Rolle. Professoren, die in Lyon unterrichten, wohnen meist in Paris und benützen den TGV, um rasch vom einen zum anderen Ort zu fahren.

Die Folge der Kapitel gibt nur einen summarischen Hinweis auf die chronologische Gliederung. Sie muß mit dem Ende des deutsch-französischen Krieges von 1870/71 beginnen, läßt aber Komponisten, die an der neueren Entwicklung keinen Anteil hatten, unerwähnt: Camille Saint-Saëns, Jules Massenet, Gustave Charpentier u.a. Die in die Zukunft drängenden Musiker stehen im Vordergrund, wobei aber retardierende Tendenzen und eine gewisse Mehrschichtigkeit der Entwicklung nicht unberücksichtigt bleiben dürfen. In diesem Zusammenhang ist es unmöglich, Begriffe wie ›Impressionismus‹ oder ›Neoklassizismus‹ zu definieren, wenn man nicht einseitig und dogmatisch werden will.

Die Bedeutung vieler erwähnter Komponisten ist heute noch umstritten. Deshalb entstehen Diskrepanzen in ihrer Beurteilung, die nicht verschwiegen werden können. Die moderne Musik im Widerstreit der Meinungen vergegenwärtigt die Vergangenheit, wobei doch schon die fünfziger und sechziger Jahre fern gerückt sind.

Die Darstellung kann nicht anders als selektiv und parteiisch sein. Die Leserinnen und Leser werden einige berühmte Namen und Werke vermissen. Nadia Boulanger, die bedeutende Pädagogin, wird kaum erwähnt, da sie die Tendenzen »nach vorne« meist zu hintertreiben versuchte. Nur einer ihrer Ansprüche wurde beherzigt: Zu ihrem Schüler Jacques Chailley soll sie gesagt haben, es würden zu viele Bücher über das Leben von Musikern und zu wenige über deren Musik geschrieben. Deshalb werden biographische Angaben nur dort genannt, wo sie unbekannt und zum Verständnis der Werke unbedingt notwendig sind. Wenn diese einen hohen Rang haben, sind sie ihrer Zeit fast entrückt, und es erübrigt sich, zu zeigen, daß sie einmal auch umkämpft waren.

Auf Notenbeispiele wurde fast völlig verzichtet, da sonst der Text aus dem Gleichgewicht geraten würde. Allein über den Beginn von Claude Debussys *Prélude à l'après-midi d'un faune* ließen sich viele Seiten füllen. Die ästhetischen Konzepte werden deshalb hervorgehoben; dabei spielen die Beziehungen zu den anderen Künsten zumal bei den vokalen und theatralischen Werken eine große Rolle. Aber auch frühe »Schlüsselerlebnisse« können die spätere Kompositionstechnik erhellen helfen.

Die knappe Bibliographie führt die in den verschiedenen Kapiteln zitierten Arbeiten meist nicht an, sondern will diese durch Biographien und die Schriften der Komponisten ergänzen. Wenn immer möglich, wurden Bücher in verschiedenen Sprachen aufgenommen, um den Zugang zu erleichtern. Die Orthographie der slawischen Namen richtet sich nach den Quellen, aus denen sie stammen; somit mußte eine gewisse Uneinheitlichkeit in Kauf genommen werden.

Ohne die Mitarbeit der heute lebenden Komponisten in Paris und ohne die Paul Sacher Stiftung Basel wäre das Buch nicht möglich geworden. Ihnen gehört deshalb mein besonderer Dank.

Bern, im Mai 1994 Theo Hirsbrunner

I. 1871—1918

Wagnerianer und Antiwagnerianer

Der deutsch-französische Krieg von 1870/71 verletzte die Franzosen schmerzlich in ihrem Selbstverständnis als die kulturell führende Nation Europas. In Paris trafen sich zwar die besten Musiker aus allen Ländern, in Paris Erfolg zu ernten bedeutete, Weltruhm zu erlangen, doch das mondäne Publikum begeisterte sich für virtuose Gesangsstars und brillante Klaviermusik, ohne sich tiefer mit der Botschaft der Musik und größeren strukturellen Zusammenhängen beschäftigen zu wollen. Deshalb herrschte aus politischen und ästhetischen Gründen Mißtrauen gegenüber der deutschen Musik, wie sie sich in Ludwig van Beethovens Symphonien und Richard Wagners Musikdramen äußerte. Doch auch Hector Berlioz' Pathos wirkte unvertraut vor Hörern, die nur einschmeichelnde Melodien mit einer einfachen Begleitung genießen wollten. In Aufführungen von Mozart-Opern ging man nur, um einige beliebte Arien zu hören, während die weitausgreifenden Finalsätze in *Le Nozze di Figaro* und *Don Giovanni* von Geplauder übertönt wurden oder ganz einfach das Zeichen zum Aufbruch gaben.[1] Immerhin waren diese Werke bekannt und wurden häufig gespielt. Beethovens Symphonien waren schon früh durch François Habeneck in mustergültigen Aufführungen dem Pariser Konzertleben zugeführt worden. Mit Wagner verhielt es sich anders: Vor den neunziger Jahren wurden seine Hauptwerke nicht an der Grand Opéra gegeben. Jules-Etienne Pasdeloup und Charles Lamoureux dirigierten zwar Vorspiele, Ouvertüren und symphonische Fragmente in ihren Konzerten, jedoch ohne dadurch einen Begriff von den großen, sich über Stunden erstreckenden musikalischen Zusammenhängen geben zu können, um die es dem Meister von Bayreuth ging.

Joris-Karl Huysmans hat in seinem Roman *A Rebours* (Gegen den Strich; 1884) die Situation der zumeist aristokratisch gesinnten Künstler und Literaten jener Zeit so treffend dargestellt, daß sich jeder, der ein ernsteres Verständnis der Kunst anstrebte, darin wiedererkannte. Gegen den Schluß des Buches kommt er auch auf Wagner zu sprechen und erwähnt die Unzufriedenheit mit konzertanten Aufführungen von Teilstücken aus dem *Ring des*

Nibelungen, aus *Tristan und Isolde* oder den *Meistersingern von Nürnberg*, wenn er von Des Esseintes, dem Helden des Romans, berichtet: »[...] er wußte genau, daß es nicht eine Szene, nicht einmal eine Phrase einer Oper des wunderbaren Wagner gab, die man ungestraft aus ihrem Zusammenhang lösen könnte. Die abgetrennten und auf dem Teller eines Konzerts servierten Stücke verloren jede Bedeutung, blieben ihres Sinnes beraubt [...].«[2] Des Esseintes ist aber weit davon entfernt, ein gebildeter Musiker zu sein: »Er spielte Klavier wie irgendwer, war nach langem Steckenbleiben ungefähr fähig, eine Partitur schlecht zu entziffern, aber fremd war ihm die Harmonik, die Technik, die notwendig wäre, um wirklich eine Nuance zu erfassen, um eine Feinheit zu würdigen, um mit Fachkenntnis ein Raffinement zu geniessen.«[3] Damit spricht Huysmans eine Tatsache an, die man nicht ausklammern darf: Die Verehrung Wagners wurde vor allem von Musikliebhabern, von Enthusiasten gepflegt, die sich an der Handlung, am Text jener Werke berauschten; die Musik selbst blieb weitgehend unverstanden oder löste nur ein dumpfes Gefühl von Erhabenheit und Tiefe aus, die man bei der übrigen zeitgenössischen Produktion vermißte. Wagner war auch aus politischen Gründen unerwünscht: »Berücksichtigt man die Tatsache, daß der wachsame Patriotismus ein französisches Theater daran hinderte, eine Oper von Wagner aufzuführen, so blieb den Neugierigen, die die Geheimnisse der Musik nicht kennen und weder willens noch fähig sind, sich nach Bayreuth zu begeben, nichts anderes übrig als zuhause zu bleiben, und gerade das war die vernünftige Entscheidung, die er [Des Esseintes] traf.«[4] Die begreifliche germanophobe Stimmung, die nach der Niederlage von 1871 herrschte, äußerte sich oft auch während der Konzerte. Sah das Publikum die Musiker mit den tiefen Blechblasinstrumenten auf das Podium treten, so wußte es, daß jetzt etwas von Wagner, dem Verfasser des Stückes *Eine Kapitulation*, gespielt wurde, und viele brachen in höhnische Rufe aus. Die treuen Wagnerianer schmerzte der Konflikt zwischen ihrer Begeisterung für Wagner und ihrer Liebe zum gedemütigten Vaterland. Die üblichen französischen Opern eines Boïeldieu, Auber, Adam oder Thomas oder gar die italienischen Opern konnten keinen Ersatz bieten.[5] Die Franzosen, die sich nach einer ernsten und großartigen Kunst sehnten, standen in einem Vakuum, das durch vage Träumereien nur unvollkommen ausgefüllt werden konnte. Man war aber Wagnerianer aus Protest gegen die Banalisierung und Entzauberung der Welt, wie sie durch den industriellen Fortschritt beschleunigt wurden. Der Wagnerismus war ein Lebensgefühl, das viele Exponenten der kulturellen Oberschicht erfaßt hatte, und nicht zu allererst eine Angelegenheit der professionellen Musiker.[6] Das hat Huysmans klar gesehen.

*

Eine Musik, deren Harmonik und thematische Arbeit komplexer war als alles, was früher — wenn man von Berlioz absieht — in Frankreich komponiert worden war, schrieb César Franck, der eine Schar von Schülern um sich versammelte, die untereinander auch befreundet waren.[7] In erster Linie muß in diesem Zusammenhang Vincent d'Indy erwähnt werden, ein überzeugter, strenger Katholik aus einer alten aristokratischen Familie. Im Jahre 1876 wurde ihm der Besuch der Festspiele in Bayreuth zur Offenbarung. Am 27. August sah und hörte er *Das Rheingold*, dessen Orchester er gar nicht als erdrückend empfand.[8] *Die Walküre* am folgenden Tag machte ihn sprachlos vor Begeisterung: »Das ist die griechische Tragödie in all ihrem Glanz«, schrieb er an seine Gattin.[9] Der zweite Aufzug der *Götterdämmerung* befriedigte ihn weniger, doch den Tod Siegfrieds und den Schlußgesang der Brünhilde fand er wunderbar.[10] Er sah in der Tetralogie ein Epos und vergaß dabei die äußere Welt.[11] Es wurde ihm bewußt, daß die musikdramatische Kunst seines Landes regeneriert werden müsse; Meyerbeer, Saint-Saëns und Massenet genügten nicht mehr.[12] Die symphonische und die Kammermusik, wie er sie von Beethoven und Franck kannte, wurde ihm zur Vorstufe für eine französische Nationaloper, die er schließlich mit *Fervaal* schreiben sollte. Da es vorläufig an einer Bühne fehlte, die ein solches Werk hätte annehmen wollen, schrieb er mit *La Forêt enchantée* (Der Zauberwald; 1878) Programmusik. Ursprünglich hätte das Werk *Harald* heißen sollen, da es sich auf eine Ballade von Ludwig Uhland bezog. D'Indy näherte sich nordischen Mythen in *Axel* nach einem Text des dänischen Schriftstellers Esaias Tegner.[13] Das Stück hätte die Keuschheit und den Freitod verherrlichen sollen, wurde aber schließlich nicht ausgeführt. In *Le Chant de la cloche* (Das Lied von der Glocke; 1885) nach Schiller zitierte er deutsche Volkslieder, nachdem er schon eine Ouvertüre zu den *Piccolomini* (1874) und zu *Wallenstein* (1880) geschrieben hatte. Deutsche Kunst war ihm alles — in der Alten Pinakothek in München studierte er vor allem die deutschen Meister des 15., 16. und 17. Jahrhunderts[14] —, während ihm die italienische Musik, die er auf seinen vielen Reisen kennenlernte, nichts bedeutete.[15] Im Jahre 1882 wurde ihm *Parsifal* in Bayreuth wieder zu einem überwältigenden Erlebnis. Der Klavierauszug war schon vorher erschienen, und einige Wagnerianer in Paris fanden diese Musik senil. Doch d'Indy sah in ihr eine »wahrhaftige gotische Kathedrale« und jubelte: »Oh! Wie weit weg sind wir von der Pariser Oper!«[16] Es ging ihm darum, Meyerbeer zu enttrohnen, wobei er mit zunehmendem Alter auch öffentliche antisemitische Äußerungen nicht scheute. Am 3. Mai 1887 führte Lamoureux in Paris *Lohengrin* auf; d'Indy hatte die Chöre einstudiert. Vor dem Theater versammelte sich eine protestierende Menge von Chauvinisten, die den Abend stören wollte, doch d'Indy verfolgte seinen Traum weiter: die Gründung eines Theaters, »wo endlich die lebendige und wahre Kunst bekannt werden kann neben dem toten Prunk der großen Mumie, die man — ich weiß nicht warum — die Académie nationale de musique nennt.«[17] Bayreuth besuchte er 1889 erneut und sah *Parsifal*, *Tristan und Isolde* und die *Meistersinger*; zwei Jahre später waren es wieder *Parsifal*, *Tristan und Isolde* sowie der *Tannhäuser*, die er mit Andacht und auch einem gewissen Fanatismus aufnahm.

Sein Projekt eines eigenen Theaters ließ sich nicht verwirklichen, doch mit *Fervaal*, der am 12. März 1897 in Brüssel uraufgeführt und im folgenden Jahr auch in Paris an der Opéra-comique gegeben wurde, gelang ihm ein musikdramatisches Werk, das zwar nicht im Spielplan der Opernhäuser blieb, das aber doch Geschichte gemacht hat. In jahrelanger Arbeit wurde auch der Text neben der sehr komplexen Musik von d'Indy selbst verfaßt; denn es fehlte an Librettisten, die ein Buch im Sinne der Wagnerschen Dramaturgie hätten schreiben können. *Fervaal* ist in rhythmisierter Prosa gehalten und verzichtet auf die Trennung in einzelne Nummern, die den Lauf der Handlung hemmen könnten. Die Musik folgt ihr sehr geschmeidig, oder, besser gesagt, die Gänge und Gebärden der Sänger-Schauspieler entstehen aus der Musik des Orchesters. Das Orchester ist Inszenator wie bei Wagner. Eine für Frankreich neue musikalische Syntax war damit gefunden worden. Wenn auch die Entwicklung weit weg von diesem schwerfällig symphonischen Stil führen wird, so ist doch d'Indys Leistung nicht zu unterschätzen; denn er rechnete mit einem Hörer, der nun im Gegensatz zu früher größere Zusammenhänge erfassen konnte, ohne auf einzelne Glanzpunkte zu warten. Fervaal reimt sich nicht von ungefähr auf Parsifal: Hier wie dort ist es ein keuscher Held, der vom exotischen Luxus einer Frau verführt werden soll. Fervaal ist außerdem Kelte, was seine guten Gründe hat, denn weder mit dem germanischen

Stamm der Franken, die die Völkerwanderung ins Land gebracht, noch mit den Römern oder Griechen, die vom Mittelmeer her Gallien zivilisiert hatten, mochten sich die Franzosen identifizieren. Auf der Suche nach ihren Ursprüngen stießen sie auf die Kelten wie Wagner auf die nordgermanischen Mythen. Neben d'Indy haben Edouard Lalo in *Le Roi d'Ys* (1888) und Camille Erlanger in *Kermaria* (1897) bretonische Motive aufgegriffen.

Mit *L'Etranger* (Der Fremde; 1903) gelang Vincent d'Indy ein weiteres Werk in der Nachfolge Richard Wagners. Die Handlung ist eine Paraphrase des *Fliegenden Holländers*, doch der Charakter des Fremden wird moralisch noch überhöht, denn er möchte nur das Gute für alle Menschen. Diese aber, Bewohner eines Fischerdorfes, mißtrauen ihm, bis ihn Vita, eine zweite Senta, mit ihrem eigenen Tod erlöst. Die Musik des Orchesters folgt den Wagnerschen Prinzipien, hat aber gegenüber *Fervaal* an Leichtigkeit gewonnen. Vor allem die zarten Klangflächen, die zur Schilderung der Stimmungen über dem Meer und dessen Aufruhr eingesetzt sind, verzichten auf ein schwerblütiges Pathos, das durch Debussys und Ravels Auftreten am Anfang des 20. Jahrhunderts schon halb verjährt war. Die einfachen Leute singen auch volksliedartige Melodien, die uns daran erinnern, daß d'Indy Volkslieder aus den Cevennen, woher seine Familie stammte, gesammelt hat. Wiederum ging es darum, der deutschen Musik ohne Feindschaft gegen Wagner etwas entgegenzusetzen, das dem eigenen Boden entsprungen war. Im Triptychon *Jour d'été à la montagne* (Sommertag in den Bergen; 1906) für Orchester gelang d'Indy ein Werk von einer gelösten Heiterkeit, die man bei seiner Kammer- und symphonischen Musik sonst oft vermißt. Gerade solche Musik, die aus dem unverstellten Naturerlebnis entstanden ist, hat ihm einen Platz in der Geschichte gesichert, nicht die Opern.

*

Zu d'Indys Freunden im Kreis um César Franck gehörte Ernest Chausson, auch er aus einer vornehmen Familie stammend und voll der edelsten Absichten, die sich wegen seines frühen Todes im Jahre 1899 nicht alle verwirklichen ließen. Seine Kammermusik wird heute noch gespielt, vor allem das Konzert für Solo-Violine, Solo-Klavier und Streichquartett (1889—1891) und das von d'Indy ergänzte Streichquartett (1899). Beide Werke verraten ein Suchen an der Schwelle zu einer neuen Klangwelt, die er nicht zu betreten

Titelbild zum Klavierauszug von Edouard Lalos Oper *Le Roi d'Ys*, die in der keltischen Bretagne spielt (Photo von der Bibliothèque Nationale, Paris). Das Meer dringt auf die Stadt Ys ein und droht sie zu vernichten, doch kann das Unheil durch Sankt Correntin, der rechts oben in einer Gloriole erscheint, abgewendet werden.

wagte. Die thematische Arbeit im Stile seines Meisters ist sehr solide und intensiv, aber der Sinn für eine sich selbständig entfaltende Harmonik, die zur reinen Farbe wird und in sich ruht, wirkt ganz neu und weist auf Debussy voraus, mit dem Chausson auch befreundet war. Die intensive Spannung zwischen den Akkorden, wie sie bei den deutschen Meistern des 19. Jahrhunderts so energisch auftritt, hat nachgelassen und einem freien Schweben Platz gemacht, das in den Liedern *Serres chaudes* (Treibhäuser; 1893—1896) noch stärker zu spüren ist. Die Gedichte von Maurice Maeterlinck gehörten damals mit ihrer sich von der Wortbedeutung lösenden Wortmusik zum Avanciertesten, was in der französischsprachigen Literatur geschrieben wurde. Diesem nuancierten Klang vertraute sich Chausson zu seinem Glück an, um eine Musik zu schreiben, die nun fast vollständig frei von akademischen Fesseln ist.[18]

Neben der Kammermusik, zu der auch die archaisierenden *Quelques Danses* (Einige Tänze; 1896) gehören, erlangte vor allem das *Poème* für Violine und Orchester (1896) dank dem Geiger Jacques Thibaud große Beachtung. Die Form ist frei, rhapsodisch sogar und enthält die denkbar delikatesten Klangfortschreitungen, die damals möglich waren. Zwischen diesem *Poème*, das nichts anderes als eine Symphonische Dichtung mit einem Soloinstrument darstellt, und der wieder mehr klassischen Vorbildern verpflichteten Symphonie in B-Dur (1889/90) ist Chaussons Oper *Le Roi Arthus* (König Arthus) angesiedelt, die erst nach seinem Tode im Jahre 1903 in Brüssel aufgeführt werden konnte. Wie d'Indy schrieb auch Chausson sein Libretto selbst; er arbeitete sehr lange an dem Stück, das er für sein Hauptwerk hielt. Symphonische und Kammermusik waren nur Vorstufen zum großen Wurf, der die Mittlerrolle des Komponisten zwischen Tradition und Fortschritt anzeigt. Die Handlung ist noch sehr Wagners Vorbild verpflichtet. Die Liebe zwischen Lancelot und Genièvre, die durch Mordred verraten wird, erinnert an Tristan und Isolde — hier wie dort ein Liebesduett in As-Dur mit den erlesensten Akkorden —, daneben spielt aber Arthus nicht nur die Rolle des betrogenen Königs Marke, sondern er ist auch ein resignierender Wotan oder Amfortas, der die Ritter vom Runden Tisch nicht mehr zusammenhalten kann. Diese Mischung aus verschiedenen Werken Wagners bedeutet eine dramaturgische Schwäche; die verschiedenen Handlungsstränge konkurrieren miteinander und rauben sich gegenseitig die Kraft. Die Musik aber ist streckenweise von einer ergreifenden Melancholie, auch da, wo sie bei Wagner Anleihen macht. Das Walhall-Motiv zum Beispiel taucht in den verschiedensten Farben auf; andere Stellen erinnern an die subtilsten Klangverbindungen in *Parsifal*. Schon die Leichtigkeit, mit der Chausson diese Stellen meistert, bedeutete eine große Leistung, ganz zu schweigen von einigen lichtdurchfluteten Passagen, die auf Debussy hinweisen. An Chausson knüpften sich die größten Erwartungen, die sich leider nicht erfüllen konnten, doch als Bindeglied zwischen Franck und Debussy ist er ein unverzichtbarer Bestandteil der französischen Musikgeschichte kurz vor der Jahrhundertwende.

*

Daß Richard Wagner im ersten Aufzug von *Parsifal* eine Feier des Abendmahls auf die Bühne gebracht hat, störte den strenggläubigen d'Indy nicht. Andere, wie zum Beispiel Léon Bloy, sahen darin einen »Mißbrauch der heiligen Formen der Liturgie«, zelebriert von »hergelaufenen Schauspielern«. Die Kunst, die er in Bausch und Bogen verdammt, sei immer darauf aus gewesen, »Götter zu fabrizieren«.[19] *Parsifal* aber erfüllte für viele die religiösen Erwartungen, die die Musik seit der Romantik versprochen hatte. In einer Zeit, während der die Anziehungskraft der christlichen Konfessionen vor dem Rationalismus und Positivismus nachzulassen begann, mußte ein Ersatz für das jedem Menschen innewohnende Bedürfnis nach Andacht und Verehrung unerklärlich bleibender Lebensmächte gefunden werden. Die Musik selbst und nicht die Äußerlichkeit einer rituellen Handlung konnten hier hilfreich eingesetzt werden. Die Klänge wiesen über das szenische Geschehen hinaus in Regionen, die sich der wachen Kritik des Hörers entzogen.

Zu den Ursprüngen religiöser Erfahrungen wollte Joséphin Péladan zurückkehren, indem er Wagners Intentionen radikalisierte. Als Schriftsteller veröffentlichte er Romane wie *La Victoire du mari* (Der Sieg des Gatten; 1889), in dem der Konflikt zwischen der als schwül und ausschweifend empfundenen Erotik des *Tristan* und der Reinheit *Parsifals* ausgetragen wird. Alle seine Bücher sind von einer tiefen Verachtung des alltäglichen Lebens geprägt. Bayreuth allein war fähig, ihn aus dem Schlamm der alle Kräfte lähmenden Gewöhnlichkeit zu befreien und Frankreich einen Ausweg aus der Dekadenz der lateinischen Nationen zu öffnen.[20] Er gründete den Orden der Rosenkreuzer neu, die als Randströmung in der christlichen Zivilisation noch heute Stoff für wilde Gerüchte und Spekulationen über esoterische Praktiken abgeben.

Für die Zeremonien dieses Bundes schrieb Erik Satie begleitende Musik, die damals etwas vom Außerordentlichsten war, was auf Notenpapier festgehalten wurde. Vieles mag der spontanen Improvisation eines musiktheoretisch nur dürftig Ausgebildeten entsprungen sein. Doch gerade als Außenseiter war Satie fähig, mit den traditionellen Regeln leichter zu brechen. Schichtungen von mehreren Quarten, die parallel geführt werden, und ungewöhnliche Verbindungen von Dreiklängen zeichnen vor allem ein Werk aus, das er für Péladan schrieb: *Le Fils des Etoiles* (Der Sohn der Sterne; 1891) ist eine *Wagnérie kaldéenne* (eine chaldäische Wagnerei), die sich in drei Teile gliedert: *La Vocation* (Die Berufung), *L'Initiation* (Die Einweihung) und *L'Incantation* (Die Beschwörung). Die Musik läßt jede dynamische Entwicklung vermissen; mit unerschütterlicher Ruhe werden die einzelnen Klangblöcke nebeneinandergestellt. »Bleich und hieratisch« heißt eine der Vortragsbezeichnungen, eine andere »wie eine sanfte Bitte«. Der Absturz von äußerst komplexen Akkorden wird im zweiten Stück von der Bemerkung »fallen bis zur Erschöpfung« begleitet.

Andere Kommentare könnten darauf hindeuten, daß sich Satie von Péladans mystischem Spektakel distanziert, so wenn er schreibt: »auf mutige Weise leichthin und gefällig vereinsamt«, was auch als Hinweis auf des Komponisten prekäre Situation im kulturellen Paris und in der menschlichen Gesellschaft überhaupt verstanden werden könnte. Eine Widmung geht den drei Stücken voraus, deren Kalligraphie an mittelalterliche Handschriften erinnert und mit den stolzen Worten schließt: »Möge die gerechte göttliche Entflammung die Hochmütigen und Nichtswürdigen zermalmen!« Bald trennte sich Satie von Péladan und gründete seine eigene »Kirche«, die Eglise métropolitaine d'art de Jésus conducteur (Die metropolitanische Kirche der Kunst von Jesus, dem Führer), in deren Namen er Bannflüche gegen alle schleuderte, die sich negativ über Wagner äußerten, was ihm nur Spott und Gelächter einbrachte. Ein mystisches Drama, *Uspud* (1892), trug er in vollkommener Verkennung seiner sozialen Stellung und seines musikalischen Könnens der Grand Opéra zur Aufführung an, was diese selbstredend ablehnte. Das Erhabene und Sublime Wagners weckte schon bei seinen Gegnern höhnische Kommentare. Saties Wirken stellt nichts anderes als die letzte Übersteigerung des schroffen Gegensatzes zwischen Weltferne und Erbärmlichkeit des alltäglichen Lebens dar. Doch seine Innovationen auf kompositorischem Gebiet haben Schule gemacht. Das, was er als ihm wahrscheinlich nur halb bewußte Kühnheit zu Papier brachte, wurde von Debussy, Ravel und der jungen Generation nach dem Ersten Weltkrieg mit mehr handwerklicher Feinheit weiterentwickelt. Vielleicht besteht aber gerade in Saties Verzicht auf eine kunstvolle Ausarbeitung seiner harmonischen Erfindungen das Neue, das noch John Cage faszinieren sollte. Die einzelnen Klangobjekte stehen isoliert in einem Zeitraum, der nicht mehr geformt werden will und sich indifferent zu den Tönen verhält. Auf die Gefahr hin, Satie Absichten zu unterschieben, die er in seiner tumben Religiosität nicht gehabt haben kann, darf man ihn aber als ersten Repräsentanten einer radikalen musikalischen Avantgarde bezeichnen, die nicht mehr auf eine späte Approbation durch die bürgerliche Kultur spekuliert — und sie dennoch, mit ihrem oder gegen ihren Willen, in späteren Jahren erhielt.[21] Darin gleichen sich Satie und Cage. Daß solches zuerst am Rande des französischen Wagnerismus und bald auch gegen diesen geschehen konnte, ist eines der merkwürdigsten Phänomene der Zeit vor 1900. Satie blieb nicht Wagnerianer, wenn er das überhaupt je in einem seriösen Sinne des Wortes war, sondern er wurde für Jean Cocteau nach 1918 zum Exponenten der Antiwagnerianer, weil er Kunst nicht durch Kunst verbergen wollte und vielmehr seine Erfindungen im Rohzustand beließ.[22]

*

Richard Wagner nannte seine Operntexte Gedichte und nicht Libretti, um sie von der landläufigen Produktion von Versen, die nur einen Vorwand zum Singen lieferten, abzusetzen. Daß die Struktur des Textes eine andere sein müsse, um den symphonischen Zusammenhang der orchestralen Musik mit Leitmotiven und nicht mit in sich geschlossenen, breit ausgesponnenen Melodien zu garantieren, hat d'Indy und Chausson, die literarisch sehr gebildet waren, dazu bewogen, ihre Texte selber zu schreiben. Was geschieht, wenn sich ein routinierter Literat mit konventionellen Vorstellungen von dem, was eine Oper sein kann, an die Arbeit macht, zeigt Emmanuel Chabriers *Gwendoline*, die 1886 in Brüssel uraufgeführt wurde. Catulle Mendès, ein Wagnerianer der ersten Stunde, der Wagners Familie im Jahre 1869 in Tribschen bei Luzern besucht hatte und anschließend in Begleitung seiner Frau Judith Gautier und dem Dichter Villiers de l'Isle-Adam auch die Aufführung des *Rheingold* in München hörte[23], hätte im Grunde wissen müssen, daß die Zeit der

Nummernoper vorbei war. Doch bei ihm singen der wilde Däne Harald ein Schwertlied und die liebliche Gwendoline ein Spinnerlied. Beide sind Typen und nicht individuell geformte Charaktere. Daß Mendès nicht auf die Demonstration seiner klassischen Bildung verzichten will, zeigt die Fortsetzung: Gwendoline zähmt den Krieger, indem sie ihm das Spinnen beibringt; Herkules und Omphale wirken im Kontext einer Handlung, die im vorchristlichen, sächsischen England spielt, unfreiwillig komisch. Die Brautnacht, die von den eindringenden Sachsen gestört wird, weist zurück auf *Lohengrin*. Daß die Sterbenden am Strand des Meeres im Licht der bren-nenden Schiffe der Dänen die Walküren und Walhall zu sehen glauben, stellt eine mehr oberflächliche Anspielung an den Schluß der *Götterdämmerung* dar. Unbestreitbar ist aber die Tatsache, daß viele hier nicht besprochene Opern jener Zeit Situationen aus Wagners Werken aufnehmen und sie durch Beliebigkeit und Übersteigerung ihrer Glaubwürdigkeit berauben.

Obwohl das Orchester an vielen Stellen zugunsten des Gesangs zurücktritt, ist es doch von einer vor dem Wagnerismus ungewohnten Kraft. Die Harmonik macht fast keine Anleihen beim großen Vorbild, obwohl sie sehr komplex sein kann. Chabrier ging in diesem Punkt seinen eigenen Weg; ungewohnte Zusammenklänge weisen direkt auf Ravel und Poulenc voraus, die vor allem eine andere Oper desselben Komponisten schätzten: *Le Roi malgré lui* (Der König wider Willen; 1887), weil deren Handlung witzig und komödiantisch verläuft. Chabrier hatte mehr Glück mit der kleinen Form von Klavierstücken wie den *Dix Pièces pittoresques* (Zehn pittoresken Stücken; 1881). *Gwendoline* und die unvollendete *Briseïs* vom Ende der neunziger Jahre sind hochgemut unternommene Versuche, sich im erhabenen Genre auszuzeichnen, das während des Wagnerismus als das einzige zählte. Dennoch hatte *Gwendoline* Erfolg: Der Wagner-Dirigent Felix Mottl führte sie 1889 in Karlsruhe in deutscher Sprache auf; Leipzig, Dresden und München folgten (alle drei 1890). Auch in Stuttgart (1891) und Düsseldorf (1893) wurde das Werk gespielt. Paris öffnete sich dem Stück im Jahre 1893, wo es bis 1941 immerhin 38 mal gegeben wurde. *Gwendoline* war das beste Beispiel einer Adaption von Wagnerschen Elementen in der französischen Opernproduktion. Aber gerade die rückwärtsgewandten Aspekte verhalfen zu einem gewissen Erfolg bei einem Publikum, das auf die gewohnten Opernklischees nicht verzichten wollte.

*

Nur durch die Zurücknahme des Pathos, wie es d'Indy, Chausson und Chabrier kultivierten, war schließlich ein musikdramatisches Werk möglich, das Wagner viel verdankt, aber über ihn hinausgeht: *Pelléas et Mélisande* von Claude Debussy, das 1902 an der Opéra-comique uraufgeführt wurde. Der Komponist war damals, als er seinen ersten durchschlagenden Erfolg erlebte, schon dreißig Jahre alt. Der Weg zur Oper, die immer noch als die höchste Gattung galt, war lang. Ob Debussy seine Kammermusik und einige Orchesterwerke wie d'Indy nur als Vorstufe zu einem Bühnenwerk empfand, ist zweifelhaft. Auch von 1890 bis 1892 arbeitete er bereits an einer Oper, an *Rodrigue et Chimène*, die nicht gelingen konnte, hatte doch Mendès wieder ein sehr konventionelles Libretto nach Corneilles *Le Cid* geliefert. Durch Verlaine- und Baudelaire-Vertonungen war Debussy aber schon an ein höheres literarisches Niveau gewohnt, und *La Damoiselle élue* (Die erwählte Jungfrau; 1887/88) auf einen Text von Dante Gabriel Rossetti (in einer französischen Übersetzung von Gabriel Sarrazin) zeigte ihn auf der Höhe des Zeitgeschmacks, der immer mehr das nur halb Ausgesprochene, Subtile bevorzugte.

Davon zeugt auch sein Streichquartett (1893), das noch von César Franck herkommt und ihn doch hinter sich läßt. Franck arbeitete in seinem Streichquartett und in der Symphonie mit einem sogenannten zyklischen Thema, das alle Sätze durchzieht und die Einheit des Werkes garantieren soll. D'Indy, Chausson, Magnard und noch Florent Schmitt verschrieben sich demselben Prinzip, das man die »zyklische Formel« nannte. Debussy fehlt aber jede dramatische Geste, mit der seine Zeitgenossen prunkten. Sein zyklisches Thema taucht nur hier und da spielerisch wie eine Fata morgana auf und erfährt die verschiedensten Veränderungen seines Charakters. Es scheint wie aus dem Augenblick geboren und ist nicht mehr die eiserne Klammer, die das Ganze zusammenhält.

Von musikalischer Architektur zu sprechen, wie es die Franckisten immer wieder taten, wäre auch gegenüber dem *Prélude à l'après-midi d'un faune* (Präludium zum Nachmittag eines Fauns; 1894) verfehlt. Es handelt sich dabei um eine Symphonische Dichtung »en miniature«; das schwere Blech und das Schlagzeug fehlen, und der Versuch, die Ekloge von Stéphane Mallarmé musikalisch zu überhöhen, wird nicht unternommen. Debussy erklärte im

Programm der Uraufführung, es handle sich um eine »freie Illustration des schönen Gedichtes von Stéphane Mallarmé«, nicht um dessen »Synthese«. Er spricht von »Dekors«, von etwas Scheinhaftem, »durch die sich die Begierden und Träume des Fauns in der Hitze dieses Nachmittags bewegen«.[24] Ob der Bocksgehörnte die weißen Najaden je besessen hat, bleibt auch im Gedicht offen. Das musikalische Hauptthema mit seinem leicht orientalischen Kolorit wird nicht entwickelt und einem Höhepunkt zugeführt, sondern es erfährt nur Varianten, die unbemerkt ineinander übergehen, die nicht um einen Zentralton, eine Tonika, kreisen und von ihm markant abgeschlossen werden. Die Behandlung des Orchesters ist auch insofern bemerkenswert, als man den Eindruck gewinnt, sich zum erstenmal nach Wagner nicht vor einer Klangwand, sondern vor einem Klangraum zu befinden. Die Hauptstimmen kommen von hinten, durch einen Schleier der Streicher hindurch, wie in *Parsifal.*

Beim Orchestrieren von *Pelléas et Mélisande* hatte Claude Debussy unzweifelhaft Wagners letztes Werk im Gedächtnis: derselbe abgeblendete Klang, dieselben melancholischen Pastelltöne, nur hier übertragen auf die Erfordernisse eines üblichen Orchestergrabens und nicht auf den tief unter die Bühne reichenden von Bayreuth. Debussy war bei weitem nicht ein Wagnerianer im Stile d'Indys; er haßte das »unheilbare Fieber«, das von *Tristan und Isolde* ausging.[25] *Parsifal* war ihm aber »die geniale Widerlegung der Tetralogie«[26], weil dort die Musik freier atmet. Der Anfang des Vorspiels zum ersten Aufzug mit seinen in sich ruhenden, irisierenden Klängen, von denen sich die Hauptstimme sanft abhebt, und das Vorspiel zum dritten Aufzug nehmen Debussys Oper voraus. Trotz aller deutschfeindlichen Töne, die Debussy in vielen seiner publizistischen Arbeiten anschlägt, betonte er im Januar 1903: »Der deutsche Einfluß hat unheilvolle Wirkung nur auf Geister, die sich knechten lassen, besser gesagt: die das Wort Einfluß im Sinn von ›Nachahmung‹ verstehen.«[27] Damit setzte er sich gegen d'Indy, Chausson und viele andere Zeitgenossen entschieden ab.

Auch seine Leitmotivtechnik ist von der Wagners verschieden, indem sie nicht mit herrischer Gebärde stets gegenwärtig ist. Sie bildet kein einheitliches System von musikalischen Verwandtschaften, das es im Stile der *Revue Wagnérienne* erlauben würde, ganze Stammbäume von Motiven, ausgehend von den einfachsten Intervallen bis zu weiten Verzweigungen in komplexe thematische Formen, aufzustellen.[28] Bei Debussy tauchen sie wie unwillkürliche Erinnerungen von Zeit zu Zeit auf und verschwinden diskret wieder. Doch auch Wagner kennt dieses geschmeidige Spiel mit den Motiven vor allem in der *Götterdämmerung*, deren Nornenvorspiel voll dieser träumenden Wiederholungen von längst Gehörtem und halb Vergessenem aus früheren Teilen des *Ring* ist.

Damit Debussys Oper gelingen konnte, bedurfte es aber auch eines Textes, wie ihn Maeterlinck geschrieben hat. Seine Prosa ist frei von allen pathetischen oder preziösen Vokabeln, die der zeitgenössische Symbolismus bevorzugte. Sie scheint Alltagssprache zu sein, hinter jedem Wort steht aber eine tiefere Bedeutung, ohne daß dadurch der Dialog vage würde. Ganz im Gegenteil. Rede und Gegenrede greifen mit der Präzision eines Räderwerks ineinander, bis eine unvorhersehbare Ausflucht, die verweigerte Antwort auf eine gestellte Frage, Hintergründe, Ausblicke schafft. Dazu ein Beispiel aus der ersten Szene des ersten Aktes:

Golaud:	Woher kommt Ihr?
Mélisande:	Ich bin geflohen, geflohen, geflohen.
Golaud:	Ja, aber von wo seid Ihr geflohen?
Mélisande:	Ich bin verloren, verloren! Oh! Oh! hier verloren... Ich bin nicht von hier... Ich bin nicht hier geboren.
Golaud:	Von wo seid Ihr? Wo seid Ihr geboren?
Mélisande:	Oh! Oh! weit von hier, weit, weit.
Golaud:	Was glänzt so auf dem Grunde des Wassers?
Mélisande:	Wo denn? Ah! Das ist die Krone, die er mir gegeben hat.

In kleinen Schritten geht das Gespräch vorwärts. Golaud insistiert immer wieder auf einer Antwort, die ihm Mélisande nicht geben will und kann, bis schließlich die Entdeckung der im Wasser liegenden Krone eine neue Wendung schafft.

Immer wieder verschwinden Dinge aus dem Umkreis der Protagonisten, Dinge, die man festhalten, zurückholen möchte: Ein Schiff fährt abends aus dem Hafen mit der ruhig akzeptierten Gewißheit, daß es untergehen wird; Mélisande deutet auf eine Rose im Garten, die — wie Pelléas feststellt — gar keine Rose ist; die Tauben fliegen aus Mélisandes Turm und verlieren sich in der Dunkelheit. Von der ersten Szene an irren die Menschen in den ihnen bekannten und doch unvertrauten Räumen herum: Golaud auf der Jagd im Wald, alle Bewohner des Schlosses rund um das Zimmer des kranken Vaters von Pelléas und Golaud. Und unter dem Schloß liegen die unheimlichen Gewölbe mit dem Abgrund, in den Golaud Pelléas beinahe stoßen möchte. In den Räumen von Wagners Tetralogie ist noch eine gewisse Orientierung möglich, die hier bei Maeterlinck fehlt. Doch auch Siegmund ist auf der Flucht; Siegfried gelangt zu den Gibichungen, die er nicht versteht, nicht durchschaut; und Erdas Träumen und Sinnen hat den Bezug zur »Realität« im dritten Aufzug von *Siegfried* längst verloren. Maeterlinck hat eine Tendenz in Wagners *Ring* weiterentwickelt, ohne dem Hang zu einem äußerlichen Pathos zu verfallen. Debussy, der von Mallarmé wußte, daß gerade Andeutungen das Geheimnis der Dichtung ausmachen[29], begleitet das Aufleuchten der Krone in dem oben zitierten Dialog zwischen Golaud und Mélisande mit einer kurzen Fanfare in C-Dur als letzte Erinnerung an Wagners *Rheingold*-Fanfare. In der Zurücknahme der breit angelegten Wirkungen Wagners besteht Debussys Stärke. Darin Schwäche oder Mangel an großem Atem zu sehen, wäre falsch; denn die Präzision, die den Text auszeichnet, findet sich auch in der Musik, deren einzelne Partikel genau ineinander verzahnt sind.

Debussy suchte während seines ganzen Lebens nach einem weiteren Operntext, ohne ihn finden zu können. An *La Chute de la maison Usher* (Der Fall des Hauses Usher) nach Edgar A. Poe arbeitete er von 1908 bis 1917; wie d'Indy und Chausson versuchte er sein eigener Librettist zu sein, scheiterte aber an der Unvereinbarkeit von dramatischen und rein erzählenden Partien, wie sie in Poes Novelle angelegt sind. *Le Martyre de Saint-Sébastien* (Das Martyrium des heiligen Sebastian; 1911) ist eine Szenenmusik zu Gabriele d'Annunzios Mysterienspiel geblieben, in dem sich Sprechdrama, Melodramen, Tanz und einige musikalische Einlagen mischen. Debussy dachte an eine Erweiterung der Musik zu einer Oper bei gleichzeitiger Kürzung des viel zu umfangreichen Textes. Noch heute aber wird das Stück konzertant, halbszenisch oder szenisch in verschiedenen Bearbeitungen aufgeführt, da die Musik sehr wertvoll ist.[30] Sie bezieht sich deutlich hörbar in der vom Heiligen getanzten Passion Christi auf Amfortas' Klage im ersten Aufzug von *Parsifal*. Auch die an Palestrina erinnernden Engelschöre treffen sich mit archaisierenden Tendenzen in Wagners Bühnenweihfestspiel. In deren freier Weiterführung ist *Le Martyre de Saint-Sébastien* ein Werk »nach Wagner« wie *Pelléas et Mélisande*. In beiden Stücken findet sich die Klangmagie des »alten Klingsor«[31], wie Debussy seinen Widerpart, den er ständig attackierte und doch verehrte, einmal nannte.

*

Das Schwesterwerk zu Debussys *Pelléas et Mélisande* ist Paul Dukas' *Ariane et Barbe-Bleue* (Ariane und Blaubart; 1907). Die Beziehungen zwischen beiden Opern sind eng, und doch zeigen sich bedeutende Unterschiede, ja Unvereinbarkeiten. Der Text stammt wieder von Maeterlinck, wurde aber von Anfang an zur Vertonung bestimmt, während *Pelléas* ursprünglich ein Sprechdrama war. Georgette Leblanc, Maeterlincks Gefährtin während jener Jahre, war enttäuscht von Debussys Weigerung, sie die Mélisande singen zu lassen. In der Rolle der Ariane suchte sie eine späte Genugtuung für die ihr entgangene Möglichkeit, in einem so bedeutenden Werk aufzutreten. Ihr lebensstarker Charakter hätte sie aber kaum dazu prädestiniert, die fragile Mélisande zu verkörpern. Ariane ist eine mutige Frau, die die gefangenen früheren Gattinnen Blaubarts befreien möchte, was ihr nicht gelingt. Diese ziehen es vor, ein demütiges und unscheinbares Leben an der Seite Blaubarts weiterzuführen, dessen Stolz und Grausamkeit von Ariane schon am Ende des ersten Aktes besiegt wird. Es kommt nicht zur Auseinandersetzung wie zwischen Judith und Blaubart in Béla Bartóks Einakter *Herzog Blaubarts Burg*. Darin liegt eine dramaturgische Schwäche, eine andere in der fehlenden Individualität der unglücklichen Frauen, die wie Blumen ihr Schicksal hinnehmen und die Namen von Frauengestalten aus früheren Werken Maeterlincks tragen. Chausson hat — wie erwähnt — Gedichte von Maeterlinck, die *Serres chaudes*, vertont, in denen die Pflanzen wie gefangene menschliche Lebewesen, ohne Sonnenschein und frische Luft, ihr Dasein fristen. Maeterlinck wollte nun in seiner Oper dem Geschehen eine positive Wendung geben und zugleich seiner Freundin eine brillante Rolle verschaffen, deren Text sehr oft sentenziös ist: nur zum Schaden der künstlerischen Wirkung, denn mit philanthropischen Absichten allein entsteht keine gute Oper. Ariane rebelliert gegen Blaubart und die Magie seines unheimlichen Schlosses, während die Personen von *Pelléas* geradezu marionettenhaft in ihren Entscheidungen gelähmt sind. Ariane ist im Grunde eine große opernhafte Diva, auf deren Wink alle gehorchen; sie ist zu affirmativ gezeichnet und dadurch konventionell und uninteressant. Mélisande hat aber einen zwiespältigen, schwer zu ergründenden Charakter, der — wenn auch auf einer ganz anderen Ebene — in Kundry sein Gegenstück findet. In der Unsicherheit, der Unbestimmtheit, dem Ausgeliefertsein liegt gerade die Modernität und Aktualität von Debussys Werk. Maeterlinck, der musikalisch ungebildet war, hatte ganz offensichtlich eine nur oberflächliche Vorstellung von der Gattung Oper, die im 19. Jahrhundert, von Wagners Werken abgesehen, zur vereinfachenden, typisierten Zeichnung der Gestalten strebte, auch da, wo ein schon existierender literarischer Vorwurf den Menschen in seinem ganzen Zwiespalt zeigte.

Dukas war eng mit Debussy befreundet und zitiert in seiner Oper Mélisandes Motiv, wenn die gefangene Frau gleichen Namens in seinem Werk auftritt. Die Klangfarben spielen vor allem im ersten Akt eine große Rolle, wenn Ariane Blaubarts Schatzkammer öffnet und die Edelsteine zu schimmern beginnen. Im zweiten Akt verschafft die Befreierin durch einen Steinwurf gegen ein matt leuchtendes Fenster dem unterirdischen Gefängnis das Tageslicht, was wiederum durch strahlende Orchesterpassagen unterstrichen wird. Synästhesien zwischen Klang und Farbe finden sich überall bei Wagner, vor allem im *Ring des Nibelungen*; sie erscheinen hier noch gesteigert, weil Dukas von Debussy und Richard Strauss' *Salome*, die 1905 in Paris zum erstenmal aufgeführt wurde, viel gelernt hat. Dennoch erreicht er nicht die ungreifbar schwebende Wirkung seines Freundes. Sie war auch nicht beabsichtigt, denn schon das Sujet der Handlung hätte dagegen gesprochen. Außerdem bindet Dukas den dritten eng an den ersten Akt, indem er die Motive der Edelsteine dort wieder verwendet, wo sich die Frauen mit diesen zu schmücken versuchen, um ihr Selbstwertgefühl zu steigern. Dadurch entsteht eine formale Geschlossenheit, die Debussy gar nicht suchte. Dukas wollte es im Grunde besser machen und huldigte hier, so aufgelöst die Musik streckenweise auch ist, klassizistischen Tendenzen, die noch durch die pathetische Deklamation der Singstimmen verstärkt werden.

*

Ein um dreizehn Jahre jüngerer Komponist als Debussy brach nun endgültig mit dem Wagnerismus: Maurice Ravel. Als junger Mensch muß er zwar — wie sein Freund, der Pianist Ricardo Viñes, berichtet — vom Vorspiel zu *Tristan und Isolde* tief ergriffen worden sein.[32] Doch seine Bekanntschaft mit Satie und der Einfluß Chabriers — nicht des Chabriers von *Gwendoline*, sondern der kleinen, unprätentiösen Werke — machten aus ihm einen Musiker, der mit leichter Sicherheit und Selbstverständlichkeit alles ausschloß, was noch im entferntesten an den Bayreuther Meister erinnerte. Ursprünglich hatte er zwar daran gedacht, *Intérieur* (Innenraum) von Maeterlinck oder *Die versunkene Glocke* von Gerhart Hauptmann zu vertonen, dann entschied er sich aber für *L'Heure espagnole* (Die spanische Stunde) von Franc-Nohain, der es sich zum Vergnügen machte, den Ernst von Maeterlinck aufs Korn zu nehmen.

L'Heure espagnole war ursprünglich ebenso ein erfolgreiches Sprechdrama wie *Pelléas et Mélisande*, führt aber das Marionettenhafte der Personen des symbolistischen Dramas auf die Spitze und macht es dadurch lächerlich. Im Laden des Uhrmachers Torquemada tauchen während dessen Abwesenheit die Liebhaber seiner Frau Concepción auf. Doch weder der Dichter Gonzalve, dessen aufgeblasene Rhetorik den Stil verschiedener Literaten jener Zeit persifliert, noch der Bankier Iñigo mit seinem vielen Geld kommen an ihr innig ersehntes Ziel. Nur der Maultiertreiber Ramiro, dessen Körperkräfte erstaunlich sind, erringt die Liebe der Frau. Auf seinem Rücken trägt er die Uhrgehäuse mit den glücklosen Freiern darin vom Laden ins Schlafzimmer hinauf und wieder zurück. Die Personenkonstellationen der verschiedenen kurzen Szenen erinnern an ein Kaleidoskop, das immer neu durcheinandergeschüttelt wird, oder an ein Uhrwerk, dessen Gewichte sich allmählich, aber unaufhörlich verschieben. Ramiro vergleicht in seinem Monolog, der zentralen Szene der Komödie, die weibliche Seele auch mit der subtilen Mechanik einer Uhr, die nur wenige verstehen.

Ravel trägt dem in seiner von 1907 bis 1911 geschriebenen Musik Rechnung. Sie dauert nicht länger als eine knappe Stunde, während der der Hahnrei Torquemada abwesend ist und sich das Intrigenspiel frei entfalten kann. Die Deklamation des Textes ist von einer Leichtigkeit, die der französischen Prosa entspricht. Orchesterzwischenspiele, wie sie bei Wagner und den Wagnerianern in Frankreich wichtig sind, um die psychologische Entwicklung begreifbar zu machen, fehlen vollständig. Schon Debussy hatte sie nach der ersten Skizze in der endgültigen Fassung von *Pelléas* auf das Notwendigste reduziert. Dennoch zehrt Ravel von den Wagnerschen Errungenschaften, da er ebenfalls musikalische Prosa schreibt[33], die auf eine leichtfaßliche Periodik, wie sie noch *Lohengrin* auszeichnet, verzichtet. *L'Heure espagnole* ist gegen alles gerichtet, was den früheren Komponisten teuer und heilig war: gegen die leidenschaftliche Liebe, gegen die mönchische Keuschheit, gegen das mythische Verhängnis, gegen den edlen Freitod, kurz: gegen das Pathos des hohen Stils. Und dennoch wäre diese Musik nicht möglich geworden ohne Wagner und Debussy, die beide die musikalische Syntax revolutionierten. Der eine war schon durch seine allgegenwärtige Leitmotivtechnik so weit gekommen, Bruchstücke von thematischen Formeln auf vorher ungewohnte Weise zusammenzufügen, der andere verband oft nur mit einem oder zwei gemeinsamen Tönen in assoziativer Weise das scheinbar Unvereinbare miteinander. Die Liebhaber der früheren Oper beklagten sich, daß man keiner Melodie folgen könne. Hier, bei Ravel, ist dieses Prinzip auf seinen Höhepunkt getrieben, was aber nur in einem so kurzen Werk gelingen konnte, einem Werk, das mit seiner Libertinage während einer Stunde, die sich irgendwo in Spanien, weit weg von Paris, abspielte, ein delikates Vergnügen bereiten will.

Im zweiten Jahrzehnt des 20. Jahrhunderts zog Ravel die Bilanz aus dem Wagnerismus der Zeit vor 1900. Er konnte das mit einer gewissen ironischen Distanz tun, weil er selbst unterdessen berühmt geworden war. In einem Artikel über *Parsifal*, der während dreißig Jahren allein dem Festspielhaus von Bayreuth vorbehalten gewesen war, kommt er 1914 bei dessen erster Aufführung in Paris darauf zu sprechen. Er erwähnt *Fervaal*, *Le Roi Arthus* und *Gwendoline*, die streckenweise von der Wagnerschen Pranke beeinflußt seien, um dann beizufügen: »Dennoch hat niemand von uns je daran gedacht, die wunderbare Erfindungskraft, die tiefe Musikalität Wagners zu bestreiten. Wenn wir Mängel entdecken, wenn wir Längen finden, so erkennen wir an, daß diese Mängel, die vielleicht Vorzüge sind, zu seiner Rasse gehören, daß diese Längen nie gleichgültig sind.«[34] Um sich bei seinen Leserinnen und Lesern, die dem leichten Genuß frönen, beliebt zu machen, fügt er hinzu, *Parsifal* sei weniger unterhaltend als Jacques Offenbachs *La Vie parisienne* (Das Pariser Leben), und kritisiert die Inszenierung, die, wie er gehört habe, zwar die von Bayreuth übertreffe, aber doch verglichen mit der Schönheit der Karfreitagszaubermusik banal wirke.[35] Er schlägt Adolphe Appia als Inszenator und Bühnenbildner vor, was damals auch in Bayreuth nicht auf offene Ohren gestoßen wäre, nach dem Zweiten Weltkrieg aber bei Wieland und Wolfgang Wagner seine Folgen zeitigte.

Ravel fühlte sich aber nicht nur über die Wagnerianer, sondern auch über die Antiwagnerianer erhaben, wenn er in süffisantem Ton schreibt: »Gerade unter den Schriftstellern rekrutierten sich die ersten Neophyten. Gerade bei ihnen finden wir die ersten Ikonoklasten. Die Schriften Nietzsches über Wagner könnten uns beweisen, daß er nacheinander das Haupt der beiden Sekten war. Aber wie der frühere Wagnerismus degenerierte der Antiwagnerismus.

Die Peripatetiker haben die Salons, die künstlerischen Cabarets, die Informationsräume unserer Tageszeitungen im Sturm genommen: Es dauert nicht mehr lange — und *Siegfried* ist im gleichen Rang wie *Robert der Teufel.*«[36]

Das war natürlich nicht ganz ernst gemeint. Wenn Maurice Ravel mit melancholischer Nonchalance das Entstehen und Vergehen von kulturellen Strömungen kommentiert, weiß er doch, daß der Wagnerismus ein Ferment war, das die musikalische Entwicklung durch Verwandlungen und Irrwege in Frankreich schließlich zu eigenständigen Werken führte. Sie können nicht als typisch französisch im Sinne einer nationalen Schule gelten, wie sie mit Smetana und Dvořák in Böhmen entstand; denn dazu fehlte, trotz d'Indys Sammeln von Volksliedern, die Verwurzelung im eigenen Boden. Frankreichs Kultur ist eine eminent städtische und literarische. Durch das philosophische Pathos seiner Texte gewann Wagner mehr Bewunderer als durch seine Musik und die Musik, die von ihm beeinflußt worden war.

Die großen alten Meister

Nach einer weit verbreiteten Meinung müßte die Geschichte der französischen Musik mit der Gründung der Société Nationale de Musique im Jahre 1871 und nicht mit dem Wagnerismus beginnen. Die Société Nationale setzte sich zum Ziel, es den deutschen Meistern gleichzutun und eine Instrumentalmusik zu fördern, die nicht nur auf ein flüchtiges Vergnügen ausgerichtet war. Chauvinistische und auf einen lebhaften internationalen Austausch bedachte Bestrebungen vermischten sich aber schon bald. Im Jahre 1886 ging Vincent d'Indy zu einem Staatsstreich über, indem er vorschlug, auch alte und nicht-französische Musik aufzuführen.[1] Nach einer Abstimmung trat Camille Saint-Saëns zurück, der als Antiwagnerianer für die alleinige Ars Gallica einstand. Cesar Franck wurde Präsident, d'Indy und Ernest Chausson Sekretäre, die im Grunde die Geschäfte führten, da ihr Lehrer durch andere Verpflichtungen verhindert war.[2] Die Franckisten, die von Ambroise Thomas, dem Direktor des Conservatoire, verächtlich behandelt wurden, zeichneten sich durch progressive und auch regressive Tendenzen aus. Neu war der Gedanke, in Frankreich eine Musik zu propagieren, die eine komplexe Architektur in sonatenhafter Entwicklung aufwies; dieser Anspruch war aber bald veraltet, weil schon Berlioz und Liszt, ganz zu schweigen von Wagner, andere Wege gegangen waren und in ihren Symphonien und Symphonischen Dichtungen neue, freiere Formen geschaffen hatten. Der Rückgriff auf die alte Musik, die Wiener Klassik und den Barock versprach zwar einen neuen Ernst in der Musik, versuchte aber gleichzeitig die Entstehung einer neuen Kunst, wie sie Debussy repräsentierte, unmöglich zu machen.

Die Société Nationale förderte eine Cliquenbildung, die Camille Bellaigue im *Figaro* vom 28. April und 19. Mai 1888 brandmarkte: Johann Sebastian Bach sei »der König der Langeweile«, Beethoven und Wagner verschafften ihm auch keinen Genuß, und die Jünger von Franck bedachte er mit höhnischen Worten: »Ich sehe sie in hierarchischer Ordnung, die langweiligen Musiker, die Apostel, die Priester der Langeweile [...]. Sie treffen sich in Gruppen, in Komitees, in klösterlichen Zenakeln; und sie spielen unter sich ihre feierlichen Riten durch; sie führen ihre düsteren und prätentiösen Werke auf, sie bewundern, gratulieren und beweihräuchern einander, verteilen unter sich Genialitätszeugnisse und unter den anderen Ausweise ihres Schwachsinns. In ihrer Kirche, deren Namen ich verschweige, ist es schwierig, sie zu sehen, ohne daß sie ihre weiße Pfote zeigen, und sie sind sehr umsichtig. Aber man sieht sie in Bayreuth; man sieht sie in den gewöhnlichen Theatern oder in den Konzerten; man kann sie auch in gewissen Zeitschriften lesen. In Bayreuth entfernen sie sich von Ihnen mit Entsetzen, wenn Sie Ihre Bewunderung nicht weniger stark, aber anders ausdrücken [...].«[3] Bellaigue wurde in der Folge auch ein Gegner Debussys, was ihm nicht zum Ruhm gereichte, doch mit seinen Angriffen auf die Société Nationale zeigte er einen wunden Punkt aller solchen Gruppenbildungen auf: Sie schließen sich von einer freien Entwicklung aus, nachdem sie sich zuerst etwas durchaus Wertvolles zu eigen gemacht haben: die Pflege einer Musik, die weite Perspektiven in die Vergangenheit öffnete.

Mit der Gründung der Schola cantorum am 6. Juni 1896 ging Vincent d'Indy einen Schritt weiter; denn er sprach in seinen Kompositionskursen vom Gregorianischen Choral und der Musik der Renaissance.[4] Schon im Jahre 1873 hatte er Franz Liszt in Weimar besucht, der in verschiedenen Werken wie zum Beispiel der *Dante-Symphonie* die alte modale Harmonik Palestrinas in erneuerter Form wiedererweckte. Doch Charles Bordes, der Leiter der Chanteurs de Saint-Gervais, war zuerst Direktor der Schola: Mit seinem Chor hatte er schon am Anfang der neunziger Jahre eine Rückkehr zu den Quellen der europäischen Musik eingeleitet, die, wie Paul Dukas im Jahre

1892 erklärte, nach den chromatischen Exzessen der Romantik wie neu wirkte: »Deshalb scheint uns die Stunde gekommen, da die Musik, um sich nicht in sterilen Wiederholungen zu verlieren, eine ernsthafte Rückkehr vollziehen und zurückschreiten muß zu den Quellen, aus denen sie hervorgesprudelt ist, um ihr Daseinsrecht in den Werken zu finden, die ihr ruhmvolles Erbgut bilden. Gestern war es Bach, heute ist es Palestrina, die uns denselben Weg gezeigt und zu uns in derselben Sprache geredet haben.«[5]

D'Indy transkribierte in der Folge auch die beiden Opern *L'Orfeo* und *L'Incoronazione di Poppea* von Claudio Monteverdi und förderte die Aufführungen von Glucks Griechendramen.[6] Debussys *Pelléas*, den er zuerst ablehnte, fand schließlich seinen Beifall, weil er in dessen Gesangsstil, der dem Sprechen nahekommt, eine Verwandtschaft mit Monteverdi entdeckte.[7] Die Schola geriet immer mehr unter d'Indys Einfluß. Ein geradezu militärisches Regiment wurde eingeführt. Im Jahre 1903 erschien der erste von vier Bänden eines Kompositionskurses, in dem der nun schon veraltete Meister die Ethik über die Ästhetik stellte: Die Kunst sei nicht nur ein Handwerk und stehe vielmehr unter den christlichen Werten von Glaube, Liebe und Hoffnung.[8] Diese extrem konservative Haltung wurde im Jahre 1906 von Emile Vuillermoz, der mit Ravel befreundet war, verspottet: Die Schola fabriziere in Serien Komponisten von Sonaten, Handwerker des Kontrapunkts, die die Harmonik nicht kennten. Der Kontrapunkt als mechanische und arithmetische Übung werde damit zur Schachpartie, statt die Inspiration zu beflügeln.[9] Und Romain Rolland nannte in seinem Roman *Jean-Christophe* die Schola eine protestantische Sekte und beschrieb deren Konzerte: »Ein Publikum auf den Knien, fromme, intolerante, gerne aggressive Jünger; an ihrer Spitze ein sehr reiner, sehr kalter, gerne ein wenig kindischer Mann, der jetzt die Integrität der religiösen, moralischen und künstlerischen Doktrin verkörpert und das Evangelium der Musik dem kleinen Volk der Erwählten in abstrakten Begriffen erklärt und mit ruhiger Überlegenheit den Hochmut und die Häresie verdammt.«[10] Im Tempel an der Rue Saint-Jacques, wo sich die Schola seit 1900 befand, würden im Namen eines Sendungsbewußtseins Seelen und die Musik gerettet.

Seinem Auftrag treu, den er sich selbst verliehen hatte, schrieb Vincent d'Indy ein Buch über Beethoven, das 1911 erschien; darin betont er den katholischen und nicht laizistischen Charakter der *Missa solemnis*, die zum Beispiel Ravel langweilig fand.[11] Immer mehr entfernte er sich von der zeitgenössischen Entwicklung, obwohl er 1913 mit vielen Vorbehalten doch Igor Strawinskys *Le Sacre du Printemps* lobte.[12] Nach dem Ersten Weltkrieg blieb er trotz der allgemein germanophoben Stimmung Richard Wagner treu und hielt die Ideale César Francks hoch: eine solide musikalische Architektur, in der sich die Themen konsequent entwickeln. Noch 1928 bekannte er, seine großen Meister seien Palestrina, Vittoria, Lasso, Monteverdi, J. S. Bach, Gluck, Beethoven und Wagner geblieben.[13] Als er am 2. Dezember 1931 starb, arbeitete er an einem Buch über *Parsifal*.[14]

Falsch wäre es, in d'Indy nur eine Erscheinung zu sehen, die heute vollkommen vergessen ist. Sein Einfluß auf das französische Musikleben war enorm; auch Debussy schonte ihn in auffallender Weise, obwohl die Haltung der beiden Komponisten nicht gegensätzlicher hätte sein können. Die Form der Sonate, womöglich bereichert durch komplexe Kontrapunktik, lebte weiter. Dukas' Symphonie, im Jahre 1895 begonnen, fügt sich denselben Regeln. Albéric Magnard, ein Schüler d'Indys, huldigte nicht nur in seinen orchestralen Werken, sondern auch in der Kammermusik der intensiven thematischen Arbeit, die ihn in den Augen seiner Zeitgenossen zum würdigen Nachfolger Beethovens machte. Die Dritte Symphonie (1895/96) beginnt mit einem grandiosen Choral, dem zwei mehr bukolische Sätze folgen, wie sie Beethoven in seine Sechste Symphonie, die *Pastorale*, eingeführt hat. Weite Teile und auch das Finale sind in Sonatenform gehalten, und der Choral erscheint als zyklisches Thema ganz im Sinne von Franck und d'Indy in kurzen Andeutungen wieder.[15]

Der Einfluß der Franckisten beschränkt sich jedoch nicht auf die Zeit vor 1900. Ohne ihn wäre auch Arthur Honeggers symphonisches Schaffen nicht möglich geworden. Und die Musikwissenschaft an der Pariser Sorbonne analysierte bis vor einigen Jahren Beethovens Fünfte Symphonie so, als wäre das Pochen des sogenannten Schicksalsmotivs, das unbestreitbar von Zeit zu Zeit in allen Sätzen des Werkes auftaucht, ein Vorbote von Francks Prozedere, das allein die thematische Einheit garantiert. Noch im Herbst 1992 entpuppte sich Pierre Boulez als Nachfolger d'Indys, als er in einem Kurs am Collège de France erklärte, das erste Thema einer Sonatenform sei markant, das zweite weich, als wäre Beethovens Fünfte das einzige gültige Exempel dieser Form. Schultraditionen halten sich hartnäckig am Leben, und gerade Boulez folgt ihnen noch in seiner Zweiten Klaviersonate, deren erster Satz trotz aller Innovationen das erwähnte Schema erfüllt. Ein langsamer Satz und ein regelrechtes Scherzo schließen sich an, alle, wie es die Doktrin verlangt, mehr oder weniger aus derselben Grundsubstanz entwickelt. Nur das Finale zeigt entschieden die Suche nach neuen Lösungen. Es wäre selbstverständlich ungerecht, in diesem Werk nur rückwärtsgewandte Tendenzen zu sehen; dafür ist sein pianistischer Stil zu komplex und eher Arnold Schönbergs *Klavierstücken* op. 11 verpflichtet.

*

Claude Debussys Musik wurde während der neunziger Jahre auch in der Société Nationale de Musique aufgeführt, obwohl sie kaum etwas mit der von d'Indy und dessen Jüngern gemein hatte. Wenn die Größe in der Musik religiösen und philosophischen Ernst auszudrücken versuchte, so empfand Debussy ein Unbehagen vor den gefeierten Vorbildern der Franckisten und verteidigte sie zugleich gegen Mißverständnisse. Beethovens Neunte Symphonie veranlaßte ihn am 1. Mai 1901 in der *Revue blanche* zu einer Polemik, die nicht gegen das Werk, sondern gegen dessen Nachahmer gerichtet war: »Man hat die *Neunte Symphonie* in einen Nebel von hohen Worten und schmückenden Beiworten gehüllt. Sie ist — neben dem berühmten ›Lächeln der Mona Lisa‹, dem mit seltsamer Beharrlichkeit das Etikett ›geheimnisvoll‹ anhaftet — das Meisterwerk, über das am meisten Unsinn verbreitet wurde. Man muß sich nur wundern, daß es unter dem Wust von Geschreibe, den es hervorgerufen hat, nicht schon längst begraben liegt. [...] Beethoven war nicht für zwei Sous literarisch, zumindest nicht in dem Sinn, den das Wort heute hat. Er liebte die Musik mit hochgemutem Stolz; sie war für ihn jene Leidenschaft und Freude, die er in seinem persönlichen Leben so bitter entbehren mußte. Vielleicht hat man in der *Neunten Symphonie* einfach den zur Übersteigerung getriebenen Ausdruck eines musikalischen Stolzes zu sehen — und weiter nichts.«[16] Debussy erwähnt anschließend auch die vielen Skizzen zur Freudenmelodie des Finales, die nichts anderes als die rein musikalischen Spekulationen beweisen, um die beste Formulierung dieses Themas zu finden.

Dennoch hat er in *La Mer* (Das Meer; 1903—1905) ein magistrales Werk für großes Orchester geschrieben, dessen Ernst er aber mit dem Untertitel »Drei symphonische Skizzen« relativierte. Das außermusikalische Element, das er bei Beethoven nicht sehen wollte, ist durch die programmatischen Überschriften gegenwärtig: *De l'aube à midi sur la mer* (Von der Morgendämmerung bis zum Mittag über dem Meer), *Jeux de vagues* (Wellenspiel) und *Dialogue du vent et de la mer* (Gespräch zwischen dem Wind und dem Meer). Ein bestimmter Handlungsablauf ergibt sich dadurch nicht, aber ganz in traditionellem Sinne weisen die beiden Ecksätze eine Finalität auf; sie schließen prunkvoll mit einer großen Steigerung, nachdem in ihrem Innern freilich keine sonatenhafte Entwicklung stattgefunden hat. Themen aus dem ersten Satz kehren im letzten wieder, was durchaus den Prinzipien von d'Indy und Magnard entspricht.

Der Zyklus erlangt so eine überzeugende Geschlossenheit, die man bei Debussy nicht immer antrifft. Nicht so sehr Beethoven als vielmehr Franz Liszt war aber das Vorbild. Dessen *Berg-Symphonie* auf ein Gedicht von Victor Hugo nimmt vieles voraus, was hier noch lebendig ist: der ruhelose, rein auf die Wirkung der Klangfarbe bedachte Beginn und die choralartigen Partien, die die Sakralität der Natur — Baudelaire nannte sie in seinem Gedicht *Correspondances* einen »Tempel«[17] — betonen. Doch bei Debussy fehlen die Qualen des einsamen Menschen, der bei Wind und Wetter Tröstung sucht. Die Natur ist mit sich allein, genau so, wie in der dritten *Nocturne* für Orchester und Vokalisen singenden Frauenchor (1897—1899) die Sirenen in die Weiten des Meeres hinaus singen, ohne daß die Qualen des an den Mastbaum seines Schiffes gebundenen Odysseus einen Kontrast schaffen würden. Weit in die Zukunft, bis zu Boulez, weist aber der mittlere Satz, dessen Arabesken und Fiorituren wie glitzernde Raketen aufschießen und rasch wieder verlöschen. Die Einleitung zum dritten Satz wirkt wie eine Klangfarbenkomposition aus den sechziger Jahren des 20. Jahrhunderts; erst der Einsatz des Hauptthemas gibt ihr eine bestimmte Richtung, einen Halt. Langsame Einleitungen zu Sonatensätzen zeichneten sich schon in der Klassik und Romantik durch eine komplexere, unbestimmtere Harmonik aus. Hier in *La Mer* ist sie freilich bis zu einem Punkt weitergetrieben, der jede klare tonale Orientierung unmöglich macht.

Debussy hat sich der symphonischen Form nie mehr so genähert wie in *La Mer*. Die *Images* (Bilder; 1905—1912) sind eher Charakterstücke für großes Orchester. Die drei Sätze *Gigues*, *Ibéria* und *Rondes de printemps* (Frühlingsreigen) können auch einzeln aufgeführt werden, bilden aber doch ein Triptychon, beginnend mit den melancholisch irisch gefärbten Weisen des ersten Satzes und ausgelassen endend mit dem dritten. *Ibéria* seinerseits weist wieder drei Sätze auf, die auf einen fröhlichen Abschluß zustreben. Nach *Par les rues et par les chemins* (Durch die Straßen und die Wege) bildet *Les parfums de la nuit* (Die Düfte der Nacht) ganz im traditionellen Sinne den introvertierten Mittelteil, während *Le matin d'un jour de fête* (Der Morgen eines Festtages) das brillante Finale darstellt. Alle drei *Images* als Zyklus und dessen Zentrum *Ibéria* sind gleichgestaltet; sie beschreiben eine Entwicklung der Stimmung von zögernden oder düsteren Anfängen zu triumphalen Schlüssen.

Doch wie in *La Mer* handelt es sich auch hier nicht um individuelles Erleben oder gar ein Künstlerdrama im alten Stile. Die irischen, spanischen und französischen Elemente sind nicht folkloristisch gemeint, sondern drücken mit typischer Pariser Eleganz, mit aller Akkuratesse und Diskretion die Befindlichkeit dieser Völker aus, deren musikalischer Tonfall ohne jeden patriotischen Ernst übernommen wird. Debussy suchte nicht die Einheit zwischen Ethik und Ästhetik, die d'Indy so teuer war. Seine *Images* bereiten vielmehr ein delikates Vergnügen, ohne mit einer moralischen Botschaft an den Hörer herantreten zu wollen.

D'Indy förderte auch den Ruhm Christoph Willibald Glucks, der — wie Debussy gesteht — einen großen Einfluß auf die französische Musik ausübte. Er erwähnt Spontini, Lesueur und Méhul, um gleich beizufügen, daß dort »die Wiege der wagnerischen Formeln«[18] zu suchen sei: »Ihr Verdienst ist es auch [wie er in dem Offenen Brief an den Herrn Christoph Willibald Ritter von Gluck vom 23. Februar 1903 schreibt], die Handlung über die Musik gestellt zu haben, aber ist das so bewundernswert? Da ziehe ich Ihnen doch Mozart vor, der Sie völlig vergißt, der brave Mann, und allein die Musik im Sinne hat.«[19] Diese Bemerkung kommt einer Verharmlosung Mozarts gleicht, die aber nicht ganz ernst zu nehmen ist. Die Polemiken Debussys haben oft eine chauvinistische Schärfe, die unangenehm wirkt, so wenn er die Österreicherin Marie-Antoinette für Glucks Erfolge verantwortlich macht und gleich noch beifügt, daß wieder eine Österreicherin, Madame von Metternich, die Schuld an der (mißglückten) Aufführung von *Tannhäuser* in Paris trage.[20] Doch ging es ihm im Grunde nur darum, das Großartige jener Musik von sich zu weisen, das er als Bedrohung für seine Eigenart empfand. Doch woher sollte diese Eigenart ihre Legitimation empfangen? Eine kontinuierliche französische Tradition existierte seit Jean-Philippe Rameau nicht mehr. Paris wurde kosmopolitisch und ist es bis heute geblieben.

Daß aber d'Indy an der Schola cantorum im Jahre 1903 die zwei ersten Akte von Rameaus *Castor et Pollux* aufführte, veranlaßte Debussy zu den schmeichelhaftesten Bemerkungen über diesen Musiker, der ihm, bei Lichte besehen, so fremd war. Und das Publikum, das die Schola besucht, findet ebenfalls sein höchstes Lob: »Hängt das nun mit der Beengtheit des Saales zusammen oder mit einem geheimnisvollen Einfluß von oben? Auf jeden Fall entsteht hier eine Gemeinde von Ausführenden und Hörern.«[21] Nachdem er Glucks *Orpheus und Eurydike* verspottet hat, kommt er auf Rameau zu sprechen: »[Wir] besaßen [...] in seinem Werk eine rein französische Tradition, geformt aus empfindsamer und liebenswürdiger Zartheit, [...], ohne diese Sucht nach deutscher Tiefe, [...].«[22] Debussy hebt die Klarheit des Ausdrucks, die Präzision und Knappheit der Form hervor, die typisch französisch seien: ein Vorurteil, das man noch heute bei Musikliebhabern antrifft und das auch nicht hilft, den ganzen Debussy zu verstehen, dessen Werke gerade dort Größe verraten, wo sie sie zu verbergen suchen. Im Zusammenhang mit Rameaus *Hippolyte et Aricie*, einer Oper, die — wie er halb eingesteht — der Verballhornung von Racines Tragödie *Phèdre* (Phaedra) gleichkommt, beklagt er im Jahre 1908 wieder den Verlust der alten französischen Tradition: »Warum sollten wir den Verlust dieser bezaubernden Art, Musik zu schreiben, nicht bedauern, die wir genauso verloren haben wie die Spur Couperins? Sie mied jeden Wortschwall und besaß Geist; wir wagen kaum mehr, Geist zu haben, wir fürchten, daß es uns an Größe fehle, bei der wir doch nur außer Atem geraten und oft dazu noch erfolglos bleiben.«[23]

Stilistisch hat sich Debussy dem französischen 18. Jahrhundert einige Male genähert: so in der *Suite bergamasque*, die er 1890 begann und bis 1905 überarbeitete. Ein *Prélude* wird gefolgt von einem *Menuett*, einem *Clair de lune* und einem *Passepied*. Vor allem *Clair de lune* (Mondschein) wurde zu einem Salonstück, das auch nicht unbedingt professionell ausgebildeten Pianistinnen und Pianisten zugänglich ist. *Pour le piano* (Für das Klavier; 1894—1901) steht mit seinen Sätzen *Prélude*, *Sarabande* und *Toccata* den französischen Cembalokomponisten noch näher. Das leichte, perlende Spiel wirkt graziös, huscht dahin, wie wenn es kaum bemerkt werden wollte; nur die *Sarabande* ist ernster und erinnert in ihrer Schlichtheit an die Klavierwerke Erik Saties aus dessen mystischer Periode um 1890. *L'Isle joyeuse* (Die fröhliche Insel; 1904) bezieht sich auf das zarte Bild Watteaus *L'Embarquement pour Cythère* (Die Einschiffung nach Kythera), auf dem rokokohaft gekleidete Damen und Herren sich zur Reise auf die Insel der Venus anschikken. Doch fehlt jeder direkte Bezug zur Musik jener Zeit, genau so wie in der

Vincent d'Indy liebte deutsche Musik und Malerei. Ihm ist es zu verdanken, daß die Gregorianik, die Vokalmusik der Renaissance, Jean-Philippe Rameau und Johann Sebastian Bach in Paris häufig aufgeführt und zum Vorbild der Zeitgenossen wurden (© Museu d'Art Modern, Barcelona).

Hommage à Rameau (1904/05), dem zweiten Stück aus der ersten Serie der *Images* für Klavier, wenn man in den ernsten und verhaltenen Klängen nicht eine Art antikisierende Stele sehen will, wie sie im Halbdunkel von Grotten und Efeu die französischen Gärten des 18. Jahrhunderts schmückten. In der Musik und nicht in den parteiischen Musikkritiken Debussys fand die Wiederkehr einer glücklichen Epoche der Kunst seines Landes statt. Die publizistischen Arbeiten lassen kaum ahnen, wie tief der Eindruck war, den Rameau ausübte. Hinter den aggressiven Worten gegen Gluck verbirgt sich die Scheu, tiefere Gefühle zu verraten. Sie sprechen sich nur in Tönen aus, die von ganz weit her an Rameau erinnern, von ihm beeinflußt sind, ihn aber nicht platt imitieren. Oberflächliche Harmlosigkeit ist ihnen fremd; ihre Melancholie gesteht die Unmöglichkeit ein, die alten Zeiten wieder zum Leben zu erwecken.

In einem seiner letzten Werke, der *Sonate en Trio* (1915), die die ungewöhnliche Besetzung von Flöte, Bratsche und Harfe aufweist, näherte sich Debussy wieder Rameau. Die Flöte war im 18. Jahrhundert sehr beliebt. Aristokraten und Bürger bliesen auf ihr galante und virtuose Arabesken, begleitet von der Harfe oder dem Cembalo. Die Bratsche ersetzt bei Debussy die Viola da gamba. Aus dieser Mischung von sanft melodiösen Tönen, den gezupften Akkorden und Arpeggien vor dem satten Klang in der Mittellage schuf Debussy ein Werk von diskreter Schönheit; alle heftigen Spannungen, alle Konflikte sind daraus verbannt. Geplant war noch unter anderem eine Sonate für Oboe, Horn und Cembalo und eine andere für Trompete, Klarinette, Fagott und Klavier: alles sehr ungewöhnliche Besetzungen für ihre Zeit, aber in vielem den *Pièces en concert* Rameaus verwandt. Debussy, der sich während des Ersten Weltkrieges stolz als »musicien français« bezeichnete, erlebte die volle Blüte eines erstarkten kulturellen Nationalbewußtseins nur in ihren Anfängen und hat ihm doch die besten Werke geschenkt.

*

Claude Debussy hat nach seiner Studienzeit am Conservatoire nie mehr Fugen geschrieben. In der *Arabesque* in G-Dur (1891) zeigt sich zwar eine skizzenhaft unverbindliche Anspielung an diese Technik, doch sie ist ironisch, spielerisch gemeint. Darin unterscheidet er sich von den Franckisten und anderen komponierenden »Archäologen«, die die Würde einer längst vergangenen Zeit für sich in Anspruch nehmen möchten. Wenn er von den alten Meistern spricht, so betont er deren in die Zukunft gerichtetes Potential. Spöttisch sind am 1. Mai 1901 seine Bemerkungen über die Karfreitagskonzerte, die unweigerlich »geistlich« seien, ohne daß man so recht wisse, warum.[24] Dennoch hat er bewundernde Worte für Johann Sebastian Bach übrig: "[...] hier findet sich in fast makelloser Reinheit jene ›musikalische Arabeske‹, oder vielmehr jenes Prinzip des ›Ornaments‹, das die Grundlage jeder Art von Kunst bildet. (Das Wort ›Ornament‹ hat hier nichts mit dem zu tun, was die musikalischen Lehrbücher darunter verstehen.)«[25] Da er auch in den Jahren seines größten Ruhms nie danach trachtete, das Haupt einer Schule zu sein, und immer Neues schaffen wollte, mußten ihm alle Lehrbücher, wie sie d'Indy schrieb, zuwider sein. Als man ihn am 20. Mai 1910 nach der Möglichkeit einer Wiedergeburt des klassischen Ideals fragte, antwortete er abwehrend: »Was soll das Wort heißen? Läßt es sich denn präzisieren, begrifflich definieren? Positiv gesehen kann man sagen, daß alles, was schön ist, mit der Zeit klassisch wird. Negativ gesehen: Wenn klassischer mit akademischem Geist verwechselt wird, nun gut, dann bin ich der Meinung, daß es eben *auch* akademische Werke geben muß, um die Ängstlichen zufriedenzustellen und ihnen die Illusion der Sicherheit zu geben.«[26] Früher habe es wohl eine gewisse gemeinsame Disziplin gegeben: »Aber heute! Jeder zerrt nach seiner Seite, sucht seine Persönlichkeit zu entwickeln, wenn er eine hat, oder aber er bemüht sich, die Persönlichkeit seines Nachbarn zu imitieren, wobei er übertreibt, übersteigert — und das ist alles.«[27] Was morgen sein wird, ist unsicher. Wieder beschwört er die große Zeit Jean-Philippe Rameaus, polemisiert gegen Christoph Willibald Gluck, Gioacchino Rossini, Richard Wagner und Richard Strauss, der als eine Art Zauberkünstler Wagner nur übersteigert habe. Auf die Frage nach der Musik des 16. Jahrhunderts und nach dem großen Bach aber wird er ernst: »Das ist die Musik selbst, die elementare Kraft, der nichts widersteht. Nach Bach hat niemand mehr Musik gemacht, weil nach ihm niemand mehr unter Bedingungen gelebt hat, die der musikalischen Schöpfung so günstig waren. [...] Muß man also verzweifeln? Weit gefehlt! Die Musik wird wiedererstehen. Gehen wir an die Arbeit! Arbeiten wir, jeder nach seiner Eingebung. Die Zukunft wird sagen, wer ein Klassiker gewesen ist.«[28]

Wenn Debussy von der Kunst der Arabeske spricht, die er vor Bach auch bei Palestrina, Vittoria und Lasso findet[29], dann ist es naheliegend, an den Jugendstil zu denken, der gerade in Frankreich eine typisch florale, biegsame

Form annahm, im Gegensatz etwa zu Wien, wo auch geometrische, kantige Linienzüge herrschten. Doch versteht Debussy unter dem Wort ›Arabeske‹ ganz allgemein eine Zurücknahme des pathetischen Ernstes, wie er bei d'Indy und in dessen Schola cantorum herrschte. Wenn er im Schlußbild von *Le Martyre de Saint-Sébastien* (1911) auf den Palestrina-Stil zurückgreift, so tut er das in spielerischer, fast übermütiger Weise. Die Halleluja-Rufe des Solo-Soprans überstürzen sich fast in einer kindlichen Ekstase ohne autoritäre Steifheit. Doch der Einfluß der Musik der Renaissance geht tiefer und läßt sich nicht so leicht in Stilkopien dingfest machen. Nachdem er am 11. Februar 1911 erklärt hat, für ihn sei die sakrale Musik mit dem 16. Jahrhundert zu Ende gegangen, und auch Bach sei nur durch sein Genie und seinen Glauben der Versuchung entgangen, für die große Parade zu komponieren, nennt er *Parsifal* »eine hübsche Sache... Das ist Theater — dieses Gift der Vereinfachung.«[30] Die Einfachheit, die er, Debussy, suche, brauche »eine Selbstentäußerung ganz anderer Art, um das Göttliche zu preisen. [...] Wer gibt uns die reine Liebe der frommen Musiker vergangener Zeiten zurück?«[31] Debussy war nicht praktizierender Katholik, wie er erklärt: "Ich habe die geheimnisvolle Natur zu meiner Religion gemacht. Ich glaube nicht, daß ein Mann im Mönchsgewand Gott näher steht, noch daß ein bestimmter Ort in der Stadt der stillen Andacht förderlicher ist.«[32] Im Gegensatz zu d'Indy nimmt er für sich keine künstlerische Moral in Anspruch und will nur »von dem Land in meinem Innern singen, mit der naiven Treuherzigkeit eines Kindes«.[33]

Nicht nur in *Le Martyre de Saint-Sébastien*, sondern auch in *Pelléas et Mélisande* finden sich aber Spuren jener einfachen Musik aus glücklicheren Zeiten, zum Beispiel, wenn Geneviève in der zweiten Szene des ersten Aktes dem alten König Arkel den Brief Golauds vorliest. Der psalmodierende Ton in seiner ganzen Demut erinnert an das Murmeln und Singen in alten Kirchen, die Debussy während seines Rom-Aufenthaltes besuchte, während er die grandiosen Seiten der Ewigen Stadt nur mit Mißbehagen betrachtete. Der Gregorianische Choral ist allgegenwärtig in seinen Werken. Was lange vergessen war, wirkt nun wie neu und dient als Heilmittel gegen das Pathos der deutschen und italienischen Musik des 19. Jahrhunderts. Debussy hätte auch deren Komplexität mühelos meistern können; einige seiner Jugendwerke beweisen es. Doch nicht zuletzt unter dem Einfluß Erik Saties, aber mit mehr handwerklichem Können, wandte er sich einer Einfachheit zu, deren Archaik niemals pompös und steif wirkt. Die großen alten Meister belebte er wieder, ohne deren Autorität für sich in Anspruch nehmen zu wollen. Als Diener im Dienste der Kirche genossen jene einen Schutz, der um 1900 längst nicht mehr existierte. Die Unbefangenheit im Umgang mit der sakralen Musik erlangte Debussy aber nur nach langem Kampf; er reifte spät, um die Klänge aus längst vergessenen Zeiten nicht nur zum ästhetischen Vergnügen, sondern mit einer durch viele spöttische Bemerkungen maskierten Religiosität in seine Werke aufzunehmen.

Die leichte und doch schwierige Musik

Daß leichte Musik leicht zu verstehen und deshalb schlecht sei, ist ein Vorurteil, dem viele Musikliebhaber zum Opfer fallen. Wenn Musik diskret und scheinbar anspruchslos auftritt, wenn der Hörer sich ihr nicht zerknirscht über seine Ohnmacht und Schwäche vor gewaltigen Klängen hingibt, so hat er den Eindruck, unterfordert zu sein. Daß er dabei aber oft gut unterhalten, ja amüsiert wurde, will er sich nicht eingestehen. In den Salons der guten Gesellschaft um 1900 ging die leichte Musik eine Symbiose mit der schweren ein. Es konnte vorkommen, daß die Geladenen zum Spaß in alten Sammlungen von Romanzen schmökerten und vierhändig improvisierten, ohne mehr als eine gewisse Kunstfertigkeit zu demonstrieren, während kurz danach ein anspruchsvolles, noch nicht uraufgeführtes Werk wie *Pelléas et Mélisande* in Fragmenten einem kleinen Publikum bekanntgemacht wurde.[1] Die Exklusivität solcher Zirkel erlaubte beides: das Sich-gehen-Lassen, indem man seinem latenten schlechten Geschmack frönte, und die snobistische Neugierde, um kulturell auf dem laufenden zu bleiben.

Marcel Proust stimmte deshalb in *Les plaisirs et les jours* (Die Vergnügen und die Tage) im Jahre 1893 ein Lob auf die schlechte Musik an: »Verachten Sie die schlechte Musik, aber unterschätzen Sie sie nicht. Da man sie häufiger spielt und singt, viel inbrünstiger als die gute [...], hat sie sich nach und nach mit den Träumen und Tränen der Menschen gefüllt. Sei sie Ihnen deshalb verehrungswürdig. Ihr Platz, nichtig in der Geschichte der Kunst, ist riesengroß in der sozialen Geschichte der Gefühle. Der Respekt — ich sage nicht die Liebe — gegenüber der schlechten Musik ist nicht nur eine Form dessen, was man das Almosen des guten Geschmacks oder dessen Skeptizismus nennen könnte, er ist auch das Bewußtsein von der Wichtigkeit der gesellschaftlichen Rolle der Musik.«[2] Die Musik im Niemandsland der Konzertsäle, gelöst aus dem Kontext des täglichen Lebens, ist schwieriger zu verstehen als die schlechte. Gerade weil sie besser ist, hat sich sich abseits einen Raum geschaffen, in dem man ihr seine volle Aufmerksamkeit widmen kann und muß. In Frankreich aber war die Schranke zwischen der unteren und der oberen Musik nie so hoch wie in Deutschland, und was scheinbar anspruchslos als Lied oder Klavierstück auftrat, bewahrte eine Würde und Anmut, die durchaus ernst zu nehmen sind.

*

Nach 1870 zeigte sich dennoch eine Tendenz, von der oberflächlichen Romanze und dem rein brillanten Klavierstück wegzukommen und auch hier etwas den Deutschen Ebenbürtiges zu schaffen. Frédéric Chopin und Franz Liszt waren die Vorläufer, kamen aber aus anderen Ländern Europas, während die Franzosen Charles Gounod und Jules Massenet ihnen nichts Gleichwertiges entgegenstellen konnten.

Mit Henri Duparc trat zum ersten Mal ein Komponist auf, der in seinen »Mélodies« einen komplexen Klaviersatz kultivierte. Die Harmonik ist reich und dunkel. Der kleinen Form angemessen, wirken gewisse Fortschreitungen wie kostbare »Trouvaillen«, die für eine einmalige und flüchtige Wirkung bestimmt sind, welche Erstaunen auslösen soll. Die Singstimme deklamiert sanft und doch emphatisch den Text, der nun in zwei Fällen höhere Ansprüche stellt, als es bis dahin üblich war. *L'Invitation au voyage* (Die Einladung zu einer Reise; 1870/71) und *La Vie antérieure* (Das frühere Leben; 1884) sind Gedichte von Baudelaire, die als große Literatur damals noch nicht allgemein anerkannt waren. Die Musik spielte eine Mittlerrolle, weil sie in ihrer Süße und Eleganz mit Versen unmittelbar vertraut machte, die damals noch nicht Gemeingut der bürgerlichen und aristokratischen Salons waren. Doch jede Schärfe Baudelaires, die während des Zweiten Kaiserreiches den guten Geschmack und auch die Zensur brüskiert hatten, ist dank der Musik verschwunden. Duparc schrieb leichte Musik, aber in einem viel höheren Sinne, als es Proust, der Dandy, meinte. Auch sie strengt den Hörer nicht an und wird dadurch gerade gesellschaftsfähig; sie kann mühelos nach einem ausgezeichneten Diner in kleinem Kreise gehört werden.

Ähnlich verhält es sich mit dem Liedschaffen Gabriel Faurés, das freilich viel größer als dasjenige Duparcs ist. Daß sich diese Musik nie mit demselben Nachdruck durchsetzen konnte wie Debussys Lieder und Klavierstücke, hängt mit ihrem Mangel an provokativen Formeln im Bereich der Melodik und Harmonik zusammen. Was Fauré für die Singstimme und das Klavier komponiert hat, ist dennoch neu und einmalig. Nach einigen Vorstufen, die ihn im Bereich der unverbindlichen Salonmusik zeigen, gelingt ihm mit *La bonne Chanson* (Das gute Lied; 1892/93) der große Wurf, wieder, wie bei Duparc, weil er sich wertvollen Gedichten zuwendet. Diesmal stammen sie von Paul Verlaine. Schon früher vertonte Fauré Texte dieses Autors, diesmal aber handelt es sich um einen Zyklus und nicht um eine Sammlung von einigen Stükken, die unter einer bestimmten Opuszahl vereinigt wurden. Die neun Lieder beschreiben nicht gerade einen Handlungsverlauf, wie man ihn von Franz Schuberts *Schöner Müllerin* kennt, zeichnen aber doch einen innerseelischen Werdegang nach, der von zögernden Anfängen und der Rückschau auf eine düstere Vergangenheit schließlich zur Befreiung und Läuterung führt. Der Vergleich mit Robert Schumanns *Dichterliebe* ist nicht verfehlt, obwohl dort das lyrisch-musikalische Ich am Schluß in trotzige Resignation verfällt, die nur durch das Nachspiel des Klaviers aufgehellt wird. In beiden Fällen verarbeiten der Dichter und der Musiker die Begegnung mit der Liebe, deren schwankende Stimmungen in einzelnen Miniaturen festgehalten werden, sich gegenseitig widersprechen und auch verstärken. Verlaines Verse sind aber unschuldig, fast kindlich; ihnen fehlt die Ironie Heinrich Heines, die Schumann bis hin zum Skurrilen und Zerbrechlichen übersteigerte.

Gustave Fauré wirkt entspannter. Seine Vorliebe für modale Wendungen der Musik der Renaissance, die er als Schüler der Ecole Niedermeyer kennenlernte, machte ihn auch immun gegen Richard Wagners Einflüsse, die bei Henri Duparc unbestreitbar vorhanden sind. In *La bonne Chanson* finden sich zwar die erstaunlichsten Übergänge von einer Tonart in die andere, doch drängt sich deren Wirkung nicht mit Bravour auf. Fauré will gefallen, ohne zu schockieren. Es gelingt ihm mit einem extrem raffinierten Metier, das deutlich an die Oberfläche vordringen zu lassen unhöflich wäre. Darin zeigt sich der eminent soziale Charakter dieser Musik. Sie ist im Konversationston gehalten, gleitet über Untiefen hinweg, ohne auffallen zu wollen. Fauré schrieb auch in seinen Klavierstücken — *Nocturnes*, *Barcarolles*, *Impromptus* und *Préludes* — leichte Musik, die unter der Hand schwierig wird, weil sie mit keinen sonst üblichen Kriterien zu messen ist.[3] Sie blieb ein Einzelfall und fand höchstens in einigen Takten bei Arthur Honegger, der Fauré nach anfänglichem Zögern sehr schätzte, ihre Fortsetzung.[4] Das Vokabular ist selten neu, doch die Grammatik verbindet die einzelnen »Worte« auf eine vollkommen neue Weise. In seinen Liedern mit dem Titel *Mirages* (Spiegelungen; 1919) und *L'Horizon chimérique* (Der chimärische Horizont; 1921), beide wieder kleine, in sich geschlossene Zyklen, findet er zu einer Einfachheit, wie sie die junge Generation der zwanziger Jahre liebte, ohne sich jedoch deren Aggressivität zu eigen zu machen. Neben Ravel wird Fauré als der französischste Komponist jener Zeit betrachtet. Ohne sich von Vorurteilen und Klischees leiten zu lassen, darf gesagt werden, daß nicht nur für Marcel Proust, sondern für viele Franzosen noch heute die rein unterhaltende Kunst nichts Verächtliches darstellt und gerade dann, wenn sich gleichzeitig so viel taktvoll verschwiegene Könnerschaft manifestiert. In der großen Form hat Fauré nie so deutliche Zeichen gesetzt wie in der kleinen, die zugleich die leichte ist. Sein Requiem (1887/88) und die Oper *Pénélope* (1907—1913) werden zwar von vielen Kennern verehrt, aber auch dort handelt es sich nicht um große, schwere Musik, sondern um diskrete, die mit einer besonderen Noblesse ihr Daseinsrecht behauptet.[5]

*

Claude Debussy entwickelte sich langsam aus der Atmosphäre der Salons heraus. Doch gerade seine frühen Lieder, die er seinen Gönnerinnen in Verehrung widmete, zeigen ihn noch ganz im Bereich des Unverbindlichen; sie sind in ihrer Milde und Eleganz dem Einfluß Massenets verpflichtet. Gewisse unerwartete Wendungen des Klaviers, das wie bei Fauré mit üppig perlenden Klängen brilliert, zeigen die Suche nach Neuem, hatte doch schon Verlaine gesagt, daß das Seltene das Gute sei.[6] Und gerade bei der Vertonung von Versen dieses Dichters fand Debussy zu sich selbst, in den *Ariettes oubliées* (Vergessenen Arietten; 1885—1903), die er schließlich Mary Garden, seiner bevorzugten Interpretin der Rolle der Mélisande, widmete. Auf der Edition von 1903 steht: »Für Miss Mary Garden, die unvergeßliche Mélisande, diese (schon ein wenig alte) Musik in herzlicher und dankbarer Verehrung.« Verlaines fragile und in sich selbst schon sehr musikalische Gedichte werden von Debussy in Prosa aufgelöst, um unmittelbarer zu wirken. Wenn es im zweiten

Stück heißt: »Quoi? Nulle trahison?« (Was? Kein Verrat?), so hält die rastlose Bewegung der Begleitung inne, und die Singstimme deklamiert in relativ tiefer Lage diese Worte des Zweifels, der Selbstbefragung, während Fauré in seiner Vertonung desselben Verses leicht über diesen vielleicht entscheidenden Grund für die unheilbare Melancholie hinweggeht und die regelmäßige Struktur des Gedichtes nicht aufbricht.

Von 1887 bis 1889 wandte sich Debussy Charles Baudelaire zu. Der Titel *Cinq Poèmes de Baudelaire* (Fünf Gedichte von Baudelaire) ist beim Wort zu nehmen. Wie in Österreich bei Hugo Wolf steht auch hier der Text im Vordergrund; er ist nicht mehr ein mehr oder weniger unverbindlicher Anlaß, um Musik zu machen, der Musiker nähert sich ihm vielmehr mit großem Respekt. Der Klavierpart ist sehr reich ausgestaltet, ohne damit symphonisch im Sinne von Richard Wagners Wesendonk-Liedern zu werden. Die Einheit der Tonart wird gewahrt, doch erreicht sie Debussy oft von einem entfernten Punkt aus und berührt sie nur an einigen wenigen Orten. Die Bevorzugung bestimmter Akkordtypen — wie des Dominantseptnonakkords — garantiert die Einheit. Damit wird ein Verfahren von Wagners *Tristan und Isolde* wieder aufgenommen, aber nur ideell, nicht stilistisch; denn jede Erinnerung an bestimmte harmonische Fortschreitungen Wagners fehlt. Doch auch hier spielt sich das thematische Geschehen in der Begleitung ab, die gerade deshalb ihre gefällig-dienende Unterstützung des Gesangs aufgibt und das Wesentliche aussagt. In den *Proses lyriques* (Lyrischen Prosastücken; 1892/93) wird dieses Verfahren weitergeführt. Wie der Titel sagt, handelt es sich um lyrische Prosa, die außerdem von Debussy selbst stammt. In pathetisch und musikalisch gehobener Sprache versuchte sich der Komponist hier als sein eigener Dichter. Die Verse sind unregelmäßig, folgen aber mehr dem Klang der Worte als deren Bedeutung. Die Struktur würde zerfließen, wenn nicht wieder das Klavier einen gewissen thematischen Halt gewährte. Ohne diesen wäre der Text nichts anderes als ein dilettantischer Versuch, einer damals weit verbreiteten Tendenz folgend, die Sprache der Musik anzunähern, wie das vor allem Verlaine in meisterhafter Form gelang. In seinem Gedicht *Art poétique* (Dichtkunst) verlangte er vor allem Musik und keine markanten Gegensätze, sondern vor allem Nuancen.[7] Debussy übernahm in seinem Text viele Anregungen von Verlaine und auch von Mallarmé, ohne deren literarisches Können zu besitzen. Daß er überhaupt den Versuch wagte, als Dichter-Komponist aufzutreten, weist auf das Vorbild Wagners zurück.[8]

In weniger üppigem Stile sind die beiden Serien von Liedern aus Verlaines *Fêtes galantes* (Galanten Festen) gehalten. Die eine stammt in ihrer zweiten Fassung von 1891, die andere von 1904. Das Neo-Rokoko, das die Brüder Goncourt schon früh propagiert hatten, verbindet sich hier mit der delikaten Kunst der Arabeske, wie sie der Art Nouveau kultivierte.[9] Beide Werkgruppen bestehen aus je drei Liedern, sind aber nicht als Zyklus gedacht, sondern stehen den Interpreten ganz unprätentiös zur Verfügung. Eine freie Auswahl ist möglich; denn im Gegensatz zu Faurés Abhängigkeit von der romantischen Liedtradition verbindet die *Fêtes galantes* nichts anderes als ein flüchtiges Vergnügen, das kurze Eintauchen in eine fröhliche oder melancholische Stimmung, die Debussy in kongenialer Weise den Gedichten verleiht. In diesem Sinne handelt es sich auch hier um Salonmusik, aber auf einer höheren Ebene als derjenigen der reinen Unterhaltung.

Neben den Liedern auf Gedichte der französischen Renaissance, die wenig bekannt geworden sind — Charles d'Orléans, Tristan Lhermite und François Villon verkörperten für Debussy das nationale Erbe aus einer kulturell reichen Epoche —, erreichen die *Trois Poèmes de Stéphane Mallarmé* (Drei Gedichte von Stéphane Mallarmé; 1913) eine künstlerische Höhe, die beispiellos geblieben ist. Nach einer noch bis in die jüngste Zeit verbreiteten Meinung eignen sich nur einfache Texte zur Vertonung, hier aber handelt es sich um Texte, die einer angestrengten Lektüre bedürfen. Haupt- und Nebensätze überlagern sich, ganze Verse müssen gleichsam beiseite gesprochen werden, will man den übergeordneten Zusammenhang nicht verlieren. Damit versuchte Mallarmé die Polyphonie, um die er die Musik beneidete, in die Sprache einzuführen. Deshalb bedürften im Grunde diese Gedichte gar nicht der Musik; sie sind selbst Musik, weniger dank einer Wortmusik, wie sie Verlaine forderte, als durch ihre Strukturen, deren Verflechtungen Debussy auseinanderlegte, indem er Exklamationen durch Ritornellbildungen musikalisch doch noch integrierte und die eingeschobenen Sätze im Halbdunkel beließ, während die grammatikalisch wichtigen Eckpfeiler in gedehnten oder hohen Tönen erklingen. Vor allem das erste und das zweite Gedicht bestehen aus je einem einzigen Satz, der in einem ununterbrochenen Spannungsbogen auf kunstvollen Seitenwegen doch noch zum Ziel führt. Die Musik könnte bei all diesen Windungen und assoziativen Spielereien jeden Halt verlieren, weiß aber ganz im Gegenteil mit sparsamen Mitteln die Einheit zu wahren. Neben der rein klanglichen Schönheit besteht darin ihre vorher unerreichbare Qualität.[10] Erst Pierre Boulez wird in seinen Mallarmé-Vertonungen noch einen Schritt weitergehen und das Gedicht als ein letztes, größtes Geheimnis in der Musik verschwinden lassen, deren Zentrum es dennoch bleibt.

Wie sich Debussys Entwicklung in seinen Kompositionen für Sologesang mit Klavierbegleitung langsam aus dem Salon und dessen Umkreis löste, gelang es ihm auch in seinen Werken für Klavier, jenen engen sozialen Bereich zu verlassen. Die *Petite Suite* (Kleine Suite; 1888/89) will noch auf ganz legere Art unterhalten, um so mehr, als sie für Klavier vierhändig geschrieben wurde und deshalb schon zwischen den beiden spielenden Partnern eine intime Geselligkeit gefördert wird. Symphonien und Opern wurden früher in der gleichen Besetzung veröffentlicht, die oft den einzig gangbaren Weg darstellte, ein größeres Werk bekannt zu machen. Die Titel der beiden ersten Sätze, *En bateau* (Im Boot) und *Cortège* (Aufzug), beziehen sich auf zwei Gedichte aus Verlaines *Fêtes galantes*, die Debussy vertonte, ohne daß eine musikalische Verwandtschaft bestünde. Nur der Hinweis auf das Rokoko kreiert dieselbe Stimmung von heiterer Nonchalance und Raffinement. Dasselbe gilt für die *Suite bergamasque* (Bergamaskische Suite; 1890—1905), die die Commedia dell'arte mit ihrem munteren Treiben der mondsüchtigen Pierrots evoziert. Der Klaviersatz kommt ohne Fülltöne und große Virtuosität aus und erinnert zum Teil an Musik für Cembalo.

Das änderte sich mit den beiden Serien der *Images* (Bilder; 1904/05 bzw. 1907) und erst recht mit den *Préludes*, die 1909/10 und 1910—1912 komponiert wurden. Im ersten Jahrzehnt des 20. Jahrhunderts erreichte Debussy eine Meisterschaft des Klavierstils, die zwar Frédéric Chopin und Franz Liszt zum Vorbild nimmt, doch in einigen Aspekten darüber hinausgeht. Zum ersten Mal gewinnt man den Eindruck, daß der Klavierklang in seinem wirklichen Wesen erfaßt wird. Die nach dem Anschlag schnell verhallenden Töne können zwar durch eine bestimmte Nuance den Eindruck erwecken, noch lange weiterzuklingen. Beethoven ging oft in dieser Weise über die rein akustischen Möglichkeiten des Instruments hinaus, und Chopin gab in seinen *Nocturnes* eine Ahnung des italienischen Belcanto, wie ihn die Oper seiner Zeit hervorbrachte. Doch Debussy entdeckte die perkussiven Möglichkeiten des Klaviers, die er in eine bewußte Relation zum Pedalgebrauch setzte. Die Tasten werden schnell, fast nur mit den Fingerspitzen angeschlagen oder von diesen gleichsam angezogen, um dann mit der Hilfe des Pedals weiterzuvibrieren. Damit entsteht, verbunden mit einem streng kalkulierten Einsatz der verschiedenen Lagen, ein Klangraum, in dem die einzelnen Töne oder Figuren schwerelos schweben. Der Unterschied zwischen Melodie und Begleitung ist aufgehoben. Die Begleitung wird oft zur Hauptsache, während die Themen nur für kurze Augenblicke auftauchen und nie den Ernst oder die lapidare Größe der deutschen Romantik erreichen wollen. Beethoven hat auch Bagatellen komponiert; sie sind aber, verglichen mit den Klaviersonaten, marginale Erscheinungen.

Bei Debussy wird aus der Nebensache die Hauptsache. Die *Préludes* gehören zu seinen Hauptwerken, wobei ihr oft nicht nur leichter, sondern ironischer Ton noch eine weitere Zurücknahme akzentuiert. Drei Stücke aus dem zweiten Buch können das belegen: *General Lavine — Eccentric* karikiert einen amerikanischen Clown, der im Théâtre Marigny von 1910 bis 1912 auftrat und sich wie ein marionettenhafter Soldat fortbewegte; er konnte mit seinen Zehen Melodien auf dem Klavier spielen, was Debussys Staccato in diesem Stück inspiriert haben mag. *Hommage à S. Pickwick Esq., P. P. M. P. C.* zitiert in der linken Hand die englische Nationalhymne, während sie in der rechten absichtlich unbeholfen begleitet wird; »P. P. M. P. C.« soll »Perpetual President — Member Pickwick Club« heißen und bezieht sich nicht nur auf Charles Dickens, sondern auch auf die Vorliebe der Engländer, ihre Visitenkarten mit solchen enigmatischen Buchstaben zu zieren. In *Feux d'artifice* (Feuerwerk) taucht am Schluß eine Anspielung an die *Marseillaise* auf. Nicht sie mit ihrem patriotischen Ernst ist die Hauptsache, sondern die aufschießenden Raketen im schwarzen Nachthimmel. Damit distanziert sich Debussy von jedem direkten Pathos. Wenn es wie in *La Cathédrale engloutie* (Die versunkene Kathedrale) mit hymnischen Orgelklängen dennoch erscheint, so ist es durch den Pedalgebrauch gebrochen; denn die Kathedrale liegt nach einer alten Sage tief im Wasser vor der bretonischen Küste, so daß nur ein Abglanz ihrer Musik an die Oberfläche dringen kann. Daneben gibt es aber auch ein melancholisches Stück wie *Des Pas sur la neige* (Schritte im Schnee), das jedoch gerade durch seine Zurückhaltung auffällt; kein lauter, tragischer Akzent stört die einsame Winterlandschaft.

Das stolze Stück *La Puerta del Vino* (Die Weinpforte) hatte eine ganz banale Inspirationsquelle: eine Postkarte mit der berühmten Pforte der Alhambra in Granada. *La Sérénade interrompue* (Die unterbrochene Serenade) bringt keine einzige vollständige Melodie eines gitarrespielenden Verliebten in einer spanischen Stadt, sondern nur deren Fragmente, die sich im Halbdunkel der verwinkelten Gassen verlieren. Zurücknahme auch hier. Debussy dachte nicht einmal an eine zyklische Form; die Stücke wurden einzeln zu verschiedenen Zeiten in verschiedenen Sälen uraufgeführt. Darin unterscheiden sie sich von Chopins *Préludes*, die einen durch den ganzen Quintenzirkel gehenden Aufbau aufweisen, der in einen krönenden Abschluß mündet.

Mit Ironie und Beiläufigkeit distanzierte sich Debussy von den Ursprüngen seiner Inspiration, was er noch durch die Tatsache betont, daß die Titel der einzelnen *Préludes* erst am Ende jedes Stückes gedruckt wurden und ihnen drei Punkte vorangehen, zum Beispiel ... *Voiles*, was sowohl Segel wie auch Schleier heißen könnte. Die gewollte Unbestimmtheit ist demnach dreifach: Der Pianist sollte im Grunde erst am Ende seines Spieles erfahren, in welche Richtung seine außermusikalische Vorstellungskraft zu gehen habe; die drei Punkte markieren eine gewisse Gedankenverlorenheit; und die Bedeutung des Wortes »voiles« bleibt offen.

In *Children's Corner* (Kinderecke; 1906—1908) geht Debussy noch einen Schritt weiter. Die sechs Stücke der kleinen Suite sind seiner Tochter Chouchou gewidmet und schlagen nicht nur einen leichten, sondern einen raffiniert naiven Ton an. *Docteur Gradus ad Parnassum* zeigt das Kind beim mühevollen Üben von Czerny-Etüden, es verhaspelt sich und schlägt am Schluß verdrossen den Klavierdeckel zu. *Jumbo's Lullaby* (Wiegenlied des Elefanten) exponiert keine intakte Melodie, möge sie auch noch so einfach sein, sondern es gibt nur das Lallen des Kindes wieder, das, den Elefanten liebkosend, selbst einschläft. Das letzte Stück, *Golliwog's Cake Walk*, zitiert eine Vorform des Jazz, wie sie damals in Paris schon bekannt war. Golliwog ist eine Negerpuppe, die Chouchou gehörte. Zwischen den hüpfenden Rhythmen erscheint einige Male der Anfang von Wagners *Tristan und Isolde*, was nicht blasphemisch, sondern melancholisch nachlässig wirkt: Die große, pathetische Musik gehört der Vergangenheit an, was insgeheim bedauert wird, dann aber wieder eine befreiende Heiterkeit auslöst.

*

Maurice Ravel hat fast nur kurze Stücke komponiert. *L'Heure espagnole* (Die spanische Stunde), *Daphnis et Chloé* und *L'Enfant et les sortilèges* (Das Kind und die Zauberstunde) dauern jeweils knapp eine Stunde, obwohl es sich dabei um Bühnenwerke handelt, die, um den Abend zu füllen, durch ein zweites

Stück ergänzt werden müssen. Die Lieder und Klavierstücke dagegen steigern noch gewisse Tendenzen, die schon Debussy verfolgte.

Die *Histoires naturelles* (Naturgeschichten; 1906) auf fünf Prosatexte von Jules Renard sind fünf Porträts von Tieren, die nicht nur ironisiert, sondern lächerlich gemacht werden: Der Pfau ist ein eitler Verliebter, der vergeblich auf seine Verlobte wartet; die Grille zirpt wie ein Uhrwerk, dessen Mechanik hier und da versagt; der Schwan mit seinem blütenweißen Gefieder wühlt gefräßig im Schlamm nach Würmern, usw. Die Unschuld der Kreatur wird verspottet; mit höhnischem Blick verfolgt der Beobachter ihr erbärmliches Dasein. Die Musik aber ist von einer dandyhaften Eleganz. Zum trockenen Parlando der Singstimme spielt das Klavier zart irisierende Akkorde und deutet automatenhaft leerlaufende Spielfiguren an; auch die ernst archaisierenden Klänge dürfen nicht beim Wort genommen werden, sondern sie beschwören machtlos den hohen Stil, der längst außerhalb der Reichweite Ravels geraten ist. Nur eine halb eingestandene Melancholie veredelt diese Musik, die im Kreise von Kennern, die schon alle großen Emotionen durchlebt und schal gefunden haben, aufgeführt werden sollte.

Debussys *Children's Corner* findet bei Ravel seine Entsprechung in *Ma Mère l'Oye* (Meine Mutter, die Gans; 1908—1910). Die fünf Kinderstücke beziehen sich auf Märchen wie *Dornröschen, Däumeling* und *Die Schöne und das Tier* und sind Mimi und Jean Godebski gewidmet, den Kindern von Cipa und Ida Godebski. Misia, die Halbschwester von Cipa, hat als schöne und geistreiche Mäzenin in Paris Geschichte gemacht. Pierre Bonnard und Henri de Toulouse-Lautrec haben sie gemalt; alle Literaten und Musiker waren ihre Freunde, unter ihnen Mallarmé und auch Ravel. Man kann sich leicht vorstellen, in welch kultivierter Atmosphäre die beiden Kinder, Mimi und Jean, aufwuchsen. Verwöhnte Kindlichkeit strahlen auch die kurzen Stücke für Klavier vierhändig aus, die der Komponist für sie schrieb. Sie gehören zum Raffiniertesten, was für diese Gattung seit je geschaffen wurde. Die vier Hände der Pianisten liegen nicht parallel nebeneinander, sondern greifen subtil ineinander, wobei die Pedale mit größter Akkuratesse gedrückt werden müssen, um bald einen klaren, bald einen verschwimmenden Klang zu erzeugen. Der anmutige Ernst der Pavane, die den Schlaf des Dornröschens begleitet, die Walzerrhythmen zum Gespräch zwischen der Schönen und dem Tier sind von einer Verschwiegenheit der Gefühle, die sich kaum einzugestehen wagt, daß auf eine so kostbare Kindlichkeit kein erfülltes Erwachsensein folgen kann. Die Welt der Godebski verwehrt den Ausbruch in ein kraftvolles Leben; das Eingeschlossensein wird still akzeptiert. In dieser milden Trauer liegt die Größe der Musik Maurice Ravels.

Ma Mère l'Oye wurde im Jahre 1912 auch als Ballett aufgeführt und zu diesem Zweck von Ravel orchestriert. Die *Valses nobles et sentimentales* (Edle und gefühlvolle Walzer; 1911) machten eine ähnliche Verwandlung durch. Zuerst für Klavier zweihändig konzipiert, erschienen sie orchestriert, ebenfalls im Jahre 1912, unter dem Titel *Adélaïde ou Le Langage des fleurs* (Adelaide oder Die Sprache der Blumen) als Ballett auf der Bühne. Daß diese Walzer in einem ungebrochenen Sinne »edel« und »gefühlvoll« seien, war nicht Ravels Absicht, ging er doch von dem Dichter Henry de Regnier aus, der schrieb: »Das köstliche und immer neue Vergnügen einer unnützen Beschäftigung.« Verwöhntheit, Vergeblichkeit auch hier wie in den Stücken für die jungen Godebski. Die Musik überhöht mit schillernden Klängen den Kitsch von sentimentalen Walzern; jede Wendung verrät und verschleiert zugleich einen Gemeinplatz, um ihn in die Sphäre des Uneigentlichen zu heben. Ravel hat auch die kleinen Klavierstücke *A la manière de Borodine* und *A la manière de Chabrier* von 1912 oder 1913 komponiert. Immer suchte er die Distanz zu dem, was er seinen Hörern doch eingestehen mußte, und drückte sich, gleichsam durch eine reglose Maske hindurch, dem Lauschenden doch ganz klar aus. Man würde kaum glauben, daß die sechs verspielten Stücke von *Le Tombeau de Couperin* (Das Grabmal Couperins) während des Ersten Weltkrieges geschrieben wurden und auf dem Schlachtfeld gefallenen Freunden gewidmet sind. Daß Couperin für Ravel wie Rameau für Debussy die reine französische Tradition verkörperte, führt nicht zu patriotischer Empörung über die Grausamkeit des Krieges, die Musik ist vielmehr von einer Virtuosität und Eleganz, die den Schrecken von sich hält.

Wenn Marcel Proust die schlechte Musik lobt (siehe oben), so meint er es im Grunde nicht ganz ernst. Doch die Gespräche, die seine Personen in *A la recherche du temps perdu* (Auf der Suche nach der verlorenen Zeit) führen, dienen dem Erzähler auch als Masken, hinter denen seine eigenen Meinungen kaum zu erraten sind. Einmal, ganz am Schluß von *Le temps retrouvé* (Die wiedergefundene Zeit), kommt er auf Ravel zu sprechen: »Es wurde die *Kreutzersonate* gespielt, aber da er sich im Programm getäuscht hatte, glaubte er, es sei ein Stück von Ravel, von dem man ihm gesagt hatte, es sei schön wie Palestrina, aber schwer zu verstehen.«[11] Zwischen Beethoven, Palestrina und Ravel irrt der Text hin und her, ohne irgendwo festen Fuß zu fassen. Aus der Distanz des Erzählers wird alles eins; schwierig zu verstehen ist nicht nur Ravel, sondern auch die Leichtigkeit, mit der vom einen zum anderen gewechselt wird — auch zur schlechten Musik, wenn einen die Laune packt —, verbirgt nur unvollkommen das Nichts, gegen das sowohl Proust als auch Ravel ankämpfen. In diesem Sinne ist die leichte Musik, die Fauré, Debussy und Ravel komponiert haben, wirklich groß.

Die Weltausstellungen der Jahre 1889 und 1900

Selten hat ein Ereignis den Gang der Musikgeschichte so stark beeinflußt wie die Pariser Weltausstellungen der Jahre 1889 und 1900. Denn dort hörten Claude Debussy und Maurice Ravel zum ersten Mal echte Zeugnisse der Musik von den Rändern Europas und aus dem Fernen Osten. Schon früher haben Komponisten mit Effekten gespielt, die im oberflächlichen Sinne exotisch waren, aber doch weit davon entfernt, die Grundlagen der europäischen Melodik, Harmonik und Rhythmik in Frage zu stellen. Félicien David machte eine Reise durch die Türkei, durch Palästina und Ägypten und verarbeitete seine Eindrücke während der dreißiger Jahre des 19. Jahrhunderts in *Mélodies orientales*. Häufig repetierte Töne, Bordunquinten, Tremoli, kurze Vorschläge und Glissandi sollen einen fremdländischen Charakter beschwören, der aber ganz an der Oberfläche bleibt. Ebenso verhält es sich mit Camille Saint-Saëns' *Mélodies persanes* (1870): Mit wellenförmigen Bewegungen der Melodielinien und einigen archaisierenden Wendungen in der Harmonik bleibt er im traditionellen europäischen System gefangen. Die Exotik ist auch bei Georges Bizet nur eine pikante Zutat und führte nicht zu einem totalen Umdenken hinsichtlich der musikalischen Grundlagen.[1]

In der Oper des 19. Jahrhunderts treffen wir auf die Diskrepanz zwischen Bühnenbildern, die historisch und topographisch exakt die fremden Welten wiedergeben wollen, und einer Musik, die sich nur in der Koloristik und einigen für Gesangsstars schmeichelhaften Arabesken an ihre Vorbilder hält. Léo Delibes ist in *Lakmé* (1883) unfähig, einen Rhythmus im Fünfachteltakt, wie er in Indien auftritt, getreu wiederzugeben. Denn ein solcher Takt war zu der Zeit in Europa ganz undenkbar; der Komponist preßt ihn deshalb in einen

Vierachteltakt und läßt die Gesangsstimme in rhythmisch freien Kadenzen brillieren, während die Bühnenbilder und Kostüme von orientalischem Luxus gewesen sein müssen. *Lakmé* erntete großen Applaus, weil der visuelle Eindruck die fernen Welten exakt reproduzierte und die Darstellerin der Lakmé eine virtuose Sängerin war. Heute hat der Film weitgehend diese Rolle übernommen: Man macht nicht mehr Studioaufnahmen, sondern reist nach Indien oder Afrika, um vor Ort mit weltbekannten Schauspielerinnen und Schauspielern zu drehen.

Die echte orientalische Musik weckte Befremden. Als Gérard de Nerval in Kairo Gelegenheit hatte, Hochzeitsfeierlichkeiten beizuwohnen, war er vor allem von den Geräuschen entsetzt, da die europäische Musik gerade diese in einem lange währenden Prozeß auf ein Mindestmaß reduziert hatte: »Der Aufzug bewegte sich recht langsam vorwärts zum Getön von Instrumenten, die das hartnäckige Geräusch einer knarrenden Türe oder eines Karrens mit neuen Rädern nachahmten. Die Verursacher dieses Lärms, ungefähr zwanzig an der Zahl, schritten einher, umgeben von Männern, die Feuerlanzen trugen. Darauf kamen Kinder mit riesigen Kandelabern, deren Kerzen eine lebhafte Helligkeit verbreiteten.«[2] Nerval war unzweifelhaft vom ganzen Schauspiel fasziniert, nur die Musik störte ihn.

Eine Wende brachte Charles Baudelaires Artikel zur Weltausstellung von 1855, in dem er erklärte: »Das Schöne ist immer bizarr. Ich will nicht sagen, daß es willentlich und kalt bizarr sei, denn in diesem Falle wäre es ein aus den Gleisen des Lebens getretenes Monstrum. Ich sage, daß es (das Schöne) immer ein wenig naive, nicht gewollte, unbewußte Bizarrerie enthält und daß diese Bizarrerie gerade das Schöne ausmacht. Das gehört zu seiner Herkunft und Charakteristik. Wechseln Sie Ihren Standort und versuchen Sie, sich das banale Schöne vorzustellen.«[3]

Baudelaire empfiehlt, sich vom Winckelmannschen Klassizismus zu lösen und das Neue, Fremde ohne Vorurteile aufzunehmen: »Ich habe wie alle meine Freunde mehrere Male versucht, mich in ein System einzuschließen und dort nach meinem Gutdünken zu predigen. Aber ein System ist eine Art Verdammnis, die uns zum ständigen Abschwören zwingt; man muß immer ein anderes erfinden, und diese Mühe ist eine grausame Strafe. Immer war mein System schön, weiträumig, bequem, sauber und vor allem glatt; so mindestens schien es mir. Und immer widersprach ihm ein spontanes, unerwartetes Produkt der weltweiten Vitalität [...].«[4]

Zur Weltausstellung von 1889 gab Louis Benedictus, ein Musiker des Rosenkreuzer-Ordens von Joséphin Péladan, unter dem Titel *Les Musiques bizarres à l'Exposition* einen kleinen Band von einfachen Melodien heraus. Bizarr erscheint ihm diese Musik, doch nicht so bizarr, wie es Baudelaire, sorgfältig abwägend, gemeint hat. Sie ist ihm ganz einfach unerklärlich, und mit europäischem Hochmut nennt er ein Stück mit annamitischer Musik ein *Charivari*, eine Katzenmusik, genau so wie Nerval vom Knarren einer Türe sprach. Zur Ausstellung von 1900 veröffentlichte er wieder eine Anthologie exotischer Musik; diesmal wurde sie aber von Judith Gautier, seiner Freundin, sorgfältig kommentiert. Sie, die Tochter Théophile Gautiers, hatte schon in ihrer Jugend von einem Mandarin chinesisch lesen, schreiben und sprechen gelernt, und später Richard Wagner, den sie seit 1869 kannte, für fernöstliche Philosophie und Literatur begeistert. In *Parsifal* sind tatsächlich buddhistische Elemente eingegangen: die Liebe zu den Tieren, die »heilig« sind, und die Verneinung des Willens zum Leben in einem banal kreatürlichen Sinne. Klingsors Zaubergarten wiederum ist ein letzter Nachhall des orientalischen Luxus, den die Pariser Oper ihrem verwöhnten Publikum gewährte. Von Judith Gautier sagte Anatole France: »Sie hatte ihre Welt, denn sie hatte ihre Welt von Gedanken und Träumen. Diese Welt war der Ferne Osten, nicht so, wie ihn uns die Reisenden beschreiben [...] aber so wie er entstanden ist in der Seele des jungen Mädchens, einer verschwiegenen Seele, einer Art von tiefem Bergschacht, wo sich der Diamant in der Dunkelheit formt.«[5] Hier treffen wir auf eine tiefere und engere Aneignung des Fremdartigen, das nicht zu einer folkloristisch gefärbten europäischen Musik passen will. Ob Judith den Orient in seiner authentischen Form kannte und wiedergab, spielt keine Rolle. Sie näherte sich ihm aber mit Respekt und schmückte sich nicht nur eitel mit ihm. Was daraus unter den Händen Debussys und Ravels entstand, war nicht eine ethnologisch korrekte Musik, sondern eine Symbiose von europäischen und asiatischen Elementen.

*

Claude Debussy hat — wie Manuel de Falla erklärte — die Weltausstellung von 1889 besucht, wobei sich ihm »unglaublich weite musikalische Horizonte« öffneten. Er habe schon immer eine Vorliebe für liturgische Musik empfunden, für den Gregorianischen Choral, dessen Wurzeln im Nahen

Osten zu suchen sind. Und die spanische Volksmusik stamme »zu einem beträchtlichen Teil« aus der liturgischen Musik. Vor allem Andalusien ist noch heute von arabischer Melodik beeinflußt. Im zweiten Satz seines Streichquartetts (1893) habe Debussy ganz spontan im spanischen Stil komponiert: »Ganz durchdrungen von der spanischen Musik schuf Debussy spontan — ich würde sogar sagen unbewußt — spanische Musik, die jene neidisch machen könnte [...], die sie zu gut kennen!«[6] Von der zweiten der *Estampes* (Kupferstiche; 1903) mit dem Titel *Soirée dans Grenade* (Abend in Granada) schreibt de Falla: »Die in *La Soirée dans Grenade* konzentrierte Kraft der Beschwörung grenzt an ein Wunder, wenn man bedenkt, daß diese Musik von einem Ausländer geschrieben wurde, der allein von der Vision seines Genies geführt wurde. Hier sind wir weit entfernt von jenen Serenaden, Madrileños und Boleros, mit denen uns die Fabrikanten sogenannter spanischer Musik bis jetzt beschenken! Was uns hier dargeboten wird, das *ist* Andalusien: die Wirklichkeit ohne Authentizität, möchten wir sagen, weil kein einziger Takt unserer Folklore entliehen wurde, und dennoch atmet das ganze Stück bis in die kleinsten Einzelheiten Spanien.«[7]

Madrid wurde um 1900 noch ganz von italienischer Musik beherrscht; die eigene aber wurde nicht voll ernst genommen, weil man ihre Sprache, die in einem anderen als dem europäischen Grund wurzelte, nicht verstand. Erst Debussy gelang es, gewisse Tabus, welche die Konservatorien ihren Studenten auferlegten, gründlich zu brechen. Er tat es nicht mit einer provokativen Gebärde und wurde deshalb weniger bemerkt als Arnold Schönberg, der zur Atonalität überging. Debussys Musik weist noch immer ein tonales Zentrum auf, ohne daß wir jedoch eine hierarchische Ordnung nach Tonika, Dominante und Subdominante im klassisch-romantischen Sinne entdecken könnten. Daraus resultiert eine gewisse Monotonie, die Musik entwickelt sich nicht dynamisch vom Hauptzentrum zu Nebenzentren und zum Schluß wieder an den Ausgangspunkt zurück. Debussy bleibt statisch und erreicht durch Repetitionen einen beschwörenden Charakter; er schreibt magische Musik und nimmt damit Bestrebungen vorweg, die Igor Strawinsky in *Le Sacre du Printemps* (1911—1913) und nach ihm auch Olivier Messiaen und Pierre Boulez weiterführen werden. Die exotische Musik — die spanische mußte damals noch als exotisch gelten — konnte hier wegweisend wirken, weil sie zu bestimmten Anlässen und Festen gespielt wurde und deshalb besser als die autonome Musik in ein Ritual integriert war. Ohne die Musik blieb das Ritual machtlos, und die Musik ihrerseits verlor jede Kraft, wenn sie nur zum Selbstzweck aufgeführt wurde. Daß es Debussy gelang, einen Rest jener Magie in den Konzertsaal irgendeiner europäischen oder amerikanischen Stadt hinüberzuretten, machte ihn zu einem der ganz großen Erneuerer unserer Musik.

Er war sich des rituellen Charakters seiner Musik weitgehend bewußt. Das zeigen die *Six Epigraphes antiques* (Sechs antike Inschriften; 1914). Ihr thematisches Material geht gerade auf das Jahr 1900 zurück, während dem die Weltausstellung stattfand. Damals brauchte Debussys Freund Pierre Louÿs einige wenige Takte, die zwischen der Rezitation von zwölf seiner Gedichte mit dem Titel *Les Chansons de Bilitis* (Die Lieder der Bilitis) gespielt werden sollten. Pierre Louÿs behauptete ursprünglich, es handle sich dabei um Lieder der Hetäre Bilitis, die er aus dem klassischen Griechischen in freier Form ins Französische übersetzt habe, bis er schließlich zugab, der Autor der Verse zu sein. Die Musik wurde zuerst für zwei Flöten, zwei Harfen und Celesta konzipiert und blieb Fragment, bis dann Debussy im Jahre 1914 das Material ordnete und verdichtete, um daraus seine *Epigraphes* für Klavier zwei- oder vierhändig zu machen. Er dachte noch an eine größere Erweiterung zu einer Suite für Orchester, die er aber nicht mehr durchführen konnte. Ernest Ansermet übernahm in den dreißiger Jahren diese Aufgabe und publizierte 1939 seine Orchesterfassung bei Durand. Die Titel der sechs Sätze weisen nun genau auf den rituellen Charakter hin. Debussy erweckt den Anschein, als wäre seine Musik Bestandteil magischer Praktiken. Er beginnt mit einer Anrufung des gehörnten Gottes Pan: *Pour invoquer Pan, dieu du vent d'été* (Um Pan, den Gott des Sommerwindes, anzurufen) und fährt fort mit *Pour un tombeau sans nom* (Für ein namenloses Grab), vor dem eine ernste Opferhandlung stattfindet. *Pour que la nuit soit propice* (Damit die Nacht günstig sei) ist das Gebet der Hetäre um einen reichen, sie glücklich machenden Freier. Im nächsten Stück *Pour la danseuse aux crotales* (Für die Tänzerin mit den Klappern) evoziert Debussy die Lustbarkeit unter Bilitis' Freundinnen, denen vielleicht auch ein Mann beiwohnen darf. *Pour l'égyptienne* (Für die Ägypterin) ist neu komponiert und nicht aus den Fragmenten von 1900 zusammengestellt. Es handelt sich hierbei um eine besonders geheimnisvolle Musik; denn die Ägypter waren innerhalb des altgriechischen Kulturkreises Exoten. Was uns an dieser Musik ohnehin fremd anmutet, wird dadurch noch verstärkt. Das letzte Stück ist ein Dankgebet: *Pour remercier la pluie au matin* (Zum

Dank für den Morgenregen) führt zu den musikalischen Motiven des Anfangs zurück und rundet den Zyklus ab.

Falsch wäre es nun, zu glauben, daß Debussy sich an die Musik hält, wie sie im östlichen Mittelmeer gepflegt wurde. Vielmehr treffen wir hier auf das, was De Falla als »die Wirklichkeit ohne Authentizität« bezeichnete. Vergegenwärtigt wird mit Ostinati, rasch dahingleitenden Melismen und Ganztonleitern, wie sie höchstens in Südostasien vorkommen, eine entrückte Welt voll eines erotischen Fluidums, das nicht als Sünde empfunden wird, sondern für Bilitis und ihre Genossinnen den Sinn ihrer fraglos hingenommenen Existenz ausmacht. Es scheint zuerst fragwürdig, wie Debussy sich seiner an christlichen Werten geschulten Erziehung hat entledigen können. Es gelingt ihm aber mit einer Selbstverständlichkeit, die erstaunlich ist. Nicht zuletzt wurde er auch durch Pierre Louÿs selbst in neue, freiere ethische Vorstellungen eingeweiht, weil dieser mit einer Nordafrikanerin zusammenlebte, die er von einer Reise mit nach Paris gebracht hatte. Sinnlichkeit ohne Schuldgefühle, das ist es, was Debussy von seinem Freund lernte. Die Liebe wurde dadurch nicht trivialisiert, sondern als höchster Lebensgenuß im Kunstwerk gefeiert.

Auf einer prekären Grenze zwischen antikem Heidentum und dem frühen Christentum spielt *Le Martyre de Saint Sébastien* (1911). Daß dieses Martyrium des heiligen Sebastian viele Anklänge an die Sakralmusik der Renaissance aufweist, wurde schon dargestellt (siehe oben S. 42), doch erschöpft sich darin der besondere Charakter dieses Werkes nicht. Der Text von Gabriele d'Annunzio ist viel zu lang und wird heute radikal gekürzt, um doch seine ambivalente Haltung zwischen Sinnlichkeit und Askese durchscheinen zu lassen. Der heilige Sebastian wurde im 16. Jahrhundert als schöner, von Pfeilen durchbohrter Jüngling dargestellt. Die Uraufführung des Werkes von d'Annunzio und Debussy zeigte aber Ida Rubinstein in der Rolle des Heiligen, wodurch ein gleitender Übergang zwischen antiken und christlichen Schönheitsbegriffen angedeutet werden konnte, um so mehr, als die Tänzerin von schlanker, androgyner Gestalt war und zu ihrem Spiel noch lange Textstellen rezitieren mußte. Das Französisch der aus Rußland stammenden Künstlerin soll damals noch sehr unbeholfen und guttural geklungen haben, was den zwischen Männlichem und Weiblichem schwebenden Eindruck verstärkte. Wenn sie vor dem Kaiser die Passion Christi tanzt, brechen die Weiber von Byblos in vollständiger Verkennung der Situation in Klagerufe auf den schönen Adonis aus. Dieselben Weiber bereiten dem/der Toten auch das Grab, nachdem er, der Bogenschütze von Emesa, am Lorbeerbaum des Apollo, der auch als Bogenschütze galt, dahingesunken ist. Das Stück lebt von dieser Vermischung heidnischer und christlicher Elemente; sie deutlich voneinander zu trennen war nicht d'Annunzios Absicht. Dadurch unterscheidet sich sein Stück von Wagners *Parsifal*, der freilich auch den größten Teil des Publikumsinteresses der Tatsache verdankt, daß der zweite Aufzug voll von erotischer Dämonie ist; ohne sie bliebe das Bühnenweihfestspiel kraftlos. D'Annunzio geht aber noch weiter, indem er die Antinomie der beiden Welten bis in die einzelnen Sätze seines Texts hineinnimmt. Wenn zum Beispiel der/die Heilige auf den glühenden Kohlen tanzt und sich damit gefeit gegen irdische Qualen zeigt, sagt er/sie: »Ich tanze auf der Glut der Lilien«, was vollkommen paradox klingt; denn die weißen Lilien sind ein Symbol für Reinheit, während das Feuer mit seiner roten Farbe für Sünde und Verderben steht.

Debussys Musik ist voll von stilistischen Eigenheiten, die er nur dem Besuch der beiden Weltausstellungen verdanken konnte. Noch im Jahre 1913 erinnerte er sich daran, als er schrieb: »Es hat liebenswerte kleine Völker gegeben — ja es gibt sie sogar heute noch, den Verirrungen der Zivilisation zum Trotz —, die die Musik so leicht lernten wie das Atmen. Ihr Konservatorium ist der ewige Rhythmus des Meeres, ist der Wind in den Bäumen, sind tausend kleine Geräusche, die sie aufmerksam in sich aufnehmen, ohne je in tyrannische Lehrbücher zu schauen. [...] So gehorcht die javanische Musik einem Kontrapunkt, gegen den derjenige Palestrinas ein reines Kinderspiel ist.«[8] Daß Debussy ein großer Rhythmiker war, wird erst Olivier Messiaen deutlich aussprechen und zur Geltung bringen.[9] Selbstverständlich denkt er dabei nicht an von Energie geladene Rhythmen, sondern an ein fast unmerkliches Schweben über dem Puls des Taktes. Debussy hat seinen Stücken fast nie Metronomangaben vorangestellt, da sich seine Intentionen nicht in starren Zahlen ausdrücken ließen. Damit hängt auch die Hinwendung zum Geräusch zusammen, das die unregelmäßig anschlagenden Wellen und die Windstöße erzeugen. Debussy verwendet in seinem *Martyrium* nicht nur das Schlagzeug, um diesen unbestimmten Eindruck hervorzubringen, sondern auch komplexe und sehr leise gehaltene Akkorde, deren einzelne Töne sich aneinander reiben, während sie fast endlos lange ausgehalten werden. Es entstehen so fast reglose Klangflächen, die selbstverständlich nicht ohne Richard Wagners Klangflächen im *Ring des Nibelungen* denkbar sind, aber doch weit darüber hinausgehen. Bedeuten sie bei Wagner etwas naturhaft in sich Ruhendes, so machen sie doch bald bewegteren Abschnitten Platz, während sie bei Debussy in höchster Passivität das Ganze einzelner Teile ausmachen.

Die Organisation der Tonhöhen bezieht sich sehr oft auf orientalische Vorbilder, wie sie Debussy verstand. Der Einsatz der sechs Hörner kurz nach dem Beginn des Werkes erinnert an eine japanische Tonleiter. Viele Partien wie zum Beispiel der Anfang des dritten Teils verwenden die chinesische Pentatonik, und der Ausdruck tiefen Leidens wird durch die Ganztonleiter erzielt. Daß diese asiatischen Elemente in ihren Ursprungsländern ganz anders verstanden wurden, liegt auf der Hand. Hier erscheinen sie im durchaus europäischen Zusammenhang, ohne daß der Eindruck aufkommt, Debussy habe das Arsenal exotischer Musik bedenkenlos geplündert. Wie Judith Gautier nähert er sich dem Fremden mit Hochachtung und erprobt dessen Tauglichkeit, um das Geheimnisvolle und Mehrdeutige des von D'Annunzio gegebenen Sujets auszudrücken.

Daß der Komponist die Partitur in einer ihm nicht willkommenen Eile fertigstellen mußte, gereichte dem Werk nicht zum Nachteil. Die Vereinfachungen, die daraus resultierten, sind gerade seine große Stärke. Sie drücken etwas von der Unschuld aus, die der auf lange Strecken prätentiöse Text nötig hat, um gewisse moralische Peinlichkeiten akzeptabel zu machen. Die exotische und die Sakralmusik gehen darüber hinaus noch eine Synthese mit Amfortas' Leiden in *Parsifal* ein, das, durch viele Nebentöne gebrochen, hie und da anklingt. *Das Martyrium des heiligen Sebastian* wird so zu einem hybriden Gebilde; die Anregungen zum Text und zur Musik kommen aus den verschiedensten Regionen und unterstreichen so gerade das unbegreiflich Numinose, das die beiden Künstler von Anfang an beseelte. Am 29. Januar 1911 schrieb der Musiker an seinen Textdichter: »Nun scheint mir jede Musik unnütz, wenn man sie mit dem ohne Unterlaß erneuerten Glanz Ihrer Vorstellungskraft vergleicht. Deshalb sehe ich nicht ohne ein wenig Schrecken den Augenblick nahen, wo ich ganz entschlossen schreiben muß. Werde ich können? Werde ich etwas finden? Diese Furcht ist vielleicht heilsam; denn man darf das Geheimnis nicht im Panzer eines nichtigen Hochmutes durchdringen.«[10] Dieses Zögern war für Debussy günstig. Nur so konnte er seine einmalige Musik schreiben, in der sich die verschiedensten Einflüsse vermischen, ohne daß ein unbedarftes Potpourri aus den beiden Weltausstellungen der Jahre 1889 und 1900 entstand.

Südostasiatische Musik beeinflußte Debussy und noch spätere Generationen. Sie half, sich von dem übermächtigen Einfluß der deutschen Musik zu befreien. Ihre schwebenden Klänge und Geräusche schienen den Franzosen direkt aus der Natur zu stammen.

*

Maurice Ravel hatte zur spanischen Musik eine noch viel engere Beziehung als Debussy. Seine Mutter war Baskin, und er selbst verbrachte seinen Urlaub sehr oft in der Gegend von Biarritz und Saint-Jean-de-Luz. Schon als junger Student am Conservatoire schloß er überdies eine dauerhafte Freundschaft mit Ricardo Viñes, dem Pianisten, der in Ravel die Neugierde für alles kulturell Wertvolle weckte. Die Klavierstücke mit dem Titel *Miroirs* (Spiegel) wurden ausgerechnet von Viñes am 6. Januar 1906 uraufgeführt. Das vierte Stück — es heißt *Alborada del Gracioso* (Morgenlied des Narren) — suggeriert das Improvisieren und Klimpern auf einer Gitarre, deren harter und spröder Klang auf dem Klavier durch blitzend scharfe kleine Sekunden wiedergegeben ist. Das kapriziöse Wechseln von einem Sechsachtel- zu einem Dreivierteltakt mit den Gegenakzenten schafft eine stolze und doch träumerische Atmosphäre, wie sie dem Bild entspricht, das sich viele von Spanien machen.

Eine *Vocalise-étude* in der Form einer Habanera entstand 1907; sie ist weicher und brillanter als die *Alborada*. Die Singstimme ergeht sich in eleganten Koloraturen, die am Klavier durch zögernde Habanera-Rhythmen begleitet werden. Es entsteht so ein spannungsvoller Kontrast zwischen der mutwilligen Freiheit, mit der die Solistin brilliert, und dem diskret, aber hartnäckig durchgehaltenen Rhythmus der Begleitung. Von diesem nur drei Minuten dauernden Stück existieren Bearbeitungen für verschiedene Instrumente, zum Beispiel für Violine, Violoncello, Oboe, Flöte und Klarinette. Sie alle eignen sich sehr gut als Zugabe nach einem kammermusikalischen Abend. Verfehlt wäre es aber, in dieser *Vocalise-étude* nur Salonmusik für verwöhnte Ohren zu sehen; denn dazu ist der Klanggestus zu geheimnisvoll und verschwiegen. Wie ein prächtiger Schmetterling gleitet die Melodie in taumelndem, zögerndem Flug herunter. Jede Äußerlichkeit ist ihr fremd, und gerade deshalb kann sie den Hörer, die Hörerin bezaubern.

Ravels berühmtestes Stück ist der *Boléro* von 1928. Er wirkt vor allem durch seinen starr durchgehaltenen Rhythmus und die stets wiederkehrende Melodie geradezu hypnotisch auf das Publikum. Wichtig sind aber die Wechsel der Klangfarben von obertonarmen zu in allen Spektralfarben glänzenden Klangbändern, die in steter Steigerung dem Höhepunkt zustreben.[11] Das Thema erfährt keine Verarbeitung und tritt auf der Stelle, aber die Klangfarben machen eine Entwicklung durch. Aus dieser Spannung zwischen statischen und dynamischen Elementen besteht das Werk, nur sind die Rollen gegenüber der traditionellen Musik vertauscht: Nicht die thematische Substanz, sondern deren früher eher sekundäre Farbe enthält die Kraft, die den Gang des Stückes vorwärtstreibt. Daß Ravel während der Weltausstellung von 1900 ähnliche Konzepte hat beobachten können, ist nicht ganz auszuschließen. Der Liebhaber klassischer und romantischer Musik hört über solche Vorgänge hinweg und bedauert vielleicht noch die armselige musikalische Erfindung, ohne zu merken, daß diese sich auf einer anderen als der gewohnten Ebene manifestiert. Viele exotische Völker, nicht nur die Spanier, orientieren sich an der Klangfarbe und nicht an der Tonhöhenorganisation der Musik. Hier, im *Boléro*, hat Ravel dieses neue Prinzip, das bis weit in unsere Zeit Schule machte, kühl kalkulierend eingeführt. So entsteht die Faszination einer Spitzenleistung, wie wir sie vom Sport kennen.

Ein Stück von exotischer Brillanz ist auch *Tzigane, Rhapsodie de concert* für Violine und Klavier (1922—1924). Hier noch nach Einflüssen der beiden Weltausstellungen der Jahre 1889 und 1900 zu suchen, wäre aber verfehlt. Ravel wurde vielmehr von der Geigerin Nelly d'Aranyi und von Béla Bartók inspiriert. Dennoch wäre der Schritt in die Richtung einer so gewagten Zigeunermusik nicht ohne die Anregungen jener früheren Zeit möglich geworden. Sie öffneten den Horizont hin zu einer Musik, wie sie der Geiger Pablo de Sarasate im letzten Jahrhundert noch nicht kannte; er blieb in den harmonischen Konventionen gefangen, wenn er zigeunerisch gefärbte Musik spielte, während Ravel mit schillernden und vibrierenden Klängen weit darüber hinausgreift. Sein Werk läßt an einen Akrobaten denken, der den Boden jeweils nur für einen flüchtigen Augenblick mit der Fußspitze berührt, um sonst mit Pirouetten und Überschlägen in der Luft zu schweben.

Unmittelbar beeindruckt durch die Weltausstellung zeigt sich aber *Shéhérazade* für Gesang und Orchester (1903). Das erste von drei Stücken mit dem Titel *Asie* (Asien) huldigt dem fernen Kontinent ohne direkte Anleihen bei der orientalischen Folklore. Nur die Monotonie der insistierenden Wiederholungen im Text von Tristan Klingsor beschwören eine magische Welt. Daß das Orchester farbenprächtiger als früher geworden ist, geht nur auf europäische Einflüße zurück, auf Claude Debussy, der, von Wagner und Liszt herkommend, das ganze Potential von Nuancen in dem großen Klangkörper entdeckte. Indem Ravel die Möglichkeiten der Instrumente nicht einem einheitlichen Klang unterordnete, sondern sie entfesselte, entsteht eine rauschhafte Stimmung, wie sie der feierlichen Anrufung Asiens entspricht.

Im Jahre 1904 bearbeitete und harmonisierte Ravel *Cinq Mélodies populaires grècques* (Fünf griechische Volkslieder), deren Text ihm sein Freund Michel Calvocoressi ins Französische übersetzt hatte. Sechs Jahre später schrieb er vier *Chants populaires* (Volkstümliche Gesänge), deren Melodien aus Spanien, dem französischen Limousin, dem italienischen Rom und aus jiddischen Quellen stammten, während der Text einheitlich einer anonymen Übersetzung ins Französische folgt. Noch 1914 verwendete Ravel traditionelle Texte und Melodien aus dem Aramäischen und Jiddischen in den *Deux Mélodies hébraïques* (Zwei hebräischen Liedern). Alles das beweist, daß er fähig war, in verschiedenen musikalischen Idiomen zu sprechen, und wenn er schon vorhandenes und dazu noch volkstümliches Material übernimmt, tritt er als Autor bescheiden zurück. Aus der Fülle des schon Vorhandenen wählt er aus und schreibt doch Musik, die nur von ihm stammen kann. Gewisse stilistische Merkmale haben aber verschiedene Völker gemeinsam; die Pentatonik kommt nicht nur aus China oder Ungarn, und modale Wendung gibt es nicht nur in der Musik der italienischen, französischen oder deutschen Renaissance, sondern auch in Rußland. Die Exotik erlaubt nicht mehr eine genaue Orientierung nach einzelnen Kulturkreisen; sie wird ubiquitär und tendiert zu einer Weltsprache, die alle Skalen und Akkorde umfaßt. Sie können vom Komponisten je nach Bedarf, nicht nur nach Lust und Laune, sondern gemäß einer inneren Notwendigkeit benützt werden. Arnold Schönberg kannte in seinen atonalen Werken nur die vollständig ausgestufte Chromatik; etwas anderes schien ihm aus der Logik der europäischen Entwicklung nach Richard Wagners *Tristan* nicht mehr möglich. Die Komponisten, die von Debussy und Ravel ausgingen — zu ihnen gehören neben vielen anderen Igor Strawinsky und Béla Bartók —, wählen frei aus dem schon vorhandenen Material der Pentatonik, Diatonik und Chromatik, wobei sie oft auch auf primitive Formeln von nur drei oder vier Tönen zurückgehen. Ob sie bestimmten Nationen zugewiesen werden können, ist ungewiß. Die Unterschiede zwischen ihnen verblassen. Oft handelt es sich dabei auch um Anregungen, die aus unteren sozialen Schichten stammen und nun auf die Höhe der bürgerlichen Konzerte und aristokratischen Salons emporgehoben wurden. Die Vielfalt der Weltausstellungen der Jahre 1889 und 1900 verhinderte, daß sich der Musiker in ein bestimmtes System einschloß, was Baudelaire schon im Jahre 1855 als Gefahr erkannte. Aber der häufige Wechsel der Systeme, wie er nun durch den erweiterten Horizont der Musiker möglich wurde, schwächte auch die bizarre Seite des Schönen, wie es Baudelaire verstand, erheblich ab. Nicht auf Grund einiger Reisen, die sie gemacht haben, sondern allein durch ihre Musik sind Debussy und Ravel zu Kosmopoliten geworden. Paris war und ist eine kosmopolitische Stadt, weil dort die verschiedensten Anregungen aufeinander stoßen und sich durchdringen, so weit, daß ihre Herkunft nicht mehr mit Sicherheit festzustellen ist.

Die Ankunft der Ballets russes

Nicht nur die Weltausstellungen der Jahre 1889 und 1900 eröffneten den französischen Komponisten neue Horizonte. Paris zog wie ein Magnet alles Fremde und noch nie Gehörte an und verhalf zu einer weitgehenden Emanzipation von der Musik des 19. Jahrhunderts, sei sie nun deutsch oder italienisch. Claude Debussy äußerte sich zur italienischen Oper mit Herablassung[1] und attackierte ohne Unterlaß die schwerblütige deutsche Symphonik, wobei er sich über deren Größe im Grunde vollkommen im klaren war. Doch gerade gegen Größe empfand er ein nur zu oft berechtigtes Mißtrauen, vor allem, wenn sie von seinen Landsleuten nachgeahmt wurde. Die große äußere Aufmachung verbarg zumeist einen Mangel an Erfindungskraft und Sensibilität.[2]

Die russische Musik, wie sie sich von der Mitte des 19. Jahrhunderts an herauszubilden begann, konnte befreiend wirken, weil ihre Vertreter nicht in Konservatorien mit langer Tradition herangebildet worden waren. Sie waren vielfach Autodidakten, so zum Beispiel Milij Balakirew, der seinen Schülern von Anfang an empfahl, symphonische Musik zu schreiben statt kleine Stücke, in denen sie ihr noch nicht voll ausgereiftes Handwerk hätten erproben können. Balakirew brachte aber von seinen Reisen in den östlichen Teil Rußlands auch interessante exotische Melodien mit, die zu einer Umgestaltung der üblichen westeuropäischen Rhythmik und Melodik zwangen.

Claude Debussy und Maurice Ravel kannten schon vor dem Auftreten der Ballets russes eine große Anzahl jener musikalischen Werke. Der eine lernte mit Sicherheit schon während der neunziger Jahre des 19. Jahrhunderts einige Werke Modest Mussorgskys kennen, vor allem den Liederzyklus *Ohne Sonne* und die Oper *Boris Godunow*. Der andere begeisterte sich für die *Bilder einer*

Ausstellung desselben Komponisten, die er später, im Jahre 1922 — so lange wirkte der Eindruck nach —, orchestrieren wird, und spielte mit seinen Freunden Balakirews *Islamey* schon um 1900. Dieses kurze Stück für Klavier exponiert ein orientalisches Thema und verarbeitet es in einer äußerst virtuosen Manier, die aber nicht Selbstzweck bleibt, sondern die Klangfarben des Klaviers zur Geltung bringt: In Staccati und dichten Akkordblöcken, die sehr rasch gespielt werden müssen, beginnt die Musik zu schillern und zu glänzen wie in Ravels eigenen Stücken für Klavier solo, zum Beispiel in *Gaspard de la nuit* (1908), der nicht ganz so schwierig zu spielen ist wie *Islamey*, aber doch von dort wesentliche Impulse erhielt. Die Befreiung der Klangfarbe aus einer mehr dienenden Funktion war das wichtigste Ereignis in der französischen Musik jener Jahre.

Schon 1893 erfaßte Paul Dukas die Bedeutung Modest Mussorgskys, weil dieser unbelastet von akademischen Hemmungen an die Arbeit gegangen war: »Mussorgsky war nie ein Musterschüler. Um das zu sein, hatte er seine Studien zu spät begonnen, und sein Genie war schon entwickelt, vielleicht bevor er sein Handwerk gründlich zu erlernen begonnen hatte. Doch er war etwas Besseres als ein geschickter Musiker, er war in einem gewissen Sinne ein Seher.«[3]

Debussy betonte bei Mussorgsky dieselben Seiten, indem er sie im Jahre 1901 noch mit den Eindrücken von den Weltausstellungen verband: »Nie hat eine so verfeinerte Sensibilität sich so einfach auszudrücken vermocht; es ist, als schaute man dem Tanz eines neugierigen Wilden zu, der bei jedem Schritt, den ihm sein Gefühl eingibt, die Musik entdeckt. Die Frage nach irgendeiner Form stellt sich nicht mehr, oder diese Form ist jedenfalls so vielschichtig, daß sie sich unmöglich mit den bestehenden, man könnte sagen: gesetzlich verordneten Formen in Einklang bringen läßt; das Ganze setzt sich zusammen aus kleinen, aufeinanderfolgenden Wendungen, die durch ein geheimnisvolles Band und die Gabe lichtvoller Hellsicht miteinander verbunden sind [...].«[4] Debussy betont die Einfachheit, die wohltuend kontrastiert mit der Komplexität der chromatischen Modulationstechnik, die im Westen seit der Romantik hoch angesehen war und den Komponisten als großen Könner legitimierte. Mit deutlicher Spitze nicht nur gegen Wagner, sondern gegen alle »Mandarine« der Konservatorien bemerkt er spöttisch: »Mussorgsky genügt ein einziger Akkord, der Herrn... (ich habe vergessen, wie er heißt) armselig vorkäme, oder eine Modulation von solchem Instinkt, wie er Herrn... (es ist der gleiche) unbekannt sein dürfte.«[5] Nichts anderes als die Theorielosigkeit seiner eigenen Musik gesteht er noch 1903 ein, wenn er sich zum Wert oder Unwert des begehrten und auch von ihm errungenen Rom-Preises äußert. Er nennt ihn ein »unglückseliges Diplom«, das die Künstler »wie Mastochsen prämiiert«, und polemisiert gegen »die akademische Trägheit«, um schließlich den innersten Bezirk seiner Überzeugung preiszugeben: »Die Musik ist eine geheimnisvolle Mathematik, deren Elemente am Unendlichen teilhaben. Sie lebt in der Bewegung der Wasser, im Wellenspiel wechselnder Winde; nichts ist musikalischer als ein Sonnenuntergang!« Es gehe nicht darum, in die Bücher zu schauen und »mit frommer Ehrfurcht den alten Klangstaub« aufzurühren.[6]

Debussy ruft zur Respektlosigkeit vor den Regeln auf und findet dabei Mussorgsky als Verbündeten, der freilich oft ohne Absicht zu neuen Lösungen fand, während Debussy selbst alle Stufen des professionellen Lehrgangs am Pariser Conservatoire mühsam und dann doch wieder rebellisch durchschritten hat, um in einem langsamen Befreiungsprozeß zu einer eigenen Sprache zu kommen. In der Oper *Pelléas et Mélisande* finden sich gleich zu Beginn die eklatantesten Verstöße gegen unantastbare Regeln, Verstöße, die ohne Mussorgskys Beispiel nicht möglich geworden wären. Daß diese Befreiung von altem Ballast so selbstverständlich und diskret vor sich ging, macht gerade hier und auch anderswo Debussys Größe aus. Robert Godet, ein Freund des Musikers während jener Jahre, behauptet zwar, Debussy habe *Boris Godunow* nicht vor 1896 kennen können, er weise vielmehr, »ohne Mussorgsky zu kennen, einen kongenialen Zug durch Antizipation« auf, »wie Mussorgsky durch Antizipation einen kongenialen Zug von Debussysmus« enthalte.[7] In diesem Falle würde es sich um eine Konvergenz von russischen und französischen Bestrebungen handeln, die noch durch die von Vincent d'Indy und Charles Bordes an der Schola cantorum geförderte Rückkehr zu den Quellen der abendländischen Musik, zur Gregorianik und zur modalen Harmonik, begünstigt wurde.

In der russischen Volksmusik, deren Anregungen Mussorgsky aufnahm, hatte sich gerade eine ältere Schicht der abendländischen Musik erhalten, die nun wie neu und vollkommen frisch in den Westen kam. Als *Boris Godunow* am 19. Mai 1908 zum ersten Mal an der Pariser Grand-Opéra gegeben wurde, war die Begeisterung groß, gerade weil ihm *Pelléas et Melisande* den Weg geebnet hatte. So jedenfalls empfand es Charles Bordes. Ob er aber mit Debussys Erwähnung des »geheimnisvollen Bandes«, das die Melodien und Akkorde zusammenhalte, einverstanden gewesen wäre, ist zweifelhaft, bestand doch die Schola, der er vorstand, auf einem soliden, rational begründbaren Handwerk (siehe oben S. 32). Auf jeden Fall fühlten sich aber die Franzosen mit einer kräftigen, noch unverbrauchten Tradition konfrontiert, wenn sie russische Musik von Balakirew, Borodin und Mussorgsky hörten, Musik, die sie aus den Verfeinerungen und Verästelungen der Kunst des Fin de siècle retten konnte. Noch bis in unsere Tage besteht in Paris eine lebhafte Bereitschaft, sich der Kraft jener aus dem europäischen Osten kommenden Kunst hinzugeben, die durch die Gegenwart der Ballets russes schon vor dem Ersten Weltkrieg initiiert wurde.

*

Hinter der Aufführung des *Boris Godunow* und hinter einigen Konzerten mit russischer Musik stand Serge Diaghilev, dessen Initiative vorher schon Ausstellungen von russischen Malern — Ikonen und neueren Gemälden — zu verdanken gewesen waren. Diaghilev wird bis zu seinem Tod im Jahre 1929 gewaltige Akzente ins Pariser Musikleben setzen, die sich zuerst durch ihre Wildheit auszeichneten, später aber immer raffinierter wurden. Zurückblikkend auf die zwanzig Jahre seiner Tätigkeit, wird Diaghilev 1928 sagen: »Man darf nicht vergessen, daß wir zur Zeit der Inszenierung von *Boris* für die Pariser Wilde waren, dann wurden wir wild und raffiniert, und es bedurfte der Arbeit von zwanzig Jahren, um einen ihnen ebenbürtigen [...] oder manchmal sogar einen beherrschenden Platz zu erobern. Und heute schmerzt es die Pariser oft, wenn sie uns immer weniger wild und vielleicht sogar zu raffiniert werden sehen.«[8]

Die erste Pariser Saison der Ballets russes von 1909, ein Jahr nach der sensationellen Entdeckung des *Boris*, setzte verschiedene Werke auf das Programm: Die *Polowetzer Tänze* aus Alexander Borodins Oper *Fürst Igor* wurden in Dekors und Kostümen von Nikolaus Roerich gegeben. Der Journalist Jean-Louis Vaudoyer faßte den allgemein herrschenden Eindruck zusammen, wenn er schrieb: »Es war die melancholische Steppe des *Prinzen Igor*, die Kulisse im Hintergrund hatte den düsteren Glanz gewisser Lackschachteln, durch die auf abgenütztem Gold wie Staub ein Rot schimmert. Man spürte den tief herabhängenden Himmel, gegen den große, traurige Feuer stiegen.

Welch eine majestätische Trostlosigkeit in einer unendlich weiten Landschaft! Das kupferfarbige Licht, das den Raum durchströmte, wurde, so scheint es, nichts anderes als die Farbe des Fiebers. Und auf der Ebene, die vom Weltschmerz erstickt war, lagen verstreut zwanzig oder dreißig Frauen, Sklavinnen und Gefangene.«[9]

Am selben Abend, dem 18. Mai 1909, wurde auch *Le Festin* (Das Festmahl) mit Musik von Glinka, Tschaikowsky, Mussorgsky, Glasunow und Rimsky-Korsakow in einer Choreographie von Michael Fokin und Marius Petipa gegeben. Die Tänzer, die später Geschichte machen sollten, waren Vaslav Nijinsky, Tamara Karsavina und Vera Fokin. Das folgende Stück, *Le Pavillon d'Armide*, bezog sich mehr auf das französisch-russische 18. Jahrhundert, dessen Ballett-Tradition gerade in St. Petersburg lebendig geblieben war. Die Ausstattung stammte von Alexander Benois, und wieder übernahm Nijinsky, diesmal mit Anna Pavlova, die Hauptrolle.

Einige Tage später, am 2. Juni, setzte sich die Reihe der erfolgreichen Vorstellungen mit *Les Sylphides* (Die Sylphiden) fort. Walzer von Chopin, die Strawinsky bearbeitet hatte, wurden mit Musik von Glasunow und anderen kombiniert. Wieder standen Nijinsky, die Pavlova und die Karsavina auf der Bühne. Eine anfängliche Skepsis wurde — wie Camille Mauclair, ein Literat des Pariser Fin de siècle, berichtet — bald überwunden: »Aber vor dem Ende des ersten Walzers waren wir entwaffnet und eingenommen, nicht nur durch die geheimnisvolle Sanftheit eines mondscheinhaft einfachen und raffinierten Bühnenbildes, wie sie Whistler in seinen Nachtbildern malte, und durch die Diskretion eines in sparsamen Farben und genauen Rhythmen spielenden Orchesters, sondern auch durch die keusche Grazie — man kann es nicht anders sagen — der Tänzerinnen, die jenen gleichen, die der Dichter hier um 1830 verehrte.«[10] Mit dem Dichter mag Alfred de Musset oder einer seiner Freunde gemeint sein, die noch die große französische Tanzkunst gekannt hatten, die später in Vergessenheit geriet, um jetzt neu zu erstehen. In *Cléopâtre* (Kleopatra) brillierte am selben Abend Ida Rubinstein, die sich später von den Ballets russes löste, um bis in die dreißiger Jahre hinein verschiedenen Komponisten Aufträge zu erteilen, unter anderen Arthur Honegger (*Amphion*, 1929) und Strawinsky (*Perséphone*, 1934).

Am 4. Juni stieß zuerst *Le Carnaval* (Der Karneval) mit Musik von Robert Schumann auch auf Skepsis, doch Mauclair erklärte sich wiederum begeistert: »Und dennoch haben sie daraus eine köstliche Sache ohne Sakrileg und Provokation gemacht.«[11] Die der Musik innewohnenden Eigenschaften seien entwickelt worden. Damit wurde die Gefahr vermieden, an einer bereits existierenden, autonomen Musik vorbeizuinszenieren, was sich am selben Abend noch mit *Shéhérazade* auf das bekannte Werk von Rimsky-Korsakow bestätigte. Die ihm unterlegte Handlung stammte von Léon Bakst und Michael Fokin, die Choreographie von Fokin in der Bühnenausstattung von Léon Bakst. Wieder wurden die Hauptrollen von Ida Rubinstein und Vaslav Nijinsky verkörpert.

Das ganze Team von Tänzern, Choreographen und Bühnenmalern wird sich in der Folge noch in vielen Produktionen bewähren; die farbenprächtigen Bilder von Bakst, die historisch und topographisch korrekte Ausstattung und die von allen Klischees befreiten Bewegungsabläufe Fokins. Begeistert feiert Vaudoyer die fast magnetische Kraft, die von der Handlung ausging: »Wenn sich der Vorhang über *Shéhérazade* hebt, scheint sich mit einer langsamen Kraft der Saal der Opéra mit einem schweren, dichten, warmen Hauch von Parfüms zu füllen. Vielleicht [...] kommt die Illusion dieses Duftes allein vom Dekor, wie uns ein Fluß in der Ferne schon durch seinen Anblick erfrischt, bevor wir die Kühle seines Wassers empfinden. Im smaragdgrünen und korallenfarbigen Harem voller Kissen und Stoffbehänge schwelt in erstickender Luft ein stagnierendes Feuer. Man ist schnell ergriffen von diesen heftigen Harmonien, die aber eine allgemeine Feuchtigkeit beruhigt und vermischt; von dieser zugleich wilden und trägen Wärme, wie sie zu Frauengemächern gehört; von dieser stickigen und — wenn man so sagen darf — öligen Atmosphäre, die den Saal einnimmt wie ein schwerer Likör, mit dem sich ein Gefäß bis zum Rande füllt.«[12]

Diese und ähnlich üppige Bühnenbilder wurden sofort von der Kleidermode nachgeahmt. Paul Poiret, der Couturier, verwandelte die Damen seiner Kundschaft in Sultaninnen und orientalische Prinzessinnen; die Wohnräume füllten sich mit exotischen, mysteriösen Gegenständen, die im durch schwere Vorhänge erzeugten Halbdunkel nur ungenau zu sehen waren. Daß es im Grunde unbequem war, in solchen Gewändern auf die Straße zu gehen, wenn nicht gerade eine Droschke oder ein Automobil zur Verfügung stand, störte die Leute nicht. Denn das ganze Lebensgefühl jener Epoche fand in den Darbietungen der Ballets russes ihr Gegenstück. Heute sind es eher berühmte Filme und deren Hauptdarsteller, die ähnliche Manien in der Kleidermode auslösen können.

Am 6. Juni 1911 erregte Nijinsky mit einem gewaltigen Sprung von der Bühne in die Kulissen Aufsehen. Das Stück, in dem er diese noch heute als ein Wunder geltende Leistung ausführte, hieß *Le Spectre de la Rose* (Der Geist der Rose) auf Carl Maria von Webers *Aufforderung zum Tanz* in der Orchestration von Berlioz. Fokin zeichnete als Choreograph, und Bakst lieferte die Dekors.

Im folgenden Jahr, am 13. Mai, sorgte *Le Dieu bleu* (Der blaue Gott) für eine Sensation. Nach einem Szenario von Jean Cocteau und Federigo de Madrazo hatte Reynaldo Hahn eine leichte Musik geschrieben. Das Sujet war wieder wie in *Shéhérazade* orientalisch und schockierend: Ein Jüngling mußte geopfert werden, was Anlaß zu einem ästhetizistischen und barbarischen Ritual gab.

Am 12. Juni 1913 versuchte Florent Schmitt in *La Tragédie de Salomé* diesen Effekt noch zu steigern. Im Programm der Ballets russes stand folgender Kommentar zu diesem Werk zu lesen: »Durch die unruhigen Harmonien des Vorspiels erhebt sich eine einsame Stimme. Sie steigt aus den Tiefen des Toten Meeres, schwebt über den Abgründen [...] der Wüste und der Begierden. Die Beschwörung tut ihr Werk, der legendäre Schleier entschwebt, das antike Drama will wieder leben [...]. Sie tanzt ... Sie tanzt wie die Schlangen der Verführung, wie die flackernde Wollust, wie das Schwert, das sich hebt und sich dreht und herniedersaust. Ihre Finger, ihre Haare flechten ein Netz für die Sünde der Könige und die messianische Hoffnung.«[13]

Alle bis jetzt zitierten Beschreibungen jener Ballette sind uns nur schwer erträglich geworden. Ihr hymnischer Tonfall, in dem eine üppig dekadente Sinnlichkeit gefeiert wird, verrät die Sehnsucht nach einer Zeitwende, wie sie mit dem Ersten Weltkrieg ganz brutal eintrat. Es wurden damals aber auch Werke geschaffen, die noch heute gültig sind, in allererster Linie dank ihrer Musik, aber auch durch ungewöhnliche, noch heute aktuelle Choreographien.

*

Falsch wäre es nun, zu glauben, daß die noch zu besprechenden Produktionen der Ballets russes durchwegs einer engen Zusammenarbeit zwischen den Musikern und Choreographen entsprungen seien. Was im Falle von *Carnaval* und *Le Spectre de la rose* offenbar so gut gelang, wollte sich beim *Prélude à l'après-midi d'un faune* und *Jeux* auf Musik von Claude Debussy nicht unbe-

Orientalischer Luxus prägte das Ballett *Shéhérazade*, in dem Vaslav Nijinsky als der Goldene Sklave Triumphe feierte (Rainsville Archive).

dingt einstellen. Dennoch sind die beiden Ballette durch Vaslav Nijinskys ungewöhnliche Sprache der Gesten und Gänge noch heute berühmt.

Beim *Prélude à l'après-midi d'un faune* (vgl. oben S. 22) dachte Debussy ursprünglich an eine Musik, die zur szenischen Rezitation des Gedichts von Stéphane Mallarmé bestimmt gewesen wäre. Dieser war von der Idee, sein Werk mit Musik zu untermalen, wenig begeistert, schrieb er doch im Jahre 1891: »In meinem Text habe ich eigentlich versucht, der strengen Form des Alexandriners so etwas wie ein spielerisches Klimpern entgegenzusetzen, gewissermaßen eine musikalische Untermalung, die eben der Dichter selbst seinem Werk verleiht und die den klassischen Vers nur in herausragenden Momenten hervortreten läßt.«[14] Die Musik hätte also nur in der gesprochenen Sprache verwirklicht werden sollen, die allein fähig wäre, durch die Bedeutung der Worte einerseits und deren Klang andererseits zugleich die Rationalität und die Irrationalität in sich zu vereinen. Als Mallarmé aber Debussys zartes, in allen Farben schimmerndes Stück gehört hatte, änderte er seine Meinung und erklärte dem Komponisten: »Wenn es überhaupt eine Dissonanz zwischen meinem Text und Ihrer Illustration zu meinem Text gibt, dann liegt sie darin, daß sie in der Tat weit über ihn hinausgeht, in den Bereich der Sehnsucht und des Lichtes vorstößt, und dies mit Eleganz, Unbehagen (ennui) und Pracht ...«[15] Debussy hatte einen Ton gefunden, der genau dem Gedicht entsprach, dessen Sinnlichkeit und Melancholie, wie man das Wort »ennui« auch übersetzen könnte, die Vergeblichkeit allen Glücksverlangens feiert.

Doch als das Thema des Balletts für Diaghilev und Nijinsky schon feststand, war die Wahl der passenden Musik noch nicht getroffen. Verschiedene Partituren wurden studiert und geprüft, bis Diaghilev den Ausschlag gab. Den berühmten Namen Debussys zusammen mit dem seines Schützlings Nijinsky auf den Plakaten zu lesen, schien verlockend. Dieser aber empfand — wie seine spätere Frau Romola Nijinska schrieb — die Diskrepanz zwischen der Musik und der geplanten Choreographie, die sich an altgriechischen Vasenbildern inspirieren sollte: »Ja, das Gefühl, die Atmosphäre entsprachen genau seinen Vorstellungen, aber die Musik war zu fließend, zu weich für die Bewegungen, die er konzipiert hatte. Im ganzen genommen gefiel sie ihm, abgesehen davon, daß er sie zu glatt fand. In Ermangelung eines Besseren entschied er sich also für diese Komposition, obwohl ihm bewußt war, daß die musikalische Bewegung nicht seinem eigenen, plastischen Ausdruck entsprach.«[16] Léon Bakst, der zum Leiter der Ballets russes aufgestiegen war, und Nijinsky verbrachten viele Stunden im Louvre, um die alten Bildwerke zu studieren. Wie Isadora Duncan wollten sie zu den Ursprüngen des Tanzes zurückkehren. Die Keramiken, die sie im Museum sahen, entsprachen genau ihren Wünschen. Die tänzerische Darstellung sollte zweidimensional, ganz in die Fläche gelegt erscheinen, was nicht der Tradition entsprach. Neben Nijinsky als Choreographen und Darsteller des Fauns wollte man zuerst Ida Rubinstein engagieren, die in *Cléopâtre* und *Shéhérazade* die Hauptrolle gespielt hatte, doch sie lehnte ab und gab später folgende Begründung: »In meiner Rolle gab es keine einzige natürliche Bewegung, kein einziger normaler Schritt auf der Bühne war vorgesehen. Alles war verdreht. Zeigten Kopf und Beine nach rechts, war der Kopf nach links gewendet. Nijinsky wollte das Unmögliche.«[17] Er arbeitete sehr lange mit seinen Kolleginnen, denen vorerst alles fremd war. Hatten sie eine bestimmte Pose richtig erfaßt, so fielen sie doch beim Übergang zur nächsten in die übliche Routine zurück. In der Truppe herrschte Ablehnung und Skepsis, was die Aufführung immer wieder hinausschob. Nur allmählich gelang es den Tänzerinnen, die Bewegungen zu verinnerlichen. Nijinskaja aber schrieb nach der Uraufführung: »Noch nie war ein Ballett mit dieser musikalischen und choreographischen Genauigkeit getanzt worden wie *L'Après-midi d'un faune*. Jede Haltung, jede Bewegung des Körpers bis zu den Fingerspitzen war durch strikte choreographische Anweisungen festgelegt.«[18]

Da das Ganze nur frontal konzipiert wurde, erfand Bakst ein Hintergrundgemälde, das in allen Farben leuchtete, ein Griechenland mit Zypressen, Felsen und sprudelnden, klaren Wasserfällen, das nun wiederum zu üppig für Nijinskys Pläne war. Er hatte an einen lebenden Fries gedacht, wie ihn die klassischen Tempel zeigen, und erwartete von Bakst nur große, flächige Farbfelder im Stile Paul Gauguins, den der Choreograph besonders schätzte. Doch statt dessen erschien nun ein Gemälde, das an Puvis de Chavannes *Heiligen Wald* und die Fresken Antoine Bourdelles in der Wandelhalle des Théâtre des Champs-Elysées erinnerte. Die Einheitlichkeit und Nüchternheit des Tanzes entsprach der Pracht des Dekors in keiner Weise.

Rechnet man noch dazu, daß Debussy — nur widerwillig, nach langem Drängen Diaghilevs — die Erlaubnis gab, seine Musik zu verwenden, so ergibt sich ein sehr merkwürdiges Bild der verschiedenen Stadien bis zur Aufführung des Balletts: Mallarmé, der Dichter, mißtraute den Möglichkeiten der Musik, die ihrerseits in einer Art getanzt wurde, die ihrem schwebenden

Rhythmus und den weichen Konturen nicht entsprach, während die grellen Farben von Bakst weder zur Musik noch zum Tanz passen wollten und viel eher mit einem schweren symphonischen Orchester harmoniert hätten.

Als das Stück am 29. Mai 1912 in Paris zum ersten Mal gezeigt wurde, erregte es Aufsehen, und zwar nicht nur wegen seiner neuen theatralischen Form, sondern auch wegen Nijinskys für jene Zeit zu gewagten erotischen Gesten. Doch verschiedene Künstler setzten sich für diese Produktion ein. Der Maler Odilon Redon schrieb in einem offenen Brief, der am 31. Mai 1912 in *Le Figaro* erschien: »Ich erinnere mich, daß alle Äußerungen Mallarmés Bezüge zur Choreographie und Mimik enthielten. Wie hätte er sich gefreut, in dem lebenden Fries, den wir sahen, den Traum seines Fauns und seine eigenen Träumereien auf den leichten Wellen der Musik eines Debussy dahinschweben zu sehen, greifbar gemacht durch die Figürlichkeit eines Nijinsky und die feurigen Farben eines Bakst? Wie dankbar müssen wir sein, ein weiteres Kleinod im Schrein der russischen Kunst aufbewahren zu können.«[19] In einem Artikel von Auguste Rodin, der am 30. Mai in *Le Matin* erschien, wurde Nijinsky in einer Reihe mit Isadora Duncan und Loïe Fuller gesehen: »Da gibt es kein Tanzen, keine Sprünge mehr, nur noch die Haltung und Gesten einer halb bewußten Animalität: Er räkelt sich, stützt sich auf die Ellenbogen, läuft in gebückter Haltung, richtet sich auf, geht vorwärts und weicht zurück mit mal langsamen, mal heftigen, nervösen und eckigen Bewegungen. Sein Blick ist spähend, seine Arme strecken sich, seine Hand öffnet sich mit aneinandergepreßten Fingern ins Weite, sein Kopf wendet sich mit einer Begehrlichkeit, die ebenso linkisch wie gewollt ist und die man für echt hält. [...] Wenn sich der Vorhang hebt und Nijinsky der Länge nach ausgestreckt auf dem Boden liegt, ein Bein angewinkelt und die Flöte an den Lippen, könnte man ihn für ein bildhauerisches Kunstwerk halten; und nichts ist ergreifender als die Bewegung, mit der er sich am Ende, das Gesicht dem Boden zugewandt, auf dem geraubten Schleier ausstreckt, den er mit der Leidenschaft brennender Begierde umarmt und küßt.«[20] Trotz seines Mangels an Einheitlichkeit machte dieses Ballett Geschichte, weil man in ihm den Inbegriff eines Lebens sah, das wieder mit den archaischen Ursprüngen des Tanzes bekannt machte und zugleich das Bild des damals modernen Künstlers verwirklichte, der, einsam und unverstanden, sich dennoch eine schöne, durch strenge Disziplin überhöhte Existenz aufbaute. Damit knüpfte Vaslav Nijinsky trotz aller Ungereimtheiten ganz intuitiv bei Stéphane Mallarmé an, dessen

Gedicht, wie er gestand, ihm gar nicht genügend bekannt war, weil seine Französisch-Kenntnisse dazu nicht ausreichten. Aristide Maillol und Oskar Kokoschka haben den Tänzer gezeichnet, und eine Statuette von Rodin scheint ihn ebenfalls abzubilden. Er war das Symbol einer neuen Generation von Künstlern, die der ständigen Verfeinerungen und Unverbindlichkeiten müde waren. Hugo von Hofmannsthal bemerkte im *Berliner Tageblatt* vom 11. Dezember 1912 mit Recht, daß Nijinsky eine »skulpturale Konzentration«, eine »Vision der Antike, die ganz die unsrige ist« gefunden habe. Sei sei gleich weit entfernt von »der Antike Winckelmanns, der Antike d'Ingres' wie der Antike Tizians«.[21] Die Ballets russes öffneten mit diesem Werk die Perspektiven zum modernen Tanz, wie er im 20. Jahrhundert von vielen Choreographen weitergeführt wurde, weit weg von den Pirouetten, Entrechats und den in Reih und Glied auftretenden Elevinnen irgendeiner konventionellen Ballettruppe.

Der Nachteil des *Prélude à l'après-midi d'un faune* in der Aufführung durch die Balletts russes bestand in seiner stilistischen Uneinheitlichkeit. Sie wurde scheinbar in *Jeux* auf eine nun eigens zum Tanzen geschriebene Partitur von Debussy aufgehoben. Doch ließ sich der Komponist nur widerwillig in die lebhafte Welt des Theaters ziehen, die doch gerade durch die Russen eine vollkommen neue Faszination ausübte. Das Szenario mit seinem verspielten und allusiven Charakter schien zwar Debussy sehr entgegenzukommen, was aber Nijinsky als Choreograph daraus machte, eher weniger. Die Handlung setzte sich entschieden vom hohen und pathetischen Stile ab, mit dem Diaghilev beim Publikum vorher und auch nachher großen Erfolg ernte-te: »In einem Park während der Dämmerung hat sich ein Tennisball verirrt; ein junger Mann und dann zwei junge Mädchen bemühen sich, ihn wiederzufinden. Das künstliche Licht von großen elektrischen Laternen, die einen fantastischen Schimmer um sie ausbreiten, gibt ihnen den Gedanken zu kindlichen Spielen: Sie suchen sich, sie verlieren sich, sie verfolgen einander, sie zanken sich, sie schmollen grundlos; die Nacht ist lau, der Himmel erfüllt von sanfter Klarheit, sie umarmen sich. Doch der Zauber wird durch einen Tennisball gebrochen, den eine unbekannte Hand hineinwirft. Erstaunt und erschrocken verschwinden der junge Mann und die zwei jungen Mädchen in der Tiefe des nächtlichen Parks.«[22] Dieses Nichts einer Handlung hat Nijinsky selbst entworfen; er nannte es ein »getanztes Gedicht«, um es gegenüber mehr routinierten Szenarios abzuheben, und bewies damit wieder seine Neugierde, seine Fähigkeit zu Innovationen. Die Bewegungsabläufe, die er erfand, waren nicht minder modern als im *Faun*, irritierten aber gerade deshalb Debussy und auch das Publikum. Vor der Premiere am 15. Mai 1913 erklärte Nijinsky in *Le Figaro*: »Der Mann, der mir vorschwebt, ist ein Mann unserer Zeit. [...] Wenn man heute einen Mann schlendern, eine Zeitung lesen oder einen Tango tanzen sieht, bemerkt man, daß seine Bewegungen nichts mit denen — zum Beispiel — eines Gecken unter Ludwig XV. oder eines Edelmannes, der ein Menuett tanzt, zu tun hat. Die nähere Beschäftigung mit Polo, Golf und Tennis überzeugte mich, daß diese Sportarten nicht nur gesund und entspannend sind, sondern sie rufen auch plastische Schönheit hervor.«[23]

Die Tanzreform Emile Jacques-Dalcrozes war Nijinsky nicht unbekannt; er hatte mit Diaghilev im November 1912 Hellerau bei Dresden besucht und dabei den Entschluß gefaßt, die klassische Technik endgültig zu verlassen. Ihm schwebten euklidische Formen des Körpers vor: Dreiecke, Bögen und Linien; vielleicht dachte er auch an die Bilder der Kubisten. Was sich im *Faun* noch auf antike Vasenbilder bezogen hatte, wurde nun radikal modern. Daß elektrische Lampen und nicht etwa der Mond die Szene beleuchteten, markierte noch stärker den Bruch mit der Romantik und allem schwülen Pathos.

Die Musik kam diesen Intentionen nicht entgegen; sie konnte es auch nicht, da des Komponisten ästhetische Orientierung eine vollkommen andere war. Die kindlich erotischen Spiele entsprachen ihr zwar, nicht aber die nüchterne Geometrie der Bewegungen. Daß es sich dabei jedoch nicht um einen letzten Ausbruch in totale Verästelungen und Auflösungen der musikalischen Struktur handelte, daß die kurzen Tonfiguren untereinander vielmehr eine subtile, wenn auch oft geheimnisvolle Verwandtschaft aufweisen, entdeckte erst Pierre Boulez, der das Stück im Konzert immer wieder aufführt. Um 1913 blieb *Jeux* fast unbeachtet, erst nach dem Zweiten Weltkrieg entdeckten der Serialismus und der Postserialismus mit ihren unberechenbar aufschnellenden, schillernden Klangkonstellationen diese Musik neu. Als Ballett aber war ihr kein Erfolg beschieden; sie übte nicht die suggestive Wirkung aus, die das Theater damals erwartete.

Ähnlich erging es einem Auftrag, den Diaghilev Maurice Ravel erteilte: *Daphnis et Chloé* nach Longos' spätantikem Roman kam zwar dem Naturell des Komponisten entgegen: kindlich unschuldige Spiele eines Hirtenjungen mit einem Mädchen, herrliche Naturstimmungen und nach einigen bedrohlichen Augenblicken — Chloë wird von Seeräubern verschleppt — das glückliche, harmonische Ende. Ravel dachte an preziöse Schäferspiele des 18. Jahrhunderts, doch Fokin, der für das Szenario verantwortlich zeichnete, hatte schon seit 1904 genaue Studien des alten Griechenland gemacht, um das Sujet von Longos zu realisieren; die Kostüme und jedes Detail mußten mit dieser schon fernen Vergangenheit übereinstimmen und eine gewisse Archaik ausstrahlen, zu der die Musik nicht paßte. Ganz neu für die Ballets russes war zwar Ravels Konzeption einer symphonischen Musik ohne einzelne, in sich geschlossene Nummern nicht mehr, doch wie Debussys *Jeux* so fehlte auch Ravels *Daphnis et Chloé* die durchschlagende Wirkung.

Der Entstehungsprozeß dauerte von 1909 bis 1912; eine erste Fassung für Klavier war schon im Mai 1910 fertiggestellt. Eine erste Suite der Musik wurde konzertant am 2. April 1911 vor dem vollständigen Ballett uraufgeführt, das erst am 8. Juni 1912 in Szene ging; eine zweite Suite folgte im Jahre 1913. Die Wiedergabe wird noch dadurch erschwert, daß das Orchester durch einen Chor ergänzt wird, freilich nur »ad libitum«. Die beiden Suiten und manchmal auch die ganze Partitur mit einigen Kürzungen werden heute im Konzert gespielt. Das Ballett erschien immer wieder auf den großen Bühnen in zahllosen Choreographien, nachdem es Diaghilev zuerst vernachlässigt hatte: Serge Lifar respektierte 1962 Fokins Intentionen in einer Wiedergabe an der Mailänder Scala; schon 1958 hatte er das Stück mit Bühnenbildern von Marc Chagall in Paris herausgebracht. John Neumeier dagegen verlegte die Handlung in die Entstehungszeit der Musik (Frankfurt a.M. 1972, Hamburg 1973 und Wien 1983), während Glen Tetley 1975 in Stuttgart die Vorlage jeder Zeitbezogenheit entkleidete.

Während die Choreographie des *Fauns* durch Ann Hutchinson Guest nach Nijinskys Aufzeichnungen rekonstruiert werden konnte und durch Jerome Robbins eine interessante zeitgenössische Duovariante in einem Ballettstudio wurde, blieb *Jeux* nur eine kurze Zeit im Repertoire der Ballets russes und muß heute als verloren gelten. *Daphnis et Chloé* wurde häufig gespielt, aber die Inkongruenz zwischen der Musik und der Bühne kann auch hier nicht geleugnet werden. Alle drei Werke haben gerade wegen des hohen musikalischen Niveaus eine Bedeutung erlangt, die auch ohne den Tanz zur Geltung kommt.

*

Debussy und Ravel waren mit den Bedingungen des Tanztheaters nicht vertraut; sie schrieben ihre Partituren und hatten auf deren szenische Umsetzung nur einen geringen oder gar keinen Einfluß. Der Künstlertypus, dem sie angehörten, war immer noch der alte: der in der Einsamkeit schaffende Künstler, dem die Arbeit im Team — mit Choreographen, Regisseuren und Bühnenbildnern — eher widerstrebte. Das änderte sich mit Igor Strawinsky, der seit seiner Zeit in St. Petersburg nicht nur mit den allgemeinen Bedingungen des Theaters vertraut war, sondern persönlich mit den Tänzern hart arbeitete und unerbittlich auf höchster Präzision bestand. Die drei Ballettpartituren, die er vor dem Ersten Weltkrieg für Paris schrieb, und ihre tänzerische Realisierung seien hier nur unter einem bestimmten Aspekt betrachtet: Was brachten sie der westlichen Musik und dem westlichen Theater an Neuem, das in die Zukunft fortgewirkt hat?

L'Oiseau de feu (Der Feuervogel), am 25. Juni 1910 uraufgeführt, zeigt noch ganz eine russisch-exotische Welt der Märchen, wie sie Strawinskys Lehrer, Nikolai Rimsky-Korsakow, in seinen Opern *Der goldene Hahn*, *Die Zarenbraut* und *Der unsterbliche Kaschtschej* evoziert hatte. Auch im *Feuervogel* tritt der Zauberer Kaschtschej auf, der die Prinzessinnen gefangen hält, deren schönste vom Zarensohn befreit wird, aber nur dank der Intervention eines rätselhaften Vogels, des Feuervogels, der dem Ballett den Namen gab. Fokin war für das Libretto verantwortlich und teilte die Handlung in neunzehn Musiknummern ein. So weit ist der *Feuervogel* noch ein eher traditionelles Werk; nur in der Gestaltung der Musik zeigt sich Neues. Strawinsky schrieb eine höchst farbige Musik, hatte er doch die Orchestration von Rimsky-Korsakow gelernt, und verwendete mit sicherem Griff alle Stilmerkmale, wie sie in Rußland und auch in Frankreich ausgebildet worden waren: einfache, aber delikat harmonisierte Volksweisen für die Prinzessinnen, Chromatik und aggressive Rhythmen für den Zauberer und französisch-impressionistische Klänge für den Feuervogel. Die Schluß-Apotheose mit ihren sakralen Akkordfolgen erinnert an Modest Mussorgsky. Damit wurde eine Synthese verschiedener Tendenzen erreicht, die vorher einzelne Domänen verschiedener Komponisten in Rußland und Frankreich waren. Darin liegt die Stärke des Werkes, das sich im übrigen an schon Vorhandenem orientierte, es aber mit entschiedener Kraft zur größten Wirkung brachte.

In *Petruschka* vom 13. Juni 1911 war nun nicht nur Fokin, sondern auch Strawinsky am Libretto beteiligt. Alexander Benois lieferte die Bühnenausstattung, die noch bis in die späten sechziger Jahre hinein in Paris gezeigt wurde und mit ihren grellen Farben an naive Volkskunst erinnerte. Wieder griff Strawinsky auf russisches Volksliedgut zurück und auch auf Trivialmusik, die gut zu den Jahrmarktszenen und der Welt der Schaubuden paßte. Der Hang zur »schlechten« Musik (siehe oben S. 40) setzte sich fort und wirkte weiter bis in die zwanziger Jahre hinein (siehe unten S. 89f.). Nicht mehr die Welt der orientalischen Harems wie in *Shéhérazade*, sondern die ganze Banalität von Kutschertanz, Kindergesang, Leierkastengeplärr und Trompeten bildet eine Marionettenmusik, die scheinbar den früheren hohen Kunstanspruch aufgibt und doch mit Akkuratesse die höchsten musikalischen Ansprüche erfüllt. Petruschka ist niemand anderer als der Pierrot, der im Fin de siècle bei vielen Literaten, vor allem aber bei Jules Laforgue, auftritt: das Zerrbild der früher sakrosankten künstlerischen Individualität, die nun der Lächerlichkeit ausgeliefert wird und doch einen Hauch von Tragik verbreitet. Während Arnold Schönberg in *Pierrot lunaire*, ebenfalls aus dem Jahre 1912, seinen »Helden« als in sich verliebten Dandy darstellt und ihn mit den dem Publikum unvertrauten Klängen der freien Atonalität umgibt, greift Strawinsky auf derbe Volksszenen zurück, in denen das Leid des Hampelmanns Petruschka fast untergeht.

Die Forderungen des Kollektivs, vor denen der einzelne, noch so kostbare Mensch nichts gilt, verstärken sich in *Le Sacre du printemps* vom 23. Mai 1913 noch. Die Frühlingsweihe (wie man den Titel nur ungenau übersetzen kann) spielt im heidnischen Rußland, wo sich eine Jungfrau in den Tod tanzt, um ihren Stammesgenossen die Wiederkehr der warmen Jahreszeit zu garantieren. Der einzelne ist ganz der Allgemeinheit untergeordnet und muß sich für sie opfern. Dieser Tanzmythos wurde von Strawinsky selbst in Zusammenarbeit mit Nikolaus Roerich konzipiert, der über Kenntnisse der prähistorischen Zeiten verfügte. Die Handlung bewegt sich ganz auf der Ebene des Rituals und vermeidet den traditionellen Pas-de-deux, der noch im *Feuervogel* und in *Petruschka* den Höhepunkt des Werkes bildete. Die Choreographie schuf wieder Nijinsky, der sich harter Kritik von seiten des Publikums aussetzte. Die Uraufführung endete im größten Skandal, den die Ballets russes vor dem Ersten Weltkrieg erlebten. Er war gewollt und gehörte im Grunde zum Stück, das die Gewalt der menschlichen Urinstinkte feierte.[24]

Nijinskys Konzeption blieb bis vor einigen Jahren unverstanden und belächelt. Man begriff nicht, daß sich die Tänzer und Tänzerinnen in ihren Bewegungen aus dem Kontext einer bestimmten Handlung gelöst hatten. Was sich im *Faun* und in *Jeux* anbahnte, wird hier fortgesetzt. Adolphe Boschot mokierte sich am 30. Mai 1913 in *L'Echo de Paris*: »[...] man muß die Ballets russes bewundern. Und tatsächlich bejubelte man während einigen Jahren ihre eklatante Barbarei. In ihnen steckten neue Elemente, eine heftige Farbigkeit, ein unwiderstehliches Knurren — und manchmal war die Musik von einer köstlichen Fantasie.«[25] Boschot erwähnt dann den *Faun* und *Jeux*, die Mißerfolge gewesen seien, fragt sich schließlich, was der *Sacre* an Neuem, Positivem bringe und kommt zu folgender Beschreibung: »Man will uns die Tänze des prähistorischen Rußland zeigen: Man präsentiert uns also, um ›auf primitiv zu machen‹, Tänze von Wilden, von Karibikern und Kanaken... Sei's, aber es ist unmöglich, nicht zu lachen. Stellen Sie sich Leute in den schreiendsten Farben geschminkt vor, mit spitzen Mützen und Bademänteln, mit Tierhäuten und purpurfarbenen Tuniken, die wie Besessene gestikulieren, die hundertmal hintereinander dieselben Gesten wiederholen: Sie stampfen am Ort, sie stampfen, stampfen, stampfen... Quietsch: sie brechen in zwei Stücke auseinander und grüßen sich. Und sie stampfen, stampfen, stampfen... Quietsch: eine kleine Alte fällt auf den Kopf zu Boden und zeigt uns ihren dritten Unterrock... [...] Und dann sieht man Gruppen, die eng gedrängt evoluieren. Die Tänzerinnen [...] sind wie Sardinen in einer Büchse, und ihre charmanten Köpfe fallen auf die rechte Schulter, bleiben in dieser krummen Haltung fixiert, wie wenn sie die Nackenstarre hätten. [...] Natürlich kann man das alles verteidigen: das ist eben prähistorischer Tanz. Je häßlicher und unförmiger, desto prähistorischer. — Das ist Absicht. Ich würde eine andere vorziehen, die auf die Schönheit und nicht auf die Häßlichkeit zuführt.«[26]

Nijinsky brach endgültig mit dem Schönheitsideal des 19. Jahrhunderts, das er vorher teilweise noch respektiert hatte, und schuf damit ein Werk der Moderne, die in allen Künsten zugunsten einer heftigen Art der Expressivität auf den angenehmen Schein verzichtete. Nach seinem Bruch mit Diaghilev brachten die Ballets russes eine neue Choreographie von Leonid Massin heraus, die mehr Erfolg erntete. Erst am 30. September 1987 gelang es Robert Joffrey in Los Angeles, Nijinskys Bewegungsabläufe bis zu 80 Prozent genau zu rekonstruieren und auch in New York und Europa zu zeigen. Das Publikum begriff endlich, wie revolutionär dieses Ballett ursprünglich war.

Strawinskys Musik brach endgültig mit der von Debussy. Ihr Primitivismus ist aber von höchst artifizieller Art. Die kurzen Melodien, die aus der

Urzeit der Menschheit zu stammen scheinen, werden mit dem größten Raffinement behandelt. Der Rhythmus, der das von Boschot verspottete Stampfen auslöste, folgt kunstvollen Permutationen einer Zelle von nur wenigen Tönen, die erst Olivier Messiaen und Pierre Boulez entdeckten. Für die beiden Komponisten wurde der *Sacre* der Ausgangspunkt für ihre eigenen rhythmischen Innovationen, freilich nur ideell und nicht stilistisch. Ohne Strawinskys drittes Ballett hätte die französische Musik einen anderen Verlauf genommen. Die Entwicklung zielte auf eine neue Definition des Rhythmus, der nicht einen fest gegebenen Takt unterteilt, sondern sich aus der Multiplikation einer kleinsten Einheit ergibt und jede zum voraus gegebene Regelmäßigkeit außer Acht läßt.[27] Nur so war der Schritt über die von Schönberg inaugurierte Reihentechnik hinaus möglich. Der Organisation der Tonhöhen hatte eine der Tondauern zu folgen, um im Serialismus zu einer noch nie gehörten musikalischen Syntax vorzustoßen. Schönberg im deutschen Sprachbereich und Strawinsky im russischen und französischen waren die Fundamente, auf denen sich die Musik nach dem Zweiten Weltkrieg aufbaute.

Die Brutalität des *Sacre* war nur eine äußerliche. Daß sich aber Strawinsky schon bald von dieser vorgeschobenen Position zurückzog, wurde gerade von Boulez, aber nicht nur von ihm, lebhaft bedauert.[28] Die Wurzeln der radikalen Moderne sind in der Zeit vor dem Ausbruch des Ersten Weltkrieges zu finden und wurden erst in den vierziger und fünfziger Jahren weiterentwickelt. Was in jener Zeit in voller Bewegung war und Unruhe auslöste, wurde freilich bald durch Strawinsky selbst und andere Komponisten domestiziert und fand nur in Edgard Varèse eine konsequente Fortsetzung, die noch etwas von der ursprünglichen Wildheit bewahrte.

Anmerkungen

Wagnerianer und Antiwagnerianer

1 *Les Ecrits de Paul Dukas sur la musique*, Paris 1948, S. 85. Vgl. auch: Theo Hirsbrunner: *Mozart in Frankreich (1890—1950)*, in: Wolfgang Gratzer / Siegfried Mauser (Hg.): *Mozart in der Musik des 20. Jahrhunderts. Formen ästhetischer und kompositionstechnischer Rezeption* (Schriften zur musikalischen Hermeneutik 2), Laaber 1992, S. 91ff.
2 Joris-Karl Huysmans: *A rebours*, Paris 1968, S. 251.
3 Huysmans, S. 250.
4 Huysmans, S. 251f.
5 Huysmans, S. 252.
6 Léon Guichard: *La Musique et les Lettres en France au temps du Wagnérisme*, Paris 1963, passim, und Kurt Jackel: *Richard Wagner in der französischen Literatur*, Breslau 1931 und 1932, passim.
7 Laurence Davies: *Franck*, London 1973, passim.
8 Léon Vallas: *Vincent d'Indy*, Paris 1946, 1. Bd., S. 214.
9 Vallas, S. 214.
10 Vallas, S. 215.
11 Vallas, S. 217.
12 Vallas, S. 231.
13 Vallas, S. 337.
14 Vallas, S. 253.
15 Vallas, S. 234.
16 Vallas, S. 270.
17 Vallas, 2. Bd., S. 18.
18 Theo Hirsbrunner: *Debussy – Maeterlinck – Chausson*, in: *Art Nouveau. Jugendstil und Musik*, hg. aus Anlaß des 80. Geburtstages von Willi Schuh von Jürg Stenzl, Zürich 1980, S. 47ff.
19 Guichard, S. 128ff.
20 Guichard, S. 134ff.
21 Roger Shattuck: *Les primitifs de l'avant-garde. Henri Rousseau, Erik Satie, Alfred Jarry, Guillaume Apollinaire*, Paris 1974, ursprünglich englisch: *The Banquet Years. The Origins of the Avant-garde in France*, 1885 to World War I, London 1955.
22 Jean Cocteau: *Hahn und Harlekin. Aphorismen und Notate*, aus dem Französischen von Bernhard Thieme, mit einem Nachwort hg. von Norbert Albrecht, Leipzig und Weimar 1991, passim.
23 *Lettres à Judith Gautier par Richard et Cosima Wagner*, présentées et annotées par Léon Guichard, Paris 1964, passim.
24 François Lesure: *Catalogue de l'oeuvre de Claude Debussy*, Genf 1977, S. 86f.
25 Claude Debussy: *Monsieur Croche. Sämtliche Schriften und Interviews*, hg. von François Lesure, aus dem Französischen von Josef Häusler, revidierte Neuauflage, Stuttgart 1982, S. 82.
26 Debussy, S. 68.

27 Debussy, S. 68.
28 *Revue Wagnérienne*, 3. Bd., Genf 1968, Einlageblatt nach S. 210.
29 Stéphane Mallarmé: *Oeuvres complètes*, Paris 1945, S. 866ff.
30 *Le Martyre de Saint Sébastien, de la création en 1911 à la reprise à l'Opéra de Paris en 1957*, in: Revue musicale, Paris 1957.
31 Debussy, S. 83.
32 Theo Hirsbrunner: *Maurice Ravel. Sein Leben. Sein Werk*, Laaber 1989, S. 24f.
33 Hermann Danuser: *Musikalische Prosa*, Regensburg 1975, S. 67ff.
34 Maurice Ravel: *Lettres, écrits, entretiens*, présentés et annotés par Arbie Orenstein, Paris 1989, S. 318.
35 Ravel, S. 319.
36 Ravel, S. 318.

Die großen alten Meister

1 Léon Vallas: *Vincent d'Indy*, 2. Bd., Paris 1950, S. 12.
2 Vallas, S. 14.
3 Vallas, S. 15.
4 Vallas, S. 23ff.
5 *Les écrits de Paul Dukas sur la musique*, Paris 1948, S. 24.
6 Vallas, S. 46f.
7 Vallas, S. 50ff.
8 Vallas, S. 54 und passim.
9 Vallas, S. 67.
10 Vallas, S. 67f.
11 Maurice Ravel: *Lettres, écrits, entretiens, présentés et annotés par Arbie Orenstein*, Paris 1989, S. 318.
12 Vallas, S. 92.
13 Vallas, S. 117.
14 Vallas, S. 123.
15 Albéric Magnard, in: Zodiaque Nr. 147, Januar 1986, passim.
16 Claude Debussy: *Monsieur Croche. Sämtliche Schriften und Interviews,* hg. von François Lesure, aus dem Französischen von Josef Häusler, revidierte Neuauflage, Stuttgart 1982, S. 39.
17 Charles Baudelaire: *Oeuvres complètes*, Paris 1961, S. 11.
18 Debussy, S. 104.
19 Debussy, S. 105.
20 Debussy, S. 93.
21 Debussy, S. 92.
22 Debussy, S. 93.
23 Debussy, S. 207.

24 Debussy, S. 35.
25 Debussy, S. 36.
26 Debussy, S. 288.
27 Debussy, S. 289.
28 Debussy, S. 289f.
29 Debussy, S. 36.
30 Debussy, S. 303.
31 Debussy, S. 304.
32 Debussy, S. 304.
33 Debussy, S. 305.

Die leichte und doch schwierige Musik

1 Colette: *Journal à rebours*, Paris 1941, S. 107ff.
2 Marcel Proust: *Jean Santeuil précédé de Les plaisirs et les jours*, Paris 1971, S. 121f.
3 Rollo Myers: *Modern French Music*, New York 1984 (reprint von London 1971), S. 23ff.
4 Theo Hirsbrunner: *Einige Beobachtungen an Arthur Honeggers Cahier Romand*, in: Schweizer musikpädagogische Blätter 80 (1992), S. 11ff.
5 Jean-Michel Nectoux: *Gabriel Fauré. Les voix du clair-obscur*, Paris 1990, passim.
6 Paul Verlaine: *Les indolents*, in: ders.: *Fêtes galantes*, Paris 1943, S. 36.
7 Paul Verlaine: *Art poétique*, in: *Jadis et naguère*, Paris 1943, S. 67ff.
8 Theo Hirsbrunner: *Musik und Dichtung im Fin de siècle am Beispiel der Proses lyriques von Debussy*, in: *Dichtung und Musik. Kaleidoskop ihrer Beziehungen*, hg. von Günter Schnitzler, Stuttgart 1979, S. 152ff.
9 Theo Hirsbrunner: *Debussy – Maeterlinck – Chausson*, in: *Art Nouveau. Jugendstil und Musik*, hg. aus Anlaß des 80. Geburtstags von Willi Schuh von Jurg Stenzl, Zürich 1980, S. 47ff.
10 Theo Hirsbrunner: *Debussy – Mallarmé – Ravel*, in: ders.: *Maurice Ravel. Sein Leben. Sein Werk*, Laaber 1989, S. 143ff.
11 Marcel Proust: *A la recherche du temps perdu*, Bd. 10, in der Übersetzung von Eva Rechel-Mertens, Franfurt/Main 1957, S. 1454f.

Die Weltausstellungen der Jahre 1889 und 1900

1 Frits Noske: *La Mélodie française de Berlioz à Duparc*, Paris-Amsterdam 1954, S. 183 und 275f.
2 Gérard de Nerval: *Oeuvres II*, Paris 1961, S. 94f.
3 Charles Baudelaire: *Oeuvres complètes*, Paris 1961, S. 956.
4 Baudelaire, S. 955.

5 Zitiert nach Willi Schuh: *Richard Wagner und Judith Gautier: neue Dokumente*, in: Schweizerische Musikzeitung 103 (1963), S. 122f.
6 Manuel de Falla, in: *Revue musicale*, Paris 1. Dezember 1920, S. 207.
7 De Falla, S. 207.
8 Claude Debussy: *Monsieur Croche. Sämtliche Schriften und Interviews*, hg. von François Lesure, aus dem Französischen von Josef Häusler, revidierte Neuauflage Stuttgart 1982, S. 230.
9 Claude Samuel: *Entretiens avec Olivier Messiaen*, Paris 1967, S. 70f.
10 *Debussy et d'Annunzio, Correspondance inédite*, hg. von Guy Tosi, Paris 1948, S. 63f.
11 Gerda Lechleitner: *Klangfaben-Etüde. Studien zum Bolero von Maurice Ravel*, Tutzing 1989, passim.

Die Ankunft der Ballets russes

1 Claude Debussy: *Monsieur Croche. Sämtliche Schriften und Interviews*, hg. von François Lesure, aus dem Französischen von Josef Häusler, revidierte Neuauflage Stuttgart 1982, S. 102.
2 Debussy, S. 108.
3 *Les écrits de Paul Dukas sur la musique*, Paris 1948, S. 330.
4 Debussy, S. 31.
5 Debussy, S. 32.
6 Debussy, S. 178f.
7 Claude Debussy: *Lettres à deux amis*, Paris 1942, S. 42.
8 Zitiert nach: Martine Kahane / Nicole Wild, *Les Ballets russes à l'Opéra*, Paris 1992, S. 23 (im folgenden zitiert als Kahane).
9 Kahane, S. 26.
10 Kahane, S. 30.
11 Kahane, S. 35.
12 Kahane, S. 39.
13 Kahane, S. 84.
14 Zitiert nach: *Nachmittag eines Fauns. Mallarmé – Debussy – Nijinsky – de Meyer.* Dokumentation einer legendären Choreographie, München 1989, S. 8 (im folgenden abgekürzt zu *Nachmittag*).
15 *Nachmittag*, S. 8.
16 *Nachmittag*, S. 20.
17 *Nachmittag*, S. 23.
18 *Nachmittag*, S. 23.
19 *Nachmittag*, S. 49.
20 *Nachmittag*, S. 51.
21 *Nachmittag*, S. 53.

22 Zitiert nach: François Lesure: *Catalogue de l'oeuvre de Claude Debussy*, Genf 1977, S. 134f.

23 Zitiert nach: Lynn Garafola: *Diaghilev's Ballets russes*, New York-Oxford, 1989, S. 59.

24 Jean Cocteau: *Le Coq et l'Arlequin*, in: *Le Rappel à l'ordre*, Paris 1948, S. 47ff.

25 Igor Strawinsky: *Le Sacre du printemps*. Dossier de presse, hg. von François Lesure, Genf 1980, S. 15.

26 Strawinsky, S. 15.

27 Olivier Messiaen: *Technik meiner musikalischen Sprache*, 1. Bd., Paris 1966, S. 11.

28 Antoine Goléa: *Rencontres avec Pierre Boulez*, Paris 1958, S. 9f.

II. 1917—1929

Jean Cocteau, Erik Satie und der »Groupe des Six«

Der Erste Weltkrieg von 1914 bis 1918 bedeutete einen brutalen Einschnitt ins Leben aller an ihm beteiligten Völker. Nichts mehr schien nachher so, wie es früher war. Dennoch lassen sich gewisse Konstanten in der ästhetischen Orientierung Frankreichs feststellen. Die orientalisch üppige Pracht der Ballets russes setzte sich in den Wiederaufnahmen der Choreographie von *Shéhérazade* fort; Ida Rubinstein feierte darin immer wieder Triumphe. Der Kult mit dem Primitivismus von Igor Strawinskys *Le Sacre du printemps* blühte lebhafter denn je.

Daneben machte sich aber die schon bei Claude Debussy und Maurice Ravel festzustellende Abneigung gegen Richard Wagners Musikdramen immer mehr bemerkbar, obwohl sie an der Grand-Opéra weiter auf dem Spielplan standen. Eine Germanophobie, die nach dem Krieg noch deutlicher zutage trat und latent in Paris immer vorhanden war, machte sich breit. Jean Cocteau war ihr Wortführer. Als verwöhntes Wunderkind war er schon während der Belle Epoque in den kulturellen Zirkeln von Paris bekannt gewesen. Sergej Diaghilev hatte ihn mit dem Ballett *Le Dieu bleu* (Der blaue Gott) seinem Publikum vorgestellt. Nun wandte Cocteau sich von solch exzentrischen Versuchen ab und dem täglichen Leben zu, um sein seelisches Gleichgewicht wiederzufinden. In seiner Aphorismensammlung *Le Coq et l'Arlequin* (Der Hahn und der Harlekin) verkündete er die neuen Direktiven, sein nicht nur künstlerisches Credo; denn es ging um ein gewandeltes Lebensgefühl, das sich nach den künstlichen Paradiesen des Wagnerismus und Symbolismus der nüchternen Welt, die so oder so existiert, zuwandte. Der Hahn war nichts anderes als der gallische Hahn, Wappentier eines Landes, das sich gerade von der kriegerischen Bedrohung erholte. In der Widmung für Georges Auric, datiert vom 19. März 1918, sagt Cocteau von diesem bunten Vogel, daß er einen Bauernhof bewohne.[1] Er gehört ganz zum heimatlichen Boden Frankreichs, dem er mit seinem Ruf jeden Morgen einen neuen Tag verkündet. Der Harlekin aber ist »ein Hahn der Nacht«[2], sein aus vielen Resten zusammengestücktes Kleid verrät den Eklektizismus. »Harlekin« ist im Französischen auch der familiäre Name eines aus vielen Resten zubereiteten, minderwertigen Essens.[3] Statt sich an fremden Welten zu delektieren, wie es im Gefolge der Weltausstellungen der Jahre 1889 und 1900 zur Mode geworden war, besinnt sich Cocteau nun auf das, was den Wert der französischen Kultur ausmacht. Schon Debussy berief sich auf Jean-Philippe Rameau (siehe oben S. 36) und polemisierte gegen den »Ritter Gluck«, der Richard Wagner den Weg bereitet habe. Cocteau verlangt eine neue Einfachheit, fügt aber gleichzeitig, um Mißverständnisse zu vermeiden, hinzu: »Man darf Schlichtheit nicht für ein Synonym von Simplizität halten oder gar für ein Zurückweichen. [...] Die Schlichtheit, die als Reaktion auf ein Raffinement erfolgt, hängt von diesem Raffinement ab; sie befreit, sie verdichtet die errungene Fülle.«[4] Sie spricht von keiner schon bestehenden Schule, sondern nur von den Bestrebungen einiger Jungen und von der »Erschöpfung unserer Ohren«[5], was nichts anderes bedeutet als die Abkehr von der Größe Wagners und den Verfeinerungen Debussys. Doch auch dem russischen Einfluß wird der Kampf angesagt. Dennoch ist Cocteaus Ton nicht nur chauvinistisch; die Parteilichkeit seiner Aphorismen zeugt von der Befreiung aus der Todestrunkenheit der Vorkriegszeit, die nun dem hellen Tag gewichen ist, in dem der Mensch, halb geblendet, seinen Weg sucht.

Wie um sich der neuen Alltäglichkeit zu versichern, bemerkt Cocteau schon auf der ersten Seite seiner Gedankensplitter: »Hinter jedem unserer bedeutenden Kunstwerke gibt es ein Haus, eine Lampe, eine Suppe, Feuer, Wein, Pfeifen.«[6] Die prosaische Umwelt des Künstlers wird als unabdingbare Voraussetzung seines Schaffens hervorgehoben. Später aber heißt es, wie um die zuvor gemachte Bemerkung zu relativieren: »Ich arbeite an meinem Tisch aus Holz, auf meinem Stuhl aus Holz, mit meinem Federhalter aus Holz, was mich bis zu einem gewissen Grade nicht daran hindert, für den Lauf der Gestirne verantwortlich zu sein.«[7] Eine hochgemut visionäre Haltung wird gefeiert, die trotz aller Banalitäten die Arbeit stimuliert. Dennoch wendet sich Cocteau gegen die Romantik und ihre Übersteigerungen, wenn er unmittelbar nachher schreibt: »Ein Träumer ist immer ein schlechter Dichter.«[8] Noch pointierter wirkt der Satz: »Die Nachtigall *singt schlecht*.«[9] Der Inbegriff der deutschen und auch französischen Poesie, der Vogel, der von so vielen Dichtern des 19. Jahrhunderts gefeiert wurde, erscheint nun lächerlich und machtlos gegenüber dem frischen und rauhen Krähen des Hahns. Obwohl Cocteau davor warnt, das Wort »Schlichtheit« als ein Synonym von »Simplizität« zu verstehen, erklärt er: »Ein Dichter hat immer zu viele Worte in seinem Wortschatz, ein Maler zu viele Farben auf seiner Palette, ein Musiker zu viele Töne in seinem Instrument.«[10] Die Reduktion der künstlerischen Mittel, nicht nur der musikalischen, hatte schon stattgefunden, lange bevor sie Cocteau forderte; er konstatierte mit seinem provokativen Satz nur eine Tendenz, die längst die Oberhand gewonnen hatte. Nachdem Strawinsky im *Sacre* noch ein Orchester von 110 Musikern verlangt hatte, schrieb er fast ausnahmslos Stükke für kleinere Besetzungen. *Der Fuchs* (1915/16) bezieht sich zwar wieder auf die Welt der russischen Märchen wie seine früheren Ballette, verlangt aber nur ein Kammerensemble, in dem das Cymbalum eine apart solistische Rolle spielt. Für seine während des Krieges in der Schweiz heranwachsenden Kinder schrieb er zwei Miniaturzyklen für Klavier vierhändig, wobei der eine Pianist mit einem außerordentlich leichten Part bedacht ist, während der andere mit seiner Komplexität die Stücke auf eine höhere künstlerische Ebene transponiert. In diesen Werkchen von 1915 bis 1917 ist schon Cocteaus zitierte Forderung erfüllt: Die Einfachheit bezieht sich auf das frühere Raffinement.

Das Komponieren war, wie viele Musiker der zwanziger Jahre dachten, wieder leichter geworden, doch Cocteau warnt: »Das Schöne, das leicht erscheint, das ist es, was das Publikum verachtet.«[11] Gegen eine Musik, die gleichsam das Geschenk der Götter zu sein verspricht, hatten schon Debussy und Ravel gearbeitet, wobei sie doch zu einer Verfeinerung tendierten, die nun nicht mehr gefragt war; denn Cocteau forderte: »Weder Musik, in der man schwimmt, noch Musik, auf der man tanzt: Musik, auf der man geht.«[12] Kurz darauf fügte er hinzu: »Die Musik ist nicht immer Gondel, Streitroß, gespanntes Seil. Sie ist zuweilen auch Stuhl.«[13] Etwas durchaus Alltägliches also, dessen der Künstler bedarf, um seine Werke zu schreiben. Da die Musik »nach menschlichem Maß« gebaut sein soll[14], darf sie manchmal auch schlecht sein, um in den Seelenhaushalt der Menschen zu passen, die gerne ihrer Schwäche für Sentimentalitäten nachgeben möchten. Fast wie Marcel Proust in den oben S. 41 zitierten Sätzen bemerkt Cocteau: »Schlechte, von Schöngeistern verachtete Musik ist recht angenehm. Unangenehm dagegen ist ihre gute Musik.«[15] Wie alle seine Zeitgenossen, die die zwanziger Jahre in noch jugendlichem Alter erlebten, hebt Cocteau den Wert der minderen Musik hervor und stellt ihn den ambitiösen Projekten der seriösen Kunst entgegen. Er gesteht zwar, daß er der Versuchung, im hohen Stil zu bleiben, erlegen sei, fügt dann aber hinzu: »Wenn ich davon rede, daß mir gewisse Darbietungen im Zirkus oder in der Music-hall lieber sind als alles, was man auf dem Theater spielt, so meine ich damit nicht, daß sie mir lieber sind als alles, was man auf dem Theater spielen könnte. Music-hall, Zirkus, amerikanische Negerorchester inspirieren einen Künstler genauso wie das Leben. [...] Diese Darbietungen sind keine Kunst. Sie erregen wie Maschinen, Tiere, Landschaften, die Gefahr.«[16] Da man ein lebender Mensch und erst nach dem Tode ein Künstler sein müsse[17], tut sich dennoch eine Kluft zwischen der Kunst und dem Leben auf, die Cocteau nicht verleugnen kann. Während er die Auftritte der Chansonnière Mistinguett im Casino de Paris rühmt, kämpft er doch vergeblich gegen eine Vergangenheit an, der er aus vollem Herzen angehört hat. Unmöglich war es auf die Dauer, nur der Einfachheit, der Banalität und der Alltäglichkeit zu frönen, unvermeidbar war aber ein Bruch mit der Vergangenheit nach dem Krieg, der so viele Schrecken über das Land gebracht hatte. Die Menschen, die ihm entronnen waren, genossen das Leben wie ein Wunder und schworen dem Pathos des ernsten Stils endgültig ab, nachdem Versuche in derselben Richtung während des Fin de siècle doch nicht so durchschlagend wirksam gewesen waren, wie es sich Debussy und Ravel gewünscht hatten. Die zwanziger Jahre blieben ein Zwischenspiel, nach dem die Ideale einer hohen und komplexen Musik wieder aufgenommen wurden. Die Musik verlor im Zuge von Cocteaus Revolte einen Teil ihrer Würde — das kann nicht bestritten werden —, eroberte sie aber später wieder zurück.

*

Le Coq et l'Arlequin verteidigt die ästhetische Haltung der Künstler nach dem Ersten Weltkrieg. Doch wie an zwei Beispielen von Igor Strawinsky gezeigt wurde, bereitete sich die Wende, die keinen Bruch mit der Vergangenheit, sondern nur eine neue Akzentuierung der Prioritäten bedeutete, schon seit Jahrzehnten vor. Die leichte Musik, die es immer schon gab, versprach einen Umschwung, eine Abkehr von der hohen Musik, wie sie Erik Satie schon während des Fin de siècle vollzogen hat. Als Pianist verschiedener Cabarets am Montmartre kam er mit der rein unterhaltenden Musik in Berührung, die er nicht nur mit grotesken Fingersätzen klimperte, sondern auch mit verfremdenden Dissonanzen versah, die eine bloße Imitation der im krassen Sinne banalen Musik vermieden. Als Autodidakt brachte er die nötige Unbefangenheit auf, gegen Regeln zu verstoßen, die er — vielleicht — gar nicht kannte. Auch als er am Anfang des 20. Jahrhunderts an der Schola cantorum bei Albert Roussel Kontrapunktstudien betrieb, änderte sich seine Haltung nicht. Er bemühte sich zwar, Übungen im Stile Johann Sebastian Bachs zu schreiben, doch nützte er, wie die erhaltenen Dokumente zeigen, die ihm auferlegten Regeln bis zum äußersten aus. Er verletzte sie nicht, ging aber bis zu einem Punkt, wo deren Eigenschaften in etwas Neues, Persönliches umschlagen, mit dem er beim Publikum wie schon früher nur Heiterkeit hervorrief. Maurice Ravel hat Saties Haltung, die man nicht anders als subversiv nennen kann, immer schon sehr geschätzt. Seine eigene Behandlung der Dissonanzen und eine gewisse Naivität im Umgang mit modalen Wendungen kommt von Satie, der als junger, unbekannter Musiker in Paris während Stunden die farbigen Kirchenfenster der Kathedrale Notre-Dame bestaunte. Was er damals schrieb, war nicht gerade eine Nachahmung der Musik des Mittelalters, aber eine geheimnisvolle Folge von Akkorden, denen die fieberhafte Spannung fehlte, die in der Nachahmung Richard Wagners bei Vincent d'Indy und Ernest Chausson hoch angesehen war. Ravel gründete um 1909 die Société Musicale Indépendante (die unabhängige musikalische Gesellschaft) als Ergänzung der Société Nationale de Musique, die immer noch unter d'Indys Einfluß stand. Dort führte er bald Musik von Satie auf, die als sensationell empfunden wurde. Im April 1912 konnte er in der *Revue musicale* seiner Gesellschaft schreiben, daß Debussys harmonisches System Satie alles verdankte[18], was doch leicht übertrieben ist, aber zeigt, wie sehr der lange verkannte Komponist nun geschätzt wurde. Noch am 3. März 1928 erklärte er gegenüber *The Musical Digest*, Satie sei der Letzte gewesen, der ihn erschüttert habe: »Voilà un vrai musicien! (Das ist ein wahrer Musiker!«)[19] Von Debussy habe er weniger gelernt als von Chabrier und Satie. Wenn Cocteau gegen Debussy zu Felde zog, obwohl dieser ein französischer Musiker war und deshalb aus chauvinistischen Gründen geschont werden müßte, entsprach das doch einer Mentalität, die weit verbreitet war.

Zu einer Zusammenarbeit zwischen Cocteau und Satie kam es anläßlich des Balletts *Parade*, das im Jahre 1917 uraufgeführt wurde. Der Krieg war noch nicht zu Ende, die Deutschen standen noch kurz vor Paris — und schon manifestierte sich die Nachkriegszeit in den übermütigsten Farben. Während eines Fronturlaubs im Jahre 1915 hörte Cocteau Erik Satie und Ricardo Viñes vierhändig die *Morceaux en forme de poire* (Stücke in Birnenform) spielen, eine der Skurrilitäten Saties, die aber mit naiver Nonchalance daherkam: Dem Vorwurf der Formlosigkeit seiner Musik begegnete er mit Musik, die auf dem Notenblatt die Form einer Birne annahm. Cocteau fährt dann fort: »So etwas wie Telepathie erweckte in uns gemeinsam den Wunsch nach Zusammenarbeit. Eine Woche später kam ich an die Front und ließ Satie einen Stapel von Aufzeichnungen und Entwürfen zurück, die ihm das Thema zu dem Chinesen, der kleinen Amerikanerin und dem Akrobaten [...] eingeben sollten. Diese Anweisungen hatten nichts Humorvolles an sich. Sie liefen im Gegenteil auf die Erweiterung der Handlung hinter unserer Jahrmarktsbude hinaus. Dort war der Chinese dabei, die Missionare zu foltern, das kleine Mädchen ging mit der Titanic unter, der Akrobat wurde zum Vertrauten der Engel.«[20]

Es ging Satie nicht nur um die Darstellung der Welt des Zirkus im vulgärsten Sinne des Wortes, sondern um »die Aufführung im Inneren«[21], um die Melancholie eines trüben Sonntagnachmittags, während dem die fahrenden Leute vergeblich versuchten, einige Gaffer für ihre asiatischen Kunststücke zu begeistern. Zuerst gehörten die beiden Manager noch nicht dazu. Als aber Picasso, der für die Ausführung der Bühnenbilder und Kostüme gewonnen werden konnte, seine Entwürfe zeigte, wurde Cocteau klar, daß die drei Hauptpersonen noch eines Kontrastes bedurften: »Ich erfand also die wilden, ungebildeten, vulgären, lärmenden ›Manager‹, die verunglimpfen, was sie anpreisen, und bei der Menge durch das Seltsame ihres Aussehens und ihres Betragens Entrüstung, Gelächter, Schulterzucken hervorrufen sollen [...].«[22] Picasso malte einen Vorhang im Stile naiver, volkstümlicher Bilder und kleidete die Protagonisten in bizarre Kostüme; die Manager aber wurden in kubistischem Stile konzipiert: Riesige Türme aus ineinander verkeilten Kuben ragten über ihre Gestalten empor, deren Beine deshalb lächerlich klein wirkten. Der Kubismus in der Malerei war damals noch nicht allgemein akzeptiert; am allerwenigsten erwartete man, daß er sich auf dem Theater zeige. Deshalb endete die Uraufführung in einem Skandal. Die Mitglieder der Ballets russes, die unter der Leitung von Leonid Massin tanzten, wurden genau so verlacht, wie Cocteau es wollte. Denn nichts war einem Kunstwerk förderlicher, als wenn es zuerst auf Empörung stieß und im nachhinein in die Geschichte einging, wie das mit *Parade* geschah. Diese provokative Strategie gehörte zu Diaghilevs und Cocteaus Unternehmungen ganz allgemein.

Die Musik Saties verlangte ursprünglich sehr viel Schlagzeug, auch das Klappern von Schreibmaschinen und das Hupen von Überseedampfern, in denen die Musik im traditionellen Sinne fast unterging. Man kann darin eine Erinnerung an den italienischen Futurismus sehen, dessen letzte musikalische Spuren von Luigi Russolo heute verwischt sind, zugleich aber auch eine Hinwendung zum Lärm der Städte und der Technik, wie er sich während der zwanziger Jahre immer wieder zeigte. Es ging nicht mehr um Kunst im alten Sinne des Wortes, sondern um ein Spektakel ähnlich dem von Maschinen, das den überspannten Nerven der Ästheten auch die Erregung vor Gefahren vermittelte. Cocteau aber berichtete über die Musik in begeisterten Worten: »Die Partitur Erik Saties sperrt sich gegen Schmelz und Verschwommenheit. Seine ganze Anmut entfaltet sich ohne Pedale. Es ist ein traumgetränktes Instrumentarium. Den jungen Musikern, die der schönen impressionistischen Polyphonie schon ein wenig überdrüssig sind, wird es eine Tür aufstoßen.«[23]

Diese Worte sind mit deutlicher Spitze gegen Debussy geschrieben worden: Die Linien dürfen nicht durch das Klavierpedal verwischt werden, und die Musik erinnert an triviale Konzerte einer Blechmusik im Freien. Damit ist aber nicht alles gesagt. Satie beginnt vielmehr mit einem barbarischen Choral aus dissonanten Akkorden und geht nach einigem Zögern in das Fragment einer Fuge über: letzter Nachhall des Unterrichts bei Roussel. Es folgen wie roboterhaft abspulende Figuren, die den Auftritt der Manager begleiten, um dann mit Modetänzen — Foxtrotts und Walzer — den Auftritt der Protagonisten zu untermalen. Die einzelnen Abschnitte sind kurz und werden additiv aneinandergereiht. Ein innermusikalischer Zusammenhang besteht nicht. Die große symphonische Entwicklung oder zum mindesten die Verknüpfung mittels einzelner vermittelnder Passagen, die Debussy und auch Ravel immer noch suchten, werden gar nicht angestrebt. Wie Cocteau berichtet, soll Satie bescheiden gesagt haben: »Ich habe [...] nur eine Grundlage für gewisse Geräusche geschaffen, die Cocteau für unverzichtbar hält, um die Atmosphäre seiner Figuren zu umreißen.«[24] Plötzlich im vollen Rampenlicht eines Pariser Theaters zu stehen, erfüllte Satie mit einem leisen Unbehagen. Er, der lange vorher, ohne es zu wollen, schon für Aufsehen gesorgt hatte, sah sich im Grunde nur ungern in einen Feldzug einbezogen, dessen Führer er sein sollte. Seine besten Werke hatte er schon geschrieben; *Parade* wirkt blaß, wenn man nur die Musik hört, doch ist sie nur eine einzige Komponente eines Theaterabends, in dem sich visuelle und akustische Elemente zu einem Schaustück vereinen, das die Nachkriegszeit einleitete.

*

Jean Cocteau spricht in seiner Aphorismensammlung *Le Coq et l'Arlequin* von keiner Schule, sondern nur von den Bestrebungen einiger junger Künstler, die sich von der Generation ihrer Väter lösen wollten. Tatsächlich fanden schon während des Krieges im Théâtre du Vieux-Colombier (im Theater zum alten Taubenschlag) Konzerte statt, die einen neuen Ton ins Pariser Musikleben brachten. Jane Bathori, eine Sängerin, war die Leiterin dieses Theaters, das Kammermusikabende organisierte. Dort waren schon Werke der »Six« zu hören, bevor es sie als Gruppe wirklich gab. Doch wer waren diese Sechs? Und waren es wirklich sechs? Gruppenbildungen gehören zur Strategie der modernen Musik. Um zu reüssieren, mußte man auffallen, und das vor allem in Paris, wo der Konkurrenzkampf unbarmherzig geworden war und die Trends und Moden schnell wechselten. Während der zwanziger Jahre waren es die Sechs, während der dreißiger Jahre La Jeune France und nach der Befreiung von Paris im Jahre 1944 die Schüler Olivier Messiaens, die man in Erwartung einer besseren Zukunft ironisch die »messiaeniques« nannte, als ob sie messianische Hoffnungen wecken würden.[25]

Zur Gründung des »Groupe des Six« — wenn der Ausdruck »Gründung« überhaupt angebracht ist — kam es auf merkwürdige Weise. Zufällig soll der Journalist Henri Collet in ein Privathaus eingeladen worden sein, in dem sich ebenso zufällig an einem bestimmten Abend Georges Auric, Louis Durey, Arthur Honegger, Darius Milhaud, Francis Poulenc und Germaine Tailleferre aufhielten.[26] Es hätten auch mehr oder weniger als sechs Komponisten sein können; doch schon im *Album des Six*, sechs kurzen Klavierstücken, zeigte sich die sehr unterschiedliche ästhetische Orientierung der Sechs. Bei dem ersten und einzigen Gemeinschaftswerk der Gruppe, dem dadaistisch-frühsurrealistischen Theaterspaß *Les Mariés de la tour Eiffel* (Die Verheirateten des Eiffelturms) machte Durey schon nicht mehr mit, doch hielt sich hartnäckig das Gerücht, daß die Sechs hinter dieser Farce auf einen Text von Cocteau stünden. Honegger versicherte dagegen, daß auch Jacques Ibert, Roland-Manuel, Claude Delvincourt und Jean Wiéner vom Geist der Gruppe angesteckt waren. Darius Milhaud fügte noch die Namen von Charles Koechlin und Henri Cliquet-Pleyel hinzu, während René Dumesnil, ein guter Kenner jener Epoche, von acht, neun oder sogar mehr spricht. Henri Davenson behauptete, sie seien im Grunde fünf oder etwa vier, wenn nicht sogar

In einer virtuosen Strichzeichnung (Rainsville Archive) hielt Cocteau die »Six« fest, die nicht so sehr durch eine gemeinsame Doktrin als durch Freundschaft miteinander verbunden waren. In Paris galt es zu provozieren, um Erfolg zu haben, auch wenn dieser Erfolg auf einem Mißverständnis beruhte.

bloß zwei, ohne näher zu sagen, um welche Komponisten es sich dabei handelte. Emile Vuillermoz, der schon um das Jahr 1900 zum Freundeskreis um Ravel gehörte, zu den »Apachen«, wie sie sich selbst scherzhaft nannten, mokierte sich über diese Sechs, die nicht mehr als fünf sind und das Talent von vieren haben. Maurice Sachs, der Honegger zuerst vergaß, zählte auch Satie dazu, für den die Sechs nur drei — Auric, Milhaud und Poulenc — waren, womit die Konfusion ihren Höhepunkt erreichte.[27] Es ist unbestreitbar, daß diese drei mehr miteinander verbindet als die vier oder sogar die fünf. Honegger zeichnete sich oft durch eine Schwerblütigkeit aus, die den erwähnten Drei fremd war, und Tailleferre ist von ihrem kompositorischen Niveau her von geringerem Interesse.

Auric, Milhaud und Poulenc verbindet mit Cocteau und Satie eine gewisse Leichtigkeit und Simplizität der Gefühle, die mit dem Pathos Wagners und der wenn auch diskreten Klangmagie Debussys kontrastiert. Satie, der durch die »Marktstrategie« Cocteaus zum Ahnvater der Gruppe ernannt worden war, erklärte noch im Jahre 1923: »Der ›neue Geist‹ lehrt, sich der emotionalen Schlichtheit zuzuwenden, der Bestimmtheit des Ausdrucks — einer klaren Durchsetzung von Klanglichkeit und Rhythmus (mit festen Konturen, akzentuiert — voller Selbstverleugnung und Verzicht)... Ich spreche von der Musik. Wir haben es nicht mehr nötig, uns ›Künstler‹ zu schimpfen — diese schillernde Bezeichnung überlassen wir den Friseuren und Pediküren.«[28] Strawinsky wird in seiner *Musikalischen Poetik*, den Vorlesungen, die er 1939/40 an der Harvard University hielt, diesen Verzicht auf den Anspruch, Künstler zu sein, vertiefen und in historische Dimensionen bringen: »Der Philosoph Jacques Maritain macht uns darauf aufmerksam, daß in dem machtvollen Aufbau der mittelalterlichen Zivilisation der Künstler lediglich den Rang eines Handwerkers hatte, und daß seinem Individualismus jede Art von anarchischer Entfaltung untersagt war, da eine natürliche soziale Ordnung ihm von außen her gewisse Einschränkungen auferlegte. Ursprünglich wurde der Name Künstler allein den ›maîtres des arts‹ zuerkannt: den Philosophen, Alchimisten und Magiern; Maler, Bildhauer, Musiker und Dichter hatten jedoch nur Anspruch auf die Bezeichnung Handwerker.«[29] Was hier Strawinsky in seine definitive Form brachte und rechtfertigte, bereitete sich durch Satie und Cocteau vor, der hellhörig auf die Tendenzen seiner Zeit reagierte und sie in ihrer spektakulären Form unter die Leute brachte. Schon im Jahre 1923 rechtfertigte er sich aber für seine Vorliebe für leichte Musik, indem er erklärte: »Was ich im Zirkus und in der Music-hall suchte, war nicht, wie man behauptet hat, der Charme des Clowns oder der Neger, sondern eine Lektion im Gleichgewicht. Eine Schule der Arbeit, von diskreter Kraft, von nützlicher Grazie, eine hohe Schule, die mich vielen aufmerksamen Geistern entfremdete.«[30] Ob Satie schon vor dem Ersten Weltkrieg so hohe Ziele erreichen wollte oder nicht eher seine Stücke ganz unbewußt als ein mürrischer Außenseiter schuf, muß dahingestellt bleiben. Auf alle Fälle reagierte er mit reserviertem Staunen auf die Ehre eines Vorläufers, die ihm nun zuteil wurde. Weder Strawinsky noch Honegger haben ihn je ganz ernst genommen. Strawinsky widmete ihm zwar den Walzer aus den *Three Easy Pieces* für Klavier vierhändig (1915), und die primitive Mechanik, mit der die Begleitfiguren stets nur von der Tonika auf die Dominante und wieder zurück auf die Tonika wechseln, ist nicht ohne Witz und eine letzte Reduktion des defekten Uhrwerks, mit dem schon die Grille in Ravels *Histoires naturelles* zirpte. Wenn Cocteau erklärt, daß der Takt in der Verwegenheit darin bestehe, zu wissen, wie weit man zu weit gehen könne[31], so haben sich viele Komponisten diese Maxime schon lange vor 1918 zu eigen gemacht.

*

Unter den drei — Georges Auric, Darius Milhaud und Francis Poulenc —, die Erik Satie als die eigentlichen Sechs bezeichnete, erreichte Milhaud ohne Zweifel das höchste kompositorische Niveau, und zwar dank des Unterrichts, den er bei André Gédalge genoß. In seiner Autobiographie *Noten ohne Musik* berichtet er darüber: »Gédalge schätzte die Methoden nicht, die von Fachleuten am Konservatorium gelehrt wurden. Die konventionelle Entwicklung eines Themas erschien ihm ein fragwürdiges Unterfangen, das aussah wie eine Fuge und doch keine war und das wenig mit Kontrapunkt zu tun hatte. [...] Ich machte meine Kontrapunkt- und meine Choralstudien über Bach, Übungen, die Kontrapunkt und Harmonielehre miteinander verbinden, und sobald ein Schüler erst einmal fähig ist, Choräle zu variieren, ergibt sich das Komponieren ganz von selbst. [...] Wiéner schlug vor, daß wir zusammen Komposition bei Gédalge nähmen, da diese Stunden so ungemein interessant seien. So arrangierte unser Meister für uns und ein paar Klassenkameraden eine Orchestrationsklasse, die unglaublich interessant war und für die er unter dem Vorwand, daß er sich selber so gut dabei unterhalte, keine Bezahlung nahm.«[32] Dieser Unterricht, der noch vor dem Ersten Weltkrieg stattfand, trug später seine ungeahnten Früchte, als Milhaud das Handwerk Johann Sebastian Bachs mit dem in Paris begeistert aufgenommenen Jazz verband. Dazu wurde er von Jean Wiéner inspiriert, der in seiner Bar *Gaya* merkwürdige Konzerte organisierte: eine Mischung von ernster und leichter Musik, der auch die gute Gesellschaft von Paris gerne zuhörte. In diesem Lokal trafen sich — wie Wiéner später selbst erzählte — André Gide, Serge Diaghilev und sein Assistent Boris Kochno, Satie, der Filmregisseur René Clair, Jane Bathori, die Prinzessin Murat, die Aristokratin und Dichterin Anna de Noailles und der Maler Fernand Léger. Ravel war auch mit von der Partie, obwohl er zur älteren Generation gehörte, und Poulenc hörte mit religiöser Andacht dem Song *Old-Fashion Love* zu, den Cocteau am Schlagzeug begleitete.[33] Wiéner gab seinem Freund Milhaud vor der Ankunft der illustren Gäste private Konzerte, die ihn auf neue musikalische Ideen brachten: »Da die Gäste stets später kamen als wir und auch vor uns weggingen, fanden wir immer Zeit, noch nach Herzenslust zu musizieren. Jean Wiéner synkopierte mit schwebender Leichtigkeit, und er besaß besonders in schnellen Rhythmen eine sensible Klangschönheit. Wir hörten ihm ebenso gerne zu wie seinem Partner, dem Neger Vance, der ein ausgezeichneter Saxophon- und Banjospieler war. Ohne Übergang wechselten diese beiden von Ragtimes zu Foxtrotts und dann zu den gefeiertsten Passagen Bachs. In der Tat verlangt synkopierte Musik genau wie die Musik Bachs unerbittlich gleichmäßige Rhythmen, da beide auf derselben Grundlage aufgebaut sind.«[34]

Im Ballett *La Création du monde* (Die Erschaffung der Welt; 1923) gelang Milhaud eine Synthese aus Bach und Jazz. Die Handlung folgt einem von Blaise Cendrars nacherzählten afrikanischen Mythos, zu dem Fernand Léger die Bühnenbilder lieferte. Die Musik beginnt wie die Einleitung zu einer Bachschen Kantate, doch statt der Oboe d'amore spielt das Saxophon seine klagende Melodie. Diskret mischen sich Paukenschläge und Glissandi der Posaunen und Trompeten in die archaisierenden Wendungen. Eine Fuge auf ein synkopierendes Jazzthema beginnt im Kontrabaß, um in einer Orgie des Schlagzeugs unterzugehen. Milhaud empfand den Jazz, den er im New Yorker Vorort Harlem und in Hammersmith bei London kennengelernt hatte, nicht als brutal und lärmend.[35] In seinem Ballett mischen sich tatsächlich Töne und Geräusche auf eine so delikate Weise, daß der Verdacht, der Komponist wolle um jeden Preis provozieren, gar nicht aufkommt.

Schon im Jahre 1919 arbeitete Milhaud mit Cocteau zusammen. Zu einem brasilianisch gefärbten Rondo — der Komponist hatte während des Krieges als Sekretär Paul Claudels in Rio de Janeiro gelebt — erfand der Literat eine Handlung: *Le Boeuf sur le toit* (Der Ochse auf dem Dach); die Clowns Fratellini, Footit und Chocolat, die sonst im Zirkus oder Variété auftraten, trugen riesige Köpfe aus Karton, unter denen ihr Unterleib und die Beine lächerlich klein wirkten: ohne Zweifel eine Erinnerung an Saties Ballett *Parade*. In einer Bar, an deren Decke sich unaufhörlich ein Ventilator dreht, trifft sich lichtscheues Gesindel, das schließlich von einem Polizisten überrascht wird. Dieser läßt sich von der Harmlosigkeit dieser Leutchen überzeugen, da er eine Inschrift »Hier wird nur Milch getrunken« zu lesen bekommt. Das Stück wurde zum ersten Mal im prunkvollen Théâtre des Champs-Elysées gegeben; die Subkultur, in die die gute Gesellschaft gerne hinabstieg, feierte Triumphe auf einer der besten Bühnen von Paris. Wiéner war von diesem Ballett so sehr begeistert, daß er darum bat, seine Bar *Gaya* in *Le boeuf sur le toit* umzutaufen, was ihr zu noch größerer Attraktivität verhalf. Die Musik war ursprünglich ein selbständiges Werk. Das Drehen des schattenwerfenden Ventilators und das ganze wirre Treiben paßten aber vorzüglich zu den stets wiederkehrenden Refrains und den grellen Einwürfen der Bläser, deren Tonarten absichtlich nicht zu den Hauptstimmen passen.

Die so entstehende Bitonalität hat verschiedene Wurzeln in Milhauds Leben. Zum einen kommt sie von den Eindrücken, die er im Midi, in seiner heimatlichen Provence empfing, wo Klänge und Geräusche von überall her kamen: »Es war ein unerhörtes Erlebnis«, gestand er seinem Biographen Paul Collaer, »ich habe seither immer versucht, dieses Erlebnis wiederzugeben, diese verschiedenen, gleichzeitigen Musiken, die sich von allen Seiten auf mich stürzten.«[36] Zum andern sind sie der Jahrmarktsmusik zu verdanken, wie sie Milhaud unweit seines Wohnortes auf dem Boulevard de Clichy in Paris hörte. Karusselle, Drehorgeln und das Knallen aus Schießbuden störten den Komponisten bei seiner Arbeit nicht im geringsten. Damit verkörperte er einen neuen Künstlertypus, der nicht mehr in der Einsamkeit lebt, sondern den Kontakt mit dem banalen Alltag sucht. Milhaud läßt sich nicht ganz für die Ästhetik Cocteaus in Anspruch nehmen, dafür war er zu reich begabt, doch einige Tendenzen hat er je nach Lust und Laune mitgemacht, unter anderem auch die schon bei Satie festgestellte additive Reihung in der großformalen Anlage: Er schrieb »Katalogmusik«, wie er das nannte. Der Besuch einer Landwirtschaftsausstellung inspirierte ihn 1919 zu einer kleinen Suite mit dem Titel *Machines agricoles* (Landwirtschaftsmaschinen) für Singstimme mit sieben Instrumenten, in der die Mähmaschine, der Garbenbinder, die Egge, der Drainage-Pflug und der Heuwender beschrieben werden: »Einige Monate später benutzte ich die gleiche Besetzung zur Vertonung einiger köstlicher Gedichte von Lucien Daudet, die vom Katalog eines Blumengeschäfts beeinflußt waren: *Catalogue de fleurs.*«[37] Er war ganz erstaunt, daß man diese beiden Suiten als Provokation verstand: »Ich habe nie herauszufinden vermocht, warum vernünftige Menschen glauben können, daß ein Künstler seine Zeit mit der Absicht verbringen würde, ein paar Menschen zum besten zu halten, da doch mit dem Schöpfungsprozeß so viel bittere Qual verbunden ist.«[38] Ob das nun ehrlich gemeint war? Sehr wahrscheinlich ja; denn die jungen Komponisten um 1920 lebten so intensiv und fröhlich in ihrer technischen Umwelt, daß sie es sich gar nicht vorstellen konnten, damit Leute zu ärgern, die von der Kunst noch die Realisation von Gegenwelten als Ersatz für den entzauberten, nüchternen Alltag erwarteten.

Von der »Katalogmusik« ist es nur ein kleiner Schritt zu Saties »musique d'ameublement«, die im Raum steht wie ein Möbelstück, dort ihre Funktion erfüllt, aber weiter nicht beachtet werden soll. Dieses Experiment mißlang, denn das Publikum war damals noch nicht an Hintergrundmusik gewöhnt, wie man sie heute überall hört: »Schweigend lauschten sie. Der ganze Effekt war verdorben, denn Satie hatte nicht mit dem Zauber seiner Musik gerechnet.«[39]

Nachzutragen bleibt noch, daß die Bitonalität nicht Milhauds Erfindung war. Wir treffen sie schon bei Debussy und Ravel, und vor allem Koechlin kultivierte diese schillernden Zusammenklänge verschiedener Akkorde, deren Wirkung damals viele Komponisten faszinierte. Doch Milhaud äußerte sich skeptisch zur Ideologie des Groupe des Six, wenn es diese überhaupt je gab: »Auric und Poulenc waren Parteigänger von Cocteaus Ideen, Honegger ging auf die deutschen Romantiker zurück und ich auf lyrische Mittelmeereinflüsse. Ich lehnte damals verallgemeinernde ästhetische Theorien auf schärfste ab und empfand sie als eine unvernünftige Begrenzung der Phantasie des Künstlers, der für jedes Werk neue Ausdrucksformen braucht und sich ruhig in diesen widersprechen darf, aber es war sinnlos zu protestieren. Collets Artikel fand solch weltweites Interesse, daß er die Gruppe der Sechs gebar, und ich war, ob ich wollte oder nicht, einer davon.«[40]

Milhaud war Kosmopolit; sein Mittelmeer reichte von der Levante bis nach Lateinamerika. Auf vielen Reisen lernte er die Welt kennen, und er lernte auch entgegen Cocteaus Meinungen deutsche Komponisten hochachten, was seine Freundschaft mit Paul Hindemith beweist, dem er sein Bratschenkonzert op. 108 (1929) widmete. Der so Geehrte bedankte sich mit seiner *Konzertmusik für Solo-Bratsche und größeres Kammerorchester* op. 48 im Jahre darauf.

*

Im Gegensatz zu Darius Milhaud war Francis Poulenc der kleine Lausbub, den sich Cocteau insgeheim wünschte. Er brach schon bald alle Tabus der hohen Musik, wie sie in den bürgerlichen Konzertsälen gepflegt wurden. Wie er Stéphane Audel erklärte, versuchte er immer wieder, den »bal musette und die Suiten von Couperin« miteinander zu versöhnen[41], die Musik der Straßencafés und die Cembalomusik aus der Zeit Ludwigs XIV. auf einen Nenner zu bringen. Beide waren zur Unterhaltung bestimmt, doch die eine gehörte dem gewöhnlichen Volk, die andere aber dem Hof von Versailles. Erstaunen mag in diesem Zusammenhang, daß er schon im Jahre 1913 die *Sechs kleinen Klavierstücke* op. 19 von Arnold Schönberg kannte und Béla Bartóks *Allegro barbaro*, das seiner Revolte gegen den sogenannten guten Geschmack den Anstoß gab.[42] Kompositionsunterricht nahm er bei Charles Koechlin, der nach dem Tode von André Gédalge der weitaus beste Lehrer für Kontrapunkt gewesen sei: »Sein Können und Wissen waren wunderbar, aber das Beste an seinem Charakter war seine Fähigkeit, sich dem Schüler anzupassen. Da er bald merkte, daß ich wie viele Musiker der romanischen Völker eher Harmoniker als Kontrapunktiker war, ließ er mich parallel zu den Kontrapunktaufgaben vierstimmig Choralthemen von Bach aussetzen.«[43] Koechlin ging ähnlich vor wie Gédalge gegenüber Milhaud, das Resultat war aber ein anderes. Während Milhaud oft Fugen und Fugati schrieb, bevorzugte Poulenc den rein akkordischen Stil. Dennoch suchte er die Einsamkeit, um am Klavier seine Werke zu schreiben, während Milhaud auch in der Eisenbahn komponieren konnte.[44] Neben Gédalge gewann der Pianist Ricardo Viñes für Poulenc große Bedeutung; er hatte schon verschiedene Stücke von Debussy und Ravel uraufgeführt und besaß die Technik, welche die Wiedergabe selbst der modernsten Musik ermöglichte. Auch bei häufigem Pedalgebrauch verschwammen die Konturen nie, und er konnte gleichzeitig in einer Stimme legato und in einer anderen Staccato spielen.[45]

Mit der umwerfend banalen *Rapsodie nègre* errang Francis Poulenc im Jahre 1917 seinen ersten — ersehnten — Skandal; denn um Erfolg zu haben, mußte man provozieren. Sein Lehrer am Konservatorium, Paul Vidal, Autor eines früher berühmten bretonischen Balletts mit dem Titel *La Korrigane*, schickte den Jungen wütend vor die Türe, nachdem er die Arbeit gelesen hatte. Untröstlich wandte sich der Gescholtene an Erik Satie, dessen Ballett *Parade* ihm zum Schlüsselerlebnis geworden war: »Vermischen Sie nie die [verschiedenen] Schulen«, lautete der Rat des Alten.[46]

Was in einem Avantgarde-Konzert Erfolg hat, gehört nicht unbedingt in den gewöhnlichen Schulunterricht. Tatsächlich ist die *Rapsodie nègre* von einer Einfachheit, die auch noch heute an einer Hochschule für Musik wenn nicht Ärger, so doch Aufsehen erregen würde. Sie wurde schließlich am Théâtre du Vieux-Colombier uraufgeführt, zusammen mit Stücken von Honegger, Tailleferre, Auric, Durey und Milhaud, lange bevor es den »Groupe des Six« gab. Poulenc erinnerte sich noch in späten Jahren an dieses denkwürdige Ereignis: »Dieses Werk war der Reflex auf die Vorliebe für afrikanische Kunst, die seit 1912 dank Apollinaire wütete; es bestand aus vier instrumentalen Sätzen und einem vokalen Zwischenspiel. Es war auf ein fingiertes Gedicht eines schwarzen Freundes komponiert, der mit dem Namen Makoko Kangourou signierte. Man sieht von weitem, was das Resultat war. Im letzten Augenblick gab der Sänger seinen Auftrag zurück und sagte, daß sei zu blöd, und er wolle nicht für einen Einfaltspinsel gehalten werden. Ich mußte ohne lange Vorbereitung, hinter einem breiten Pult versteckt, selbst dieses Zwischenspiel singen. Da ich schon im Wehrdienst war, kann man sich den Eindruck vorstellen, den ein Soldat macht, welcher auf Pseudomadegassisch heult.«[47]

Poulenc war übrigens nie am Kampfgeschehen beteiligt und verbrachte seine halbe Militärzeit im Gefängnis. Dieses vollkommen unheldische Betragen und das Konzert, in dem die *Rapsodie nègre* aufgeführt wurde, erinnern nicht von ungefähr an die Zürcher Dada-Bewegung, die mit gewolltem Unsinn auf den Unsinn des Krieges reagierte. Auch Georges Auric hatte als Soldat keinen Erfolg, wenn er den überhaupt suchte; er fühlte sich von seinen Kameraden verachtet: »Die Dummheit gehört nicht zu meinen Stärken«, erklärte er später.[48] Das künstlerische Pathos der Vorkriegsjahre wurde ebenso entschieden abgelehnt wie der blinde Patriotismus, mit dem die Völker Europas im Jahre 1914 in die Schlacht zogen.

Nicht nur im Vieux-Colombier trafen die jungen Musiker aufeinander, sondern auch in einem Atelier von Montparnasse, wo sie die Bekanntschaft mit den Malern Pablo Picasso, Georges Braque, Amedeo Modigliani und Juan Gris machten. Zu der Bezeichnung »Groupe des Six« verhielt Poulenc sich genau so skeptisch wie Milhaud: »Nie hatten wir eine gemeinsame Ästhetik, und unsere Werke glichen sich nie. Honegger zum Beispiel liebte Saties Musik nie, und [Florent] Schmitt, den er bewunderte, war mein und Milhauds schwarzes Schaf.«[49] Cocteau, der immer dabei war, wenn sich etwas Spektakuläres ereignete, hat die Gruppe auch nicht gegründet: »Jean Cocteau, den alles Neue anzog, war nicht unser Theoretiker, wie gewisse Leute behauptet haben, sondern unser Freund und brillanter Wortführer.«[50] Zu *Le Coq et l'Arlequin* äußerte sich Poulenc ebenfalls abwehrend: »Es ist unmöglich, das für das Manifest des Groupe des Six zu halten, denn allein die heftige und romantische Kunst Arthur Honeggers würde dem widersprechen.«[51] Trotz aller Divergenzen blieb aber die Freundschaft zwischen den ungern in eine einzige Gruppe gezwängten Musikern erhalten. Man traf sich, vor allem am Anfang der zwanziger Jahre, mit schöner Regelmäßigkeit und ließ sich auch zusammen fotografieren. Außergewöhnlich gesellig war das Leben aller Künstler jener Zeit auf alle Fälle; fern war ihnen der Gedanke, in einem Elfenbeinturm zu leben.

Francis Poulencs Bedeutung erschöpft sich aber nicht in einigen spitzbübischen Streichen, mit denen er um 1920 die etablierte Kunst aus den Angeln heben wollte. Später wandte er sich ernsteren Aufgaben zu und bekannte schließlich gegen Ende seines Lebens, sein *Stabat Mater* von 1950 übertreffe alle seine früheren Werke. Darin eine späte Reue zu sehen, wäre vollkommen falsch. Denn noch seine Chorwerke, die dem Unterricht bei Koechlin vieles verdanken, sind von einer unbefangenen Fröhlichkeit. Er selbst führte diese Haltung auf des Vaters Herkunft aus dem französischen Süden zurück, dessen alte Bauwerke er bewunderte: »[...] die romanische Kunst, und besonders diejenige aus Frankreichs Süden, war immer mein religiöses Ideal, ob es sich nun um Vézelay, Autun, Moissac, die Vierges de Puy oder Conques handelte. Ich möchte, daß sich der religiöse Geist offen an der Sonne ausdrückt, mit dem Realismus, den wir an den romanischen Kapitellen sehen. Mein Vater, wie seine ganze Familie, war tief, aber unbefangen religiös, ohne die geringste Kargheit.«[52] In seiner Unterhaltung mit Audel geht er noch weiter und vergleicht seine Werke mit denen der Maler Mantegna und Zurbarán. Beim einen bewundert er den »mystischen Realismus«, beim andern die »asketische Reinheit, welche sich nicht scheut, die Heiligen manchmal wie große Damen auszustaffieren«.[53] Mit dieser Pointe gesteht Poulenc eine Seite seiner religiösen Werke ein, die uns manchmal allzu leicht und elegant wirkt, um zum ernsten Raum einer Kirche zu passen. Als großer Liebhaber der Malerei oszillierte sein Geschmack zwischen den beiden erwähnten alten Meistern und der stählernen Linearität von Henri Matisse oder der »gesunden und volkstümlichen Fröhlichkeit« Raoul Dufys, wie Audel vermutet. Poulenc gibt ihm darin recht: »Meine Messe ist näher bei Vittoria als bei Josquin des Prés; sie hat eine realistische Seite, wenn ich so sagen darf, wie die mediterrane Kunst.«[54] Der Kontrast zwischen den beiden Seiten seines Lebens schien vielen Zeitgenossen unaufhebbar, nachdem sie sich daran gewöhnt hatten, in Poulenc einen Clown zu sehen. Doch hätte er dazu wohl gesagt, daß auch im Paradies das Lachen erlaubt ist. Deshalb wirken seine geistlichen Werke noch heute als eine Provokation auf dieselben Leute, die seine »Jugendsünden« als vorübergehende, zeitgebundene Erscheinungen abwerten wollen.

*

Noch mehr seiner Zeit verhaftet wirkt Georges Auric, der in seinen Erinnerungen unter dem Titel *Quand j'étais là...* (Als ich da war...) ein Panorama jenes Paris nach dem Ersten Weltkrieg gibt. Eine neue Generation kam herauf, die kaum noch eine tiefere Kenntnis der Vergangenheit besaß, genau so wenig wie Auric selbst, der ganz in der Gegenwart lebte: »Nach dem Ende des Krieges, im Glück, in der Hoffnung, in der Euphorie von damals öffnete [der Graf] Etienne de Beaumont sein schönes Palais an der Rue Masséran, um darin eine Reihe von außerordentlichen Festen zu geben. Den ›großen Damen‹, die dort wie selbstverständlich verkehrten, hatte er ohne Mühe beigebracht, daß es nun ›schick‹ war, Herrn Picasso zu kennen, mit Herrn Satie zu plaudern, daß die Musik der sechs Laufburschen, die wir waren, ein Recht darauf hatte, von den Freunden Reynaldo Hahns gehört zu werden, da die Pianisten so viel wert waren wie der ›Pianist‹ von Robert de Montesquiou.«[55] Auric spart nicht mit boshaften Anspielungen auf die intimen Freunde Marcel Prousts und fährt dann begeistert fort, indem er Beaumonts Palais lobt:

»Seine Wände waren mit Bildern von außerordentlicher Qualität und erstaunlicher Kühnheit geschmückt, die mit bemerkenswerter Sachkenntnis ausgewählt worden waren. Eine Art von unerwarteter, kollektiver Freude — die ich wohl nicht mehr finde — bemächtigte sich seiner Gäste. Der Tanz begann mit einem Gemisch von ›Nummern‹; ich wagte mich nicht, zu fragen, wie sie die vornehmen Ahnen beurteilt hätten [...].«[56] Das war nichts anderes als die Ausgelassenheit »für einen Abend, für eine Nacht«, wie Auric gesteht. Niemand wollte fragen, was morgen sein werde, genau so wenig, wie man sich um die Vergangenheit kümmerte.

Als Komponist läßt er sich nicht mit Poulenc und schon gar nicht mit Milhaud vergleichen. Als Verfasser der Musik zu verschiedenen Filmen Jean Cocteaus und auch René Clairs ist er noch heute einem kleinen Kreis von Kennerinnen und Kennern bekannt, wenn im Kino überhaupt konzentriert auf die Musik gehört wird. In Cocteaus Film *Le Sang d'un poète* (Das Blut eines Dichters; um 1931) ist die Musik von untergeordneter Bedeutung, die Handlung aber bemerkenswert, denn die neuen Möglichkeiten des Films werden voll ausgenützt. Optische Täuschungen lassen uns glauben, daß die Personen glatte Wände hochklettern und an der Zimmerdecke festkleben; eine weibliche Statue im klassisch griechischen Stil verwandelt sich in einen männermordenden Vamp; eine elegante Gesellschaft verfolgt von einer Theaterloge aus den Selbstmord des Dichters, der mit der marmornen Dame Karten gespielt hat, usw. Alles sehr skurrile Ereignisse, die den gesunden Menschenverstand herausfordern. Mehr dem täglichen Leben verpflichtet ist Clairs *A nous la liberté* (Uns die Freiheit) aus demselben Jahr, eine Art Gaunerkomödie wie Charlie Chaplins *Modern Times*. Hier untermalt nun die Musik das Klappern der Schreibmaschinen, das Trapsen der Schauspieler und den Kitsch der Liebesszenen. Das Melodram der Großeltern ersteht bei den Enkeln im modernen Medium des Films wieder neu. Das geschieht nicht ohne spöttisches Augenzwinkern von Besserwissern, die dem Publikum geben wollen, was es immer schon verlangte: ein bißchen Sentimentalität und Humor, was der Aufgeklärtheit der jungen Künstler im Grunde nicht mehr entsprach. Als Handwerker und nicht als Künstler gab Auric hier sein Bestes; das entsprach Saties Ideologie, dem er einen rührenden Nachruf widmete: »Um ihn war etwas vom Geist des Montmartre, der von jenen Gasthäusern kam, wo er früher, um zu leben, viele Stunden verbrachte, ein Glas Bier oder Cognac neben seinem Klavier. Ich glaube, wegen all dem ist er gestorben. Denn man soll es wiederholen: Er hatte ein sehr schwieriges Leben. [...] So manches Mal sah ich ihn bei Nacht weggehen, immer zu Fuß, oft im Schnee während der schlimmsten Winterwochen, aber er bewahrte immer dasselbe Lächeln. [...] Satie war bei seinem Tode ohne einen Pfennig. Für seine Erben und Verleger bedeuten heute seine Werke beachtliche Autorenrechte.«[57] Satie hat nicht nur durch seine Musik, sondern auch durch seine Art zu leben Beachtung gefunden. Die Abende beim Grafen Etienne de Beaumont waren Künstlern und Kunstenthusiasten günstig, die über ihre finanziellen Verhältnisse lebten und im Glanz von Kronleuchtern für eine kurze Zeit ihre Misere vergaßen. Satie war der Prototyp eines Künstlers, wie er noch lange weiterlebte, eines Künstlers, der sowohl im Werk als auch im Leben alle etablierten Normen mißachtete im Vertrauen darauf, daß die Gesellschaft seinem Fall durch ein rettendes Netz zuvorkam und so seine Einzigartigkeit respektiert würde. Die junge Generation hat seinen Lebensstil mitgemacht, aber — was sowohl Milhaud als auch Poulenc und Auric betrifft — aus der materiellen Sicherheit ihrer eigenen Existenz heraus, die ihnen einige nicht ganz ernst gemeinte Eskapaden erlaubte.

*

Ganz anders verhält es sich mit Arthur Honegger, der von der Schweiz nach Paris kam und zuallererst von Richard Wagner, Max Reger und Richard Strauss beeinflußt worden war. Zusammen mit Darius Milhaud folgte er dem Unterricht von André Gédalge, um später immer wieder die harmonische Komplexität und den Reichtum der Polyphonie Johann Sebastian Bachs zu kultivieren. Vom Zirkus und von der Music-hall hielt er nicht viel; er ging vielmehr von der Kammermusik aus, in der jedes Detail zählte und im Wechselspiel der Instrumentalisten kraftvolle Konflikte ausgetragen wurden. Sein Erstes Streichquartett, das er im Jahre 1917 vollendete, enthält als fast getreues Zitat den Anfang von Wagners *Tristan und Isolde*, um dann in eine leidenschaftliche Chromatik überzugehen, die an den jungen Alban Berg erinnert. Seine drei Sonaten für Violine und Klavier zeigen aber, wie schnell er die allzu epigonale Nachahmung seiner deutschen Vorbilder verließ und zu einer eigenen Synthese aus alemannischer Schwere und französischem Esprit fand. Sie entstanden alle vor 1920 und bevorzugen die tiefen Lagen der beiden Instrumente, denen von Zeit zu Zeit ein irisierender Klang in großer Höhe ge-

genübersteht. Die Sonaten für Bratsche oder Violoncello mit Klavier verstärken den Eindruck eines energisch mit seinen Gedanken ringenden Charakters.

Obwohl Honegger durchaus fähig war, im leichten Stil seiner französischen Kollegen zu komponieren, zeigen die orchestralen Hauptwerke der zwanziger Jahre doch ein anderes Gesicht. Die beiden einsätzigen Werke *Pacific 231* (1923) und *Rugby* (1928) machten ihn schon wegen ihrer Titel berühmt, die sich auf die moderne Welt bezogen. Ein dritter symphonischer Satz von 1933 wurde kaum beachtet, da er keine weitere attraktivere Bezeichnung trägt. *Pacific 231* verherrlicht scheinbar nur die Geschwindigkeit einer Schnellzuglokomotive gleichen Namens. Honegger förderte dieses Mißverständnis noch, indem er bekannte: »Lokomotiven habe ich immer leidenschaftlich geliebt. Für mich sind sie lebendige Wesen, die ich verehre, wie andere Frauen oder Pferde lieben. Was ich in *Pacific* zu schildern versucht habe, ist nicht die Nachahmung der Geräusche der Lokomotive, sondern die Wiedergabe eines visuellen Eindruckes und eines physischen Wohlempfindens durch eine musikalische Konstruktion. Diese geht von der sachlichen Beobachtung aus: das ruhige Atmen der stillstehenden Maschine, die Anstrengung beim Anfahren, die allmähliche Steigerung der Geschwindigkeit bis zum ›lyrischen Zustand‹, zum Gewaltig-Pathetischen eines Eisenbahnzuges, der mit seinen 300 Tonnen Gewicht mit einer Stundengeschwindigkeit von 120 Kilometern durch die tiefe Nacht rast. Als Vorwurf wählte ich eine Lokomotive vom Typ ›Pacific‹, Modell 231, für schwere Schnellzüge.«[58] Obwohl Honegger mit dieser Erklärung dem Geschmack seiner Zeit entgegenkommen wollte, ist *Pacific 231* doch weit entfernt von George Antheils *Ballet méchanique*, in dem Flugzeugpropeller surren, und ganz einfach eine Choralvariation über einen »cantus firmus«, wie ihn solider und überlegter kein Komponist des Barock hätte schreiben können.

Mit *Rugby* verhält es sich nicht anders, wenn der Komponist auch erklärte: »Ich liebe das Fußballspiel sehr. Dennoch sagt mir Rugby mehr. Es scheint mir spontaner, direkter, der Natur näher zu sein als der Fußball, der ein kultiviertes Spiel ist. Zwar entgeht mir die länger vorbereitete Kadenz des Fußballspiels nicht; aber ich fühle mich gehobener durch den wilderen, plötzlicheren, verzweifelteren und weniger geregelten Rhythmus des Rugbyspiels. Nicht irgendeine Phase des Rugbymatches will ich versuchen, symphonisch wiederzugeben, und es wäre falsch, in meinem Stück Programmusik zu suchen. Ich möchte ganz einfach in meiner Sprache als Musiker Spiel und Ge-

genspiel, Rhythmus und Farbe eines Matches im Stadion von Colombes ausdrücken, und aus Ehrlichkeit fühlte ich mich verpflichtet, meine Quellen anzugeben.« Später fügte er noch hinzu: »In einem großen internationalen Rugbymatch ist man wenigstens sicher, daß das Spiel nicht durch einen unerwarteten Amateur verdorben wird.«[59] Das Stück wurde tatsächlich auch auf dem Sportfeld Colombes bei Paris zur Eröffnung eines Matches gespielt, so groß war die Popularität, die Honegger genoß. Man kann aber nicht übersehen, daß *Rugby* ein zwar freier konstruiertes, aber doch gutgebautes Werk wie *Pacific 231* ist. Die Form ist die eines Rondos mit Variationen.

Mit beiden Kompositionen wollte Honegger den konventionell orientierten Hörer brüskieren und ihm doch etwas bieten, das den strengsten Kriterien jedes Konservatoriums standhält. Die Mischung aus Bürgerschreck und ehrlichem Handwerk war während der zwanziger Jahre ganz Honeggers Domäne. Indem er sich auf die Technik und den Sport berief, gehörte er zu den Jungen, die den Alltag bejahten, zugleich aber verhielt er sich professionell im traditionellen Sinne des Wortes.

Das gleiche Bild zeigen Honeggers zahlreiche Filmmusiken: In *Napoleon* von Abel Gance aus dem Jahre 1927 wird die Melodie der *Marseillaise* mit kräftigem Kontrapunkt umrahmt, der jedem Schüler in dieser Disziplin alle Ehre machen würde. *Mermoz* (1943) bezieht sich auf den Flieger Jean Mermoz, der als erster den Südatlantik überquerte und später im Meer vor Dakar spurlos verschwand. Wind und Wetter schildert die Musik, aber auch die Reflexionen des einsamen Helden im technischen Zeitalter. Honegger hat auch Stücke für den Hörfunk komponiert, unter anderen *Christophe Colomb* (1940). Die Handlung verläuft, obwohl sie in ferner Vergangenheit spielt, ähnlich wie in *Mermoz*: derselbe Kampf eines einsamen Individuums gegen Widerstände und Gefahren, der in eine Apotheose mündet. In diesem Punkt war Honegger trotz Film und Rundfunk ein Repräsentant der Romantik, was Poulenc klar erkannte. Er war ein Außenseiter im »Groupe des Six« und doch dessen bester Komponist, weil er bei aller Modernität den Bezug zur Vergangenheit als Kraftstrom benutzte.

Die Ballets russes nach dem Ersten Weltkrieg

Das Ballett *Parade* von Jean Cocteau, Pablo Picasso und Erik Satie war im Jahre 1917 das Fanal, welches die Nachkriegszeit einleitete. Mit ihm entstand auch ein neues Publikum für Serge Diaghilevs Ballets russes. Vor dem Krieg war es vor allem das mondäne Paris, das diese spektakulären Aufführungen besuchte: Aristokraten, Diplomaten, Minister und die jüdisch-deutsche Geldaristokratie der Bankiers. Nach dem Krieg wären Diaghilevs Produktionen eher nach dem Geschmack von Bohémiens gewesen, die ungeheizte Dachzimmer am Montparnasse bewohnten, doch waren die Karten für diese Schicht meist ganz einfach zu teuer. Russische Emigranten und Amerikaner kamen aber Abend für Abend, daneben auch viele Neugierige der alten Garde aus dem Faubourg Saint-Germain auf dem linken Seine-Ufer mit seinen prunkvollen Palästen und aus dem vornehmen Hôtel *Meurice* auf der rechten Seite des Flusses.

Wie wild und übermütig es während der Vorstellungen von *Parade* im Publikum zuging, berichtet Michel Georges-Michel: »Und die Ballets russes! Ganz Montparnasse und der ganze Faubourg begeben sich ins Châtelet. Man gibt *Parade* — ein kubistisches Ballett. Und sich in den Logen während *Parade* zu knutschen ist der letzte Schrei. Dieses grelle Licht, diese direkte Musik ohne Verzierungen geht direkt zum Herzen. Und in den Logen herrscht Ausgelassenheit [...]. Während man an der Front für das Elsaß kämpft, stößt man im Châtelet für oder gegen *Parade* aufeinander — wenn man nicht gerade Liebesabenteuer sucht. Wird der Kubismus siegen?«[1] Der reale, furchtare Krieg schien weit weg; der Krieg, der die Leute interessierte, fand im Theater statt. Unmöglich war es ohnehin, in das Gemetzel eingreifen zu wollen, obwohl sich viele Intellektuelle und Künstler zum Wehrdienst meldeten, wo sie kläglich versagten. Die Schlachten in Nordfrankreich überstiegen das Fassungsvermögen der Leute. In der letzten Verzweiflung wählte man eine angestrengte Fröhlichkeit, die sich in der Kunst austobte. Auf den Unsinn des Krieges antwortete diese mit dem Unsinn auf der Bühne.

Diaghilev suchte nach neuen Reizen für die verwöhnten und zugleich deprimierten Franzosen. Jacques Rouché, der seit 1914 die Grand-Opéra leitete, fürchtete um seine Einkünfte, als der Impresario nicht mit seinen schwül-exotischen Spektakeln weiterfahren wollte. Dieser wartete zum größten Teil mit leichter Kost auf, die alles negierte, was früher Mode war, und beschäftigte die modernen Maler als Bühnenbildner, um auch die Anziehungskraft der visuellen Eindrücke zu steigern.

Am 11. Mai 1917 gingen die *Femmes de bonne humeur* (Die gutgelaunten Frauen) in Dekors von Léon Bakst in Szene. Nicht eine komplexe und moderne Musik begleitete den Tanz, vielmehr hatte Vincenzo Tommasini Stücke von Domenico Scarlatti orchestriert, einige seiner kapriziösen Sonaten für Cembalo, ohne sie in ihrer rhythmischen und harmonischen Struktur zu verändern.

La Boutique fantasque (Die fantastische Bude) vom 24. Dezember 1919 folgte demselben Prinzip. Ottorino Respighi arrangierte Musik von Gioacchino Rossini zu einer Choreographie von Leonid Massin in Dekors von André Derain, dem Maler, den man vor dem Krieg den Fauves (den wilden Tieren) zugerechnet hatte, dessen Bildsprache sich seither aber bedeutend gemäßigter entwickelte.

Astuzie femminili (Weibliche Tücken) verwendete am 27. Mai 1920 Musik von Domenico Cimarosa, die wiederum von Respighi orchestriert worden war. José-Maria Sert, der dritte Gatte der Mäzenin Misia Godebska, malte die Bühnenbilder zu einer Choreographie von Massin. Das 18. Jahrhundert war wieder Mode; die Leichtigkeit der vorklassischen Musik wirkte befreiend. Nach dem weltanschaulichen Pathos von Richard Wagner, den Verfeinerungen Claude Debussys und Maurice Ravels und der Brutalität von Strawinsky versprach die Rückkehr zum Rokoko eine neue Wende. Doch gerade Igor Strawinsky sollte diese Bestrebungen auf eine ungeahnte Weise in *Pulcinella* weiterführen.

Bei all diesen gewollten und provokativen Harmlosigkeiten bildete *Le Tricorne* (Der Dreispitz) von Manuel de Falla am 23. Januar 1920 eine willkommene Abwechslung, die in anspruchsvollere Gebiete führte. Pablo Picasso war für die Bühne verantwortlich, und Strawinsky lobte die Verwandtschaft zwischen Andalusien und den Russen, da eine äußerste Präzision den Flamenco beherrsche. Keine wilden Derwischtänze störten diese fast »klassische Kunst, deren Dogmen, obwohl von unserer Schule verschieden, doch nicht weniger streng sind. In einem Wort: eine komponierte Kunst.«[2] *Cuadra Flamenco* vom 17. Mai 1920, eine Darbietung von echten andalusischen Tänzen ohne eigentliche Handlung, ergänzte den *Dreispitz* auf vortreffliche Weise. Der ganze Stolz Südspaniens in Dekors von Picasso faszinierte das Publikum, das bis zu diesem Zeitpunkt nur folkloristische Nachahmungen aus jener Gegend Europas kannte, welche in der Vergangenheit stark mit dem orientalischen Erbe verbunden gewesen war.

Die folgenden Stücke gehören aber wiederum zum leichten Genre. *Les Biches* (Die Hirschkühe, oder familiär: Die Liebchen) spielten am 26. Mai 1924 in zauberhaft zarten Dekors von Marie Laurencin mit Musik von Francis Poulenc. Lydia Sokolova bemerkte dazu: »*Les Biches* wiesen keine Handlung auf. Das wäre für etwas so Schickes brutal gewesen. Tatsächlich war es das schickste Ballett, das je kreiert wurde. Es gehörte zu der Art von Salonkomödien ohne jede Tiefe, aber mit Esprit, und kann mit Stil und Anspielungen als Kunstwerk gelten.«[3]

Boris Kochno, der Assistent Serge Diaghilevs, lieferte das von Molière beeinflußte Libretto für *Les Fâcheux* (Die Verärgerten) vom 4. Juni 1924. Georges Auric schrieb die Musik, und Georges Braque schuf die Bühnenbilder. Die Handlung ist unbedeutend: Die Verärgerten wollen Eraste daran hindern, Orphise zu lieben, was ihnen nicht gelingt. Molière in seinen mehr zeitgebundenen kleinen Komödien zum Vorbild zu nehmen und nicht in seinen berühmteren Stücken, bedeutete eine entschlossene Abkehr von jedem Tiefsinn, wie sie den zwanziger Jahren entsprach. Doch Cocteau war vor allem von Braques Kultur der Farbenkomposition begeistert und nannte das ganze Schauspiel eines der edelsten, die er gesehen habe.[4]

Noch tiefer in den rein unterhaltenden Charakter stieg *Le Train bleu* (Die blaue Eisenbahn) vom 20. Juni 1924 hinab. Jean Cocteau entwarf die Handlung, die zwischen Nutten und Gigolos am Strand des Mittelmeers spielt. Die blaue Eisenbahn verband Paris mit Monte Carlo, wo die Ballets russes während des Winters gastierten. Die Ausstattung des Stückes war von höchster Eleganz: Henri Laurens malte die Kulissen, und die Modeschöpferin Gabrielle Chanel entwarf die koketten Badekleider für die Tänzerinnen und Tänzer, unter denen der Engländer Anton Dolin brillierte. Die Musik Darius Milhauds ist von empörender Banalität. Der Komponist gibt dazu die einleuchtende Erklärung, daß Diaghilev seine Musik im Grunde nicht mochte. Sie sollte aber »fröhlich, frivol und prickelnd« in der Art von Jacques Offenbach sein. Bei Tennis, Golf und anderen Sportarten war Dolin »jede Gelegenheit gegeben, seine akrobatischen Tänze auszuüben und sein choreographisches Geschick zu zeigen«. Wahrscheinlich enttäuscht darüber, daß sein Werk nicht mehr Aufsehen erregte, fügte Milhaud hinzu: »Die Vorstellungen gingen ohne Zwischenfall vonstatten.«[5] Die Wahl Diaghilevs fiel auf Milhaud, weil dieser schnell arbeitete. Die Musik als autonome Kunst zählte nicht mehr; pikant war nur die Tatsache, daß Chanel mitarbeitete und für uns heute unfreiwillig komische Badekleider schuf, die damals nach den Wünschen Cocteaus hätten Protest auslösen sollen. Das Publikum war aber schon so abgebrüht, daß es sich nicht aufreizen ließ.

Ganz anders verhielt es sich mit *Roméo et Juliette* in Bühnenbildern von Max Ernst und Joan Miró. Nicht das Publikum protestierte als Erstes am 18. Mai 1926, sondern die Künstler gerieten unter sich in Streit, wie Boris Kochno berichtete: »Der Permierenabend gab den Anlaß für einen lärmenden Skandal. Die surrealistische Bewegung begann sich damals zu spalten, und André Breton und Louis Aragon ertrugen es nicht, daß Miró und Max Ernst für etwas arbeiten konnten, das sie als eine kapitalistische und mondäne Unternehmung betrachteten. [...] Aragon ergriff von der höchsten Loge aus das Wort, das Publikum enervierte sich und antwortete. Man mußte den Vorhang senken und die Manifestanten durch die Polizei vertreiben lassen. Der ganze Lärm nützte übrigens dem Werk, indem er die Neugierde der Pariser schärfte; die Einkünfte waren ausgezeichnet.«[6] Eine laue Zustimmung zu *Roméo et Juliette*, dem Ballett, in dem Serge Lifar als Tänzer großen Erfolg errang, wäre enttäuschend gewesen; nur ein Skandal konnte die Aufmerksamkeit der Leute wecken.

Weniger umstritten war *Pastorale* vom 29. Mai 1926, obwohl das moderne Leben mit Fahrrädern, Kino und Telegraph gezeigt wurde. Daran war man schon gewöhnt, und die unbedeutende Musik von Georges Auric störte nicht besonders; sie war nur eine Begleiterscheinung.

Die Partitur zu *Jack in the Box* vom 3. Juni 1926 war im Nachlaß Erik Saties gefunden worden. Darius Milhaud orchestrierte diese paar Seiten Musik, die an Frühformen des Jazz und an Schlager erinnert, wie sie am Montmartre gespielt wurden. André Derain schuf das Bühnenbild zu einer amüsanten Handlung zwischen einem Hampelmann und drei Tänzerinnen.

Ebenso harmlos war *La Chatte* (Die Katze) mit Musik von Henri Sauguet. Eine Katze, in die ein junger Mann verliebt ist, verwandelt sich zu dessen Glück in ein Mädchen. Durch die Hilfe einer Göttin wird es wieder eine Katze, die hinter einer Maus herrennt. Bedeutend waren aber die Dekors von Naum Garbo und Anton Pevsner, zwei Russen, die den sowjetischen Konstruktivismus nach Paris brachten, wo er mehr als in Moskau beachtet wurde. In der Uraufführung vom 27. Mai 1927 tanzte wieder Serge Lifar, der längst zum bekanntesten Star der Truppe aufgestiegen war. In Paris wurden Stimmen laut, die Serge Diaghilev des Bolschewismus verdächtigten. Er dachte nach der Revolution von 1917 nicht im geringsten daran, in seine Heimat zurückzukehren, war aber von der russischen Avantgarde begeistert, die dort vor Stalin mit seiner Liebe zur Schnulze und zum Plüsch florierte.[7]

In *Ode* vom 6. Juni 1928 führten Nicolas Nabokov und Boris Kochno technische Innovationen ein. Die Szene wurde durch Filmprojektionen, Neonlicht und phosphoreszierende Gegenstände nicht nur der Alltagswelt angepaßt, sondern ihr auch auf geheimnisvolle Weise entrückt.

Mit *Le Fils prodigue* (Der verlorene Sohn) vom 21. Mai 1929 in Bühnenbildern von Georges Rouault, getanzt von Serge Lifar und Anton Dolin, erreichten die Ballets russes bald ihr Ende. Die Musik stammte von Serge Prokofiev, der schon zwei Jahre zuvor, am 7. Juni 1927, mit *Le Pas d'acier* (Der stählerne Schritt) ein Werk geliefert hatte, das sich zwischen russisch-dörflichen Legenden und Fabrikmaschinen bewegte.[8]

Serge Diaghilev, der im Jahre 1929 in Venedig starb, versuchte immer wieder, zwischen seiner Heimat und Frankreich zu vermitteln. Von Rußland brachte er schon vor dem Ersten Weltkrieg einen gewissen orientalischen Zauber mit, der sich in Igor Strawinskys *Le Sacre du printemps* auch heidnischen Vorzeiten öffnete. Das Pariser Publikum liebte es, sich in eine fremde, ihm konträre Welt versetzen zu lassen, war aber wiederum geschmeichelt, als ihm Diaghilev das längst verjährte Getändel seines 18. Jahrhunderts schmackhaft zu machen versuchte und zugleich einen leichten Flirt mit der modernen Technik ermöglichte. Alle diese Ballettproduktionen waren nicht Gesamtkunstwerke im Wagnerschen Geiste; denn ihnen fehlte das alle Künste vereinigende Prinzip, das die Musikdramen des Bayreuther Meisters in der Magie der Musik fanden. Die Ballette aber registrierten bloß den neuesten Stand aller Künste und waren im Grunde heterogen; die Maler wären bis zu einem gewissen Grade austauschbar gewesen genauso wie die Komponisten, die — wie am Beispiel von Milhaud gezeigt wurde — schnell arbeiteten für den Tag, für einige wenige Aufführungen, die sofort von den nächsten eingeholt wurden. Das Uneigentliche, die Beliebigkeit prägten die Produktionen der Ballets russes vor allem während der zwanziger Jahre, aber nicht so sehr, weil die Russen nun Entwurzelte waren, sondern aus dem Geist der Epoche heraus, die nach der kriegerischen Katastrophe nicht mehr an Visionen von Genies glaubte. Nur wenige der erwähnten Werke werden heute noch gespielt; denn sie repräsentieren eine Mentalität, die gerade ihre Zeitgebundenheit als Befreiung feierte.

*

Müssen schon Serge Prokofievs Arbeiten für die Ballets russes aus dem eben skizzierten Zusammenhang herausgenommen werden, so gilt das in noch stärkerem Maße für Igor Strawinskys *Pulcinella*, der am 15. Mai 1920 uraufgeführt wurde. Diaghilev dachte ursprünglich nur an ein Orchestrieren und Arrangieren von halb vergessenen Stücken Giovanni Battista Pergolesis wie in den hier schon erwähnten *Femmes de bonne humeur, La Boutique fantasque* und *Astuzie femminili*. Doch beschränkte sich der Komponist nicht auf eine untergeordnete Rolle; er arbeitete seine Vorlagen aus dem 18. Jahrhundert um und nahm ihnen dadurch ihre freundliche Harmlosigkeit. Die gleichmäßig pulsierende Periodik der Rhythmen und Takte wurde aufgebrochen, gekürzt oder gedehnt; die Melodie und der Baß blieben zwar meist erhalten, aber Mittelstimmen sorgten für Dissonanzen, die ihre Existenz einem ganz bestimmten Prozedere verdanken: Sie bilden zu Beginn eines Abschnittes Konsonanzen, werden dann aber starr durchgehalten, so daß sie mit den übrigen Stimmen in Konflikt geraten. Der Klang wird dadurch gehärtet; er wird trotz der energischen Baß- und Sopranbewegung statisch, in den meisten Fällen, ohne daß der Tonart fremde, chromatische Töne eingeführt werden müßten. Innerhalb der Diatonik konstituieren sich neue Akkorde — ein Verfahren, das schon Erik Satie, Claude Debussy und Maurice Ravel angebahnt haben, das hier aber mit der Strawinsky eigenen Konsequenz und Aggressivität auf die Spitze getrieben wird. Da somit Töne verschiedener Akkorde, zum Beispiel der Tonika und der Dominante, gleichzeitig erklingen, fehlt ein Spannungsgefälle, wie es in den Originalen von Pergolesi vorhanden war. Das Orchester ist gegenüber den früheren Werken stark reduziert und hält sich doch nicht an die Praxis des 18. Jahrhunderts. Die Streicher sind zwar in ein solistisches Concertino und ein Tutti aufgeteilt, was dem Concerto grosso-Typ Pergolesis und Arcangelo Corellis entsprechen würde; doch Bläser sorgen für einen noch farbigeren Klang, unter ihnen neben den wie üblich paarweise eingesetzten Flöten, Oboen, Fagotten und Hörnern eine Trompete und eine Tenor- und Baßposaune, die für groteske Effekte eingesetzt werden, wie sie der Handlung entsprechen. Auch drei Gesangssolisten, ein Mezzosopran, ein Tenor und ein Baß, singen aus dem Orchestergraben oder in den Kulissen, während die Pantomimen stumm ihre Rolle spielen. Strawinsky empfand ein Unbehagen gegenüber der Oper, da gute Sänger und Sängerinnen nicht unbedingt gut agieren und gute Schauspielerinnen und Schauspieler unter Umständen schlecht singen. Durch die konsequente Trennung der Funktionen wurde eine Präzision erreicht, auf der der Komponist immer bestand. Die neapolitanische Commedia dell'arte, der die Handlungsmomente entnommen wurden, verlor so ihre possenhaft improvisierte Seite, was noch durch Pablo Picassos durchaus moderne, in hellen Farben und genauen Konturen gemalte Bühnenbilder verstärkt wurde. *Pulcinella* hatte im Gegensatz zu den vielen anderen genannten Balletten großen Erfolg und wurde immer wieder choreographiert, von Kurt Jooss 1932 in Essen, von George Balanchine und Jerome Robbins 1972 in New York, um nur einige der bekanntesten Namen zu nennen. Überdauert hat das Werk nicht in erster Linie dank seiner Choreographien, sondern aufgrund des hohen musikalischen Niveaus, das auch die Bearbeitung einzelner Nummern als Konzertsuite oder als brillant-virtuose Kunststücke für Violine oder Violoncello mit Klavier erlaubte.

Mit *Le Baiser de la fée* (Der Kuß der Fee; 1928) auf ein Märchen von Hans Christian Andersen unternahm Strawinsky auch den Versuch, ohne die vorher beschriebenen rhythmischen und harmonischen Veränderungen Stücke von Peter Tschaikowsky zu orchestrieren, wie das Ottorino Respighi und Vincenzo Tommasini mit Domenico Scarlatti oder Gioacchino Rossini getan hatten. Doch ist diese Orchestrierung von einem so hohen Raffinement, daß die Zuhörenden in ihrem gewohnten Wahrnehmungsvermögen wie in *Pulcinella* aufgestört werden. *Le Baiser de la fée* wurde außerdem nicht für Diaghilev, sondern für Ida Rubinstein geschrieben, die sich von den Ballets russes, mit denen sie in den Westen gekommen war, gelöst hatte.

Igor Strawinskys letztes auf primitivistische russische Themen zurückgreifendes Ballett ist *Les Noces* (Die Hochzeit), an dem er ungewöhnlich lange arbeitete. Schon während des Ersten Weltkrieges im Schweizer Exil entstanden die ersten Skizzen, zum Teil für ein großes Orchester, wie er es in *Le Sacre du printemps* verwendet hatte, zum Teil für Pianola, Harmonium, Cymbalum und Singstimmen. Die endgültige Fassung wurde für vier Klaviere und sehr viel Schlagzeug geschrieben. Obwohl die Texte aus Volksdichtungen der Sammlungen Affanassiev und Kirejewsky stammten, vermied die

Choreographie der Uraufführung vom 13. Juni 1923 jeden gefälligen Zusammenhang mit der russischen Folklore. Die Tänzer bewegten sich wie in Vaslav Nijinskys *Sacre* als geschlossene Gruppen und vermieden jede individuelle Entfaltung der Protagonisten, der Braut und des Bräutigams. Sie sind vielmehr Opfer alten heidnisch-christlichen Brauchtums; sie müssen sich ihm unterordnen, um gerade so ihr Glück zu finden. Das Schicksal des Mädchens, das sich im *Sacre* in den Tod tanzt, um seiner Sippe, seinem Stamm, den ersehnten Frühling wiederzubringen, wiederholt sich in *Les Noces* auf eine versöhnliche Weise: Niemand muß sterben, sondern die ausgelassene Gesellschaft erhebt sich von ihrem Festmahl und bringt die frisch Verheirateten in ihr Bett. Zu lange hallenden Glockenklängen hört das Publikum noch den jungen Mann hinter der Bühne seine junge Frau besingen — ein nachdenklich stimmender Schluß für ein zwischen Archaik und Orgiastik vermittelndes Werk. Was Strawinsky mit seinem Ballett erstrebte, war ein strenges Ritual, befreit von einer allzu engen Bindung an einen bestimmten Kulturkreis. In seinen Werken auf antike Sujets verstärkte sich diese Tendenz noch.

Antike Sujets

Warum gerade während und kurz nach dem Ersten Weltkrieg in Frankreich zahlreiche Werke auf antike Sujets entstanden, läßt sich nicht eindeutig begründen. Nach den nordischen und keltischen Mythen, die von den Wagnerianern bevorzugt wurden, ist aber eine allgemeine Hinwendung zu den mediterranen Kulturen festzustellen. Mehr Sonne, mehr Licht über sich plastisch abhebenden Formen schienen an der Zeit, auch wenn das Bühnengeschehen unbarmherzig seinem tragischen Ende zutrieb. Zu verschieden sind indessen die Werke Erik Saties, Igor Strawinskys, Arthur Honeggers und Darius Milhauds, als daß man sie unter einer einzigen Formel zusammenfassen könnte. Die antiken Texte und Dramen nahmen unter ihren Händen verschiedene, oft einander widersprechende Gestalten an.

*

Erik Saties *Socrate* (Sokrates; 1918) verwendet Passagen aus dem *Symposion*, aus *Phaidros* und *Phaidon* von Platon in französischer Übersetzung. Der erste Teil ist ein von Alkibiades entworfenes Porträt des Sokrates, der zweite spielt an den Ufern des Illissos vor den Mauern Athens und der dritte schildert Sokrates' Tod durch den Giftbecher. Vier Personen treten auf: Alkibiades, Sokrates selbst, sein junger Freund Phaidros und sein Jünger Phaidon, ohne daß diese Rollen auf verschiedene Personen verteilt würden; ein Sopran genügt, um Rede und Gegenrede mitzuteilen. Bei der Uraufführung am 24. Juni 1918 war es Jane Bathori. Satie selbst begleitete sie am Klavier; er nannte sein Werk ein »symphonisches Drama mit Gesang«, was ganz im Sinne seiner übrigen mystifizierenden Titel leicht prätentiös wirkt. *Socrate* hat nichts mit dem symphonischen Stil von Vincent d'Indy, Paul Dukas und Albéric Magnard zu tun (siehe oben S. 31) und will im Grunde mit ihm auch nichts zu tun haben. Die Musik mit ihren spannungslosen Verbindungen verschiedener Akkorde erinnert vielmehr an die Renaissance, ohne die kontrapunktische Komplexität eines Giovanni Pierluigi da Palestrina oder Orlando di Lasso anstreben zu wollen. Sie ist von einer bescheidenen Diskretion, die das Wort »symphonisch« Lügen straft, wenn nicht gerade ihr »style blanc«, ihr weißer, reiner Stil, hohe Ansprüche an die meditative Versenkung der Zuhörenden stellen würde. Dadurch wird der hohe Anspruch, den man zuerst lächelnd beiseite schieben möchte, doch noch eingelöst. Nach der Wahl der Texte und dem Charakter der Musik ist *Socrate* nichts anderes als ein überhöhtes Selbstbildnis des Komponisten: wie Sokrates von häßlicher Gestalt, aber doch reich an Gaben des Geistes; wie Sokrates unterhielt er sich als Lehrender gerne mit der Jugend; wie Sokrates möchte er, umgeben von seinen Schülern, eines tapferen Todes sterben. Der beargwöhnte athenische Außenseiter und der von Skandalen heimgesuchte Franzose treffen sich in *Socrate*. Nichts Anmaßendes ist hier zu spüren; die Zurücknahme aller dem Text Platons innewohnenden Spannungen führt sogar so weit, daß die Singstimme während der letzten zwanzig Takte immer denselben Ton wiederholt, was der langsam sich über Sokrates' Körper verbreitenden Totenstarre zu einer packenden Wirkung verhilft. *Socrate* realisiert das, was Jean Cocteau Saties »Verzicht« nannte.[1] Der Satie-Kult sei »schwierig, weil eine Seite [von Saties] Charme gerade darin besteht, einer Vergöttlichung abhold zu sein«.[2] Diese Vergöttlichung findet in *Socrate* aber auf verschwiegene Weise, auf vielen Umwegen dennoch statt. Daß die junge Generation und auch eine breitere Öffentlichkeit von der sich spät manifestierenden Bedeutung Saties Kenntnis hatten, beweist Darius Milhaud, der schreibt: »Ein Jahr nach Saties Tod wurde eine Gedenktafel an dem armseligen Gebäude in Arcueil angebracht, in dem er gelebt hatte. Der Bürgermeister, ein kommunistischer Deputierter und Robert Caby hielten Reden, während ich im Namen der französischen Musiker sprach. Darauf folgte ein Konzert im Rathaus. Im Programm war eine Zeichnung abgebildet, die Caby von Satie auf dem Sterbebett gemacht hatte. Viñes spielte, und ich begleitete Marya Freund in *Socrate*. Wie nie zuvor bekamen die letzten Worte dieses Werkes an diesem Tage für mich ihre wahre Bedeutung: ›So war, Echekrates, das Ende unseres lieben Freundes, des weisesten und aufrichtigsten aller Menschen.‹ Aufrichtig war Satie unzweifelhaft gewesen, vor allem gegen sich selbst — und das ist selten.«[3]

*

In vielem ähnlich und doch provokativer ist Igor Strawinskys *Oedipus Rex*, der am 30. Mai 1927 in konzertanter Form in Paris uraufgeführt wurde. Strawinsky hatte eine ganz genaue Vorstellung von Bühnenbild und Dramaturgie, die er im Vorwort der Partitur beschreibt. Die ganze Handlung soll sich im Vordergrund abspielen, der Bühne fehlt die Tiefe, in der sich die Stimmen verlieren könnten. Die Farben sind Blau, Weiß und Schwarz; jeder wärmere Akzent in Gelb oder Rot fehlt. Die Sänger tragen Masken; ihre Auftritte und Abgänge geschehen durch die Versenkung oder durch das Ziehen oder Öffnen von Vorhängen. Jede individuelle Bewegung wird vermieden; die Personen sind starre Typen, deren überdimensionierte Gesichter zur Fratze erstarren, hinter der sich jeder Ausdruck verleugnet. Ein Conférencier soll im Frack und mit blasiert teilnahmsloser Stimme vor jeder Szene die Handlung auf Französisch zusammenfassen, damit die sophokleische Tragödie dem Publikum wieder in Erinnerung gerufen wird. Es wird vorausgesetzt, daß dieses Publikum die antiken Tragödien einmal gelesen und dann halb vergessen hat. Gerechnet wird mit dem oft totgesagten Bildungsbürgertum, das auf seine Kenntnisse stolz ist, sie aber doch nicht mehr ganz so ernst nimmt, wie das noch im 19. Jahrhundert der Fall war, wenn ihm der Conférencier verkündet: »Nun hören Sie den berühmten Monolog: Tot ist es, Jokastas göttlich Haupt.« Dem Hörer wird Teilnahmslosigkeit förmlich aufgedrängt. Sophokles' Verse sind ihm längst zu geflügelten Worten geworden wie so viele Sätze aus Goethes *Faust* oder Schillers *Wilhelm Tell.* Damit nun das Publikum — und auch der Sänger-Schauspieler — nicht immer über diese längst verbrauchten, banalen Formeln stolpern, werden sie ihnen entrückt: Aus einer französischen Kurzfassung des Dramas, die Cocteau hergestellt hatte, machte der Abbé Daniélou eine noch kürzere Fassung in lateinischer Sprache, deren lakonischer, versteinerter Charakter jede Identifikation der Zuhörenden mit den handelnden Personen noch stärker verhinderte.

Die moderne Archaik Cocteaus ist insofern radikal, als der Chor nicht mehr Gebete und Huldigungen an die Götter singt. Es geht hier nicht um die Rekonstruktion der Antike, wie das Latein vermuten ließe, sondern diese tote Sprache wird in ihre Silben zerlegt, die in einem permutatorischen Spiel bald betont, bald gedehnt oder hastig gesungen werden. Strawinsky verfügt über sie in einer Art und Weise, wie er es mit einer heute noch gesprochenen Sprache nicht so leicht tun könnte. Er nannte sein Werk ein »opéra-oratorio«, eine Mischung zwischen Oper und Oratorium, und schuf so eine neue theatralische Form, die bei Paul Hindemith und Kurt Weill Schule machen sollte. Sie entsprach wie die legeren Stücke der Ballets russes nach dem Ersten Weltkrieg einem Bedürfnis, sich von den allzu großen Emotionen der Romantik zu befreien. *Oedipus Rex* ist das anti-romantischste musikalische Drama des ernsten Genres geblieben und entsprach Cocteaus Bemerkung: »Man kann sich im Dunst Debussys nicht verlieren wie im Nebel Wagners, doch schlecht werden kann einem dabei schon.«[4] Dennoch ist zum Beispiel die Arie der Jokaste eine brillante Parodie auf die Oper. Das Publikum genießt die durch verfremdende Dissonanzen hervorgerufene Distanz zu Verdi, labt sich aber gleichzeitig doch an der Bravour einer Primadonna traditioneller Prägung. *Oedipus Rex* ist ein Stück für die Wissenden, die ihre Bildung satt haben und doch in einer verwandelten Form nicht auf sie verzichten möchten. Ein bißchen snobistische Unehrlichkeit ist mit im Spiel, die Satie fremd war, mag Strawinsky auch von dessen kühler Objektivität nicht weit entfernt sein.

Jean Cocteau hat später in *La Machine infernale* (Die Höllenmaschine) den Ödipus-Mythos noch einmal aufgegriffen und ihn zum Klamauk verzerrt. Der tote König Laios erscheint wie Hamlets Vater auf den Zinnen der Stadt Theben; die wacheschiebenden Soldaten ergehen sich in derben Späßen, bis Jokaste erscheint, um das Gespenst zu sehen. Die Sphinx gibt Ödipus den verblüffend einfachen Rat, auf alle Fälle eine Frau zu ehelichen, die jünger sei als er, um dem Fluch zu entgehen, usw. Von dieser frivolen Haltung ist

Théodore Strawinsky: Skizze zu *Oedipus Rex* (Wiedergabe mit freundlicher Erlaubnis des Autors). – Strawinskys *Oedipus Rex* ist das bedeutendste Werk des französischen Neoklassizismus. Nach den nordischen Mythen boten griechisch-antike Sagen die Möglichkeit, sich vom 19. Jahrhundert ganz entschieden abzusetzen. Die Sänger wirken wie Statuen und vermeiden jede individuelle Gefühlsregung.

Strawinsky weit entfernt; denn seine Musik begleitet ein ernstes Ritual der Wahrheitsfindung, deren Opfer, der schuldig-unschuldige Ödipus, uns nicht kalt lassen kann.

Während der zwanziger Jahre hat Igor Strawinsky noch einmal ein antikes Thema aufgegriffen, um es in verschiedenen Brechungen seinem Ursprung zu entfremden und unserer Zeit doch nicht anzunähern. *Apollon musagète* (Apoll, der Musenführer; 1927/28) basiert auf des Komponisten Idee, nach all den choreographischen Reformen und Revolutionen, wie sie die Ballets russes in Paris vollzogen, wieder zum klassischen Ballett zurückzukehren. Saties »style blanc« entsprach nun dem »ballet blanc«, in dem die Tänzerinnen wieder im weißen Tütü auftraten. Die Handlung könnte im Versailles Ludwigs XIV. spielen; sie zeigt die Geburt des Gottes, mit dem sich der Sonnenkönig identifizierte, und bringt in der Folge einige Tänze mit den Musen Kalliope, Polyhymnia und Terpsichore, die in einer Apotheose schließlich zum Olymp aufsteigen.

Die Musik vermeidet auch alle früher beliebten Farbkontraste und verwendet nur Streicher, deren tiefes Register, in Anlehnung an Ludwigs XIV. Hofkomponisten Lully, durch die Verdoppelung der Violoncelli verstärkt ist. Strawinsky bemerkt ausdrücklich, daß die in einem üblichen Streichorchester vorhandenen Celli nicht geteilt, sondern verdoppelt werden sollten, um dem Ganzen einen satten, dichten Klang zu verleihen. Die Anlehnung an Frankreichs Großes Jahrhundert geht noch weiter, wird aber zugleich raffiniert hintertrieben. Das Werk beginnt wie eine barocke Ouvertüre mit majestätisch punktierten Rhythmen. Der folgende schnelle Teil bringt nicht eine Fuge, wie man erwarten würde, sondern schmelzend süße Melodien, die aus einem Salonstück des 19. Jahrhunderts stammen könnten. Nach der Reprise des Anfangs, die durch heftige Dissonanzen auffällt, tanzt der junge Apollo sein erstes Solo, begleitet von der Solo-Violine im Stile von Johann Sebastian Bachs erster Solosonate für dieses Instrument. Sie ist längst zu einem Gemeinplatz geworden; das Faksimile der Handschrift Bachs ist überall bekannt wie die Sentenzen aus Schillers *Tell.* Dem trägt Strawinsky Rechnung, indem er die üblichen Erwartungen enttäuscht; denn die Fortsetzung bringt eine leichte Melodie, welche aus einer Operette Jacques Offenbachs stammen könnte. Verschiedene Zeitebenen durchkreuzen sich und nehmen jeder ihre früher selbstverständliche Wirkung. Strawinsky zehrt vom Erinnerungsvermögen der musikalischen Welt von heute, in der alles sich mit allem verbinden kann.

Die Zeit verräumlicht sich im Konzertsaal, wo während eines bestimmten Abends die verschiedensten Epochen koexistieren können. Daß aber keine von ihnen auch nur für einige Minuten unbeschränkt herrscht, dafür sorgen die Dissonanzen, die seit *Pulcinella* (1920) jede platte Stilkopie verhindern. Sie gehören nun ganz zur Entstehungszeit des Werkes, welches das Alte in erneuerter Form wieder aufleben läßt. Die Restauration ist voll von Hintersinn. *Apollon musagète* beweist nur, daß das Vergangene nicht ohne Verwandlung auf uns gekommen ist.

Zusammen mit *Orpheus* (1947) und *Agon* (Wettkampf; 1957) bildet *Apollon musagète* eine Art Trilogie nach griechischem Vorbild. *Orpheus* zeigt kaum einen stilistischen Fortschritt gegenüber *Apollon*, und *Agon* markiert den Übergang zur Reihentechnik, ohne deshalb von grundsätzlichen ästhetischen Positionen abzurücken. Der Choreograph George Balanchine faßte sie im Jahre 1955 mit den folgenden Worten zusammen: »Das tänzerische Element ist der dominierende Pulsschlag in Strawinskys Musik. Er ist immer spürbar, eindringlich, stets überzeugend. Man fühlt ihn sogar in den Pausen. Er hält jedes seiner Werke zusammen und durchdringt sie alle. In jedem Werk wächst dieser Pulsschlag zu einem kraftvollen Motor an, so daß man, wie bei Mozart, am Ende des Werkes fühlt, daß mit seinem Inhalt eine endgültige, erschöpfende Auseinandersetzung stattgefunden hat. Strawinskys strenges rhythmisches Empfinden ist das Zeichen seiner Autorität: über die Zeit und — über seine Interpreten. [...] Rhythmisches Planen ist wie das Planen eines Hauses. Es bedarf eines architektonischen Verfahrens. Als rhythmischer Organisator hat Strawinsky eine größere Subtilität und Vielseitigkeit an den Tag gelegt als irgendein anderer.«[5] Pierre Souvtchinsky spricht von der »rituellen, antipsychologischen und herben Seite« in Strawinskys Schaffen, die ihn »um 1950 zu einem noch abstrakteren, strengeren und intellektuell überscharf kontrollierten musikalischen Denken« führte, zur Zwölftontechnik.[6]

Doch nicht von ihr sei im folgenden die Rede, da sie einer späteren Zeit und nicht unmittelbar der Musik in Frankreich angehört, sondern von dem Melodram *Perséphone*, das am 30. April 1934 in Paris an der Grand-Opéra uraufgeführt wurde. Ida Rubinstein, die das Werk bei Strawinsky und André Gide in Auftrag gegeben hatte, tanzte und rezitierte die Hauptrolle. Wie *Apollon musagète* wurde auch *Perséphone* von einem homerischen Hymnus angeregt, von jener Sammlung epischer Erzählungen über die Götter Griechenlands. Hier aber ist die Perspektive in einer signifikanten Weise verschoben: Nicht der Schmerz Demeters über den Raub ihrer Tochter durch Pluto steht im Vordergrund, sondern der Gang, der fraglos hingenommene Wechsel der Jahreszeiten, von denen Griechenland nur drei statt vier kennt. Die einzelnen Teile des Werkes heißen deshalb *Perséphone ravie* (Die geraubte Persephone), *Perséphone aux enfers* (Persephone in der Unterwelt) und *Perséphone renaissante* (Die wiedergeborene Persephone). Die Handlung schreitet vom Frühling zum Winter und schließlich in den Sommer. Die einzelnen Zeiten sind aber in Gides Text oft gleichzeitig gegenwärtig: Im ersten Bild voller Frühlingsgesänge wird daran erinnert, daß es im Hades keinen Frühling gebe. Die Asphodelen, die auf der Oberwelt zusammen mit allen Frühlingsblumen blühen, verweisen auf den Herbst. Im »unterirdischen Sommer« des Hades blühen weiße Rosen, während Persephone im Geiste ihre Mutter auf der öden, winterlichen Erde herumirren sieht.

Daß hier gerade vom »Tod der Zeit«, der das Leben ewig macht, gesprochen wird, gehört zum Konzept eines trotz der Wechsel statischen Zustandes der Welt, wie ihn Strawinsky nicht nur hier, sondern in vielen stilistischen Wandlungen durch seine Musik realisiert. Ihm ist die dynamische Entwicklung, wie sie die deutsche Musik des 19. Jahrhunderts kennt, stets fremd geblieben. Additive Reihungen und Permutationen zeigen ihn trotz seiner russischen Herkunft mit der französischen Musik seiner Zeit verwandt. Die sonatenhafte Entwicklung bedeutete ihm nichts, auch wenn er Symphonien schrieb, die nicht Beethoven, sondern eher frühklassischen oder Haydnschen Vorbildern nacheifern. Auch seine rein instrumentalen Werke wurden deshalb unter den Händen des Choreographen George Balanchine zu äußerst diszipliniert getanzten Ritualen. *Perséphone* wird nicht so häufig aufgeführt wie andere Werke Strawinskys, sie zeigt aber das oben beschriebene Konzept in seiner reinsten Form.

*

Ganz anders verhält es sich mit der Musik Arthur Honeggers, der von der deutschen Tradition beeinflußt blieb. Im Gegensatz zu Igor Strawinskys *Oedipus Rex* setzte er von 1924 bis 1927 den ganzen Text Cocteaus zu *Antigone* in Musik. Auch hier handelte es sich um eine modernisierte Fassung der sophokleischen Tragödie, die zum Teil in einer provokativ schnöden Sprache gehalten ist. Honegger folgt dieser Tendenz bis zu einem gewissen Grade, indem er zu Antigones Abschiedsworten an die Thebaner die Singende Säge einsetzt, jenes erbärmliche Instrument, das vor den Galeries Lafayette von am Boden kauernden Bettlern gespielt wurde. Kein Instrument kann seine soziale Herkunft verleugnen; ein rein ästhetisches Urteil über die Schönheit eines bestimmten Klanges reicht nicht aus. Deshalb antwortet der Chor Antigone auch als einer, deren Anspruch, gottähnlich zu sein, lästig zu werden beginnt: »Hoppla, aber wir sind arme Menschen, und sie [die Tochter des Tantalus, mit der sich Antigone vergleicht] war eine Göttin und Tochter eines Gottes. Alles in allem ist es für dich, eine gewöhnliche Sterbliche, ein großer Trost, das Schicksal einer Gottheit zu haben.« Durch das triviale Instrument und die Kommentare des Chores wird das Geschehen aus klassischer Höhe in die Straßen von Paris herabgeholt, damit aber nicht profaniert — denn Honegger schrieb eine noble, komplexe Musik in symphonischer Form —, sondern nur näher an den alltäglichen Menschen gerückt. Eine ehrliche Direktheit zeichnete diesen Komponisten aus, welche mit Strawinskys Brechungen und Überlagerungen unvereinbar ist.

Wie *Perséphone* ist auch *Amphion* (1929) ein Auftragswerk Ida Rubinsteins. Paul Valéry schrieb den Text, der zum Teil vom Chor gesungen, von der Tänzerin aber rezitiert werden soll. Seit Gabriele d'Annunzios und Claude Debussys *Le Martyre de Saint-Sébastien* (1911) hatte sich die Russin auf diese Mischform aus Tanz, Pantomime und Rezitation spezialisiert. Ihre schlanke, androgyne Gestalt eignete sich vortrefflich zur Darstellung von Männerrollen. Die Sage von Amphion, der mit den Klängen seiner Lyra die Stadt Theben baut, nachdem er von den Musen aus seinem ganz der Natur verhafteten Urzustand geweckt worden ist, eignete sich sehr gut zur Umsetzung in Musik. Am Anfang herrscht das Chaos von in ihren Tonhöhen undefinierbaren Schlaginstrumenten. Auch die Einsätze der tiefen Bläser und Streicher bilden nur ein Gewirr von Stimmen, das Amphion im Traum wahrnimmt. Erst die Rufe der Musen und Apollons Befehl bringen Klarheit in die Strukturen. Amphion versucht, einen Akkord auf dem ihm verliehenen Instrument zu spielen; er tönt zuerst häßlich, wird dann aber immer süßer, bis Tonleitern verschiedener Herkunft (aus dem Mittelalter und der Neuzeit) zu einer markanten Tripelfuge führen, mit deren Klängen ein Tempel gebaut wird. Am Ende des Stückes erstarren die Musen zu Säulen wie die Koren am Erechtheion in Athen, und Amphion selbst wird von einer dunklen Gestalt, dem Tod oder der Liebe, in ein Tuch gehüllt. Als Allegorie des Künstlers geht er in seinem Werk auf, das ihn nicht mehr braucht und ohne ihn weiterbestehen wird.

Schon um 1900 hatte Valéry diesen Stoff Debussy angetragen; es ist aber undenkbar, daß dieser den strengen Stil, wie ihn Honegger in der Fuge anwandte, hätte finden können. Unwahrscheinlich ist auch, daß sich Strawinsky für diesen Stoff begeistert hätte; denn er verlangte eine musikalische Entwicklung, die ihm fremd war. Nur Honegger konnte sich an diesen Vorwurf Valérys wagen, weil er diesen Gang durch verschiedene Stadien, von amorphen Formen zu großer Prägnanz, in seiner Musik immer wieder realisiert hat, in *Pacific 231* und *La Danse des morts* (Der Totentanz; 1938). Das Werden der Musik, der Aufstieg von zuerst unklaren Tonfiguren aus dem Geräusch, bis dann die charakteristischen Themen einsetzen, zeigt ihn als den Erben eines Konzepts, das bis zu Richard Wagner und Franz Liszt zurückverfolgt werden kann. Dazu gehörte aber auch der Hang zum Pathos, der seiner Zeit weitgehend fremd geworden war.

*

Zwischen dem hohen Stil und dessen Parodie bewegen sich Darius Milhauds Werke, die ein antikes Sujet verarbeiten. Zu Paul Claudels Übersetzung der *Orestie* von Aischylos schuf der Komponist eine Szenenmusik, die zu seinen besten Leistungen gehört. An *Agamemnon* arbeitete er schon vor dem Ersten Weltkrieg und zog großen Nutzen aus des Dichters Ratschlägen: »Claudel hatte deutlich angegeben, wo die Musik in das Spiel einzugreifen hat. Er hatte beobachtet, daß bei Aischylos, besonders in gewissen Chören und Dialogen, plötzliche Übergänge zu einem lyrischen Stil von solcher Intensität stattfanden, daß sie unbedingt die Unterstützung von Chorgesang und Orchester verlangten. Er wollte keinerlei Musik, bevor nicht Klytämnestra mit der blutigen Axt in der Hand aus dem Palast kommt und dem Chor der alten Männer gegenübertritt. Aus ihren heftigen Vorwürfen entspringt die Musik.«[7] Milhaud war bestrebt, nicht nur eine unverbindliche musikalische Begleitung zu schreiben, er gab ihr vielmehr die Form von Variationen, die dem Ganzen einen starken Halt verliehen. In den *Choephoren* (1915) ging er zu einer damals revolutionär wirkenden Behandlung der Sprache über: »Ich ließ die Worte von einer weiblichen Rezitatorin im Takt sprechen, während der Chor Worte oder Satzteile in rhythmischen Maßen sprach, ohne daß sie sich auf die musikalischen Noten bezogen. Um all diese verschiedenen Elemente der Sprache zu unterstützen, benutzte ich Schlaginstrumente, da sie keine bestimmten Tonlagen haben, [...].«[8] Milhaud bediente sich auch in den *Eumeniden* (1917—1920) der Polytonalität, aber die rhythmisiert gesprochenen Partien in den *Choephoren*, begleitet vom Schlagzeug, machten ihm, als er sie von Ernest Ansermet dirigiert hörte, den tiefsten Eindruck: »Ich bin nicht oft durch den Klang meiner Orchestrierungen überrascht worden, aber diesmal übertraf die Aufführung meine kühnsten Hoffnungen. Diese Klangfülle drückte für mich eine ursprüngliche Intensität des dramatischen Gefühls aus, so wie ich es mir vorgestellt hatte.«[9]

Das auf die Trilogie folgende Satyrspiel *Proteus* von Aischylos ist nicht erhalten geblieben, doch Claudel erfand ein neues Stück, »ein Werk, in dem herausfordernde Clownerie mit erlesenster Poesie vermischt ist«.[10] Milhaud komponierte drei verschiedene Versionen: »Die erste Fassung hatte wenig Musik: einen kleinen A-cappella-Chor, um die in verschiedenen Tonlagen blökender Hammel anzudeuten, eine Fanfare für Blasinstrumente allein, um das Füttern der Robben zu illustrieren, ein Nocturno pianissimo, das während der nächtlichen Bacchanalien zu spielen war, und schließlich ein Finale ›A la Gloire du Vin de Bourgogne‹ [Zum Ruhme des Burgunderweines] für Männerchor und volles Orchester.«[11] Im Jahre 1916 entstand der Plan, das Stück in einem Zirkus zu geben; er wurde aber nicht ausgeführt.

Die *Orestie* von Claudel und Milhaud, wiewohl schwer zu inszenieren und deshalb selten gespielt, gehört zu den Werken, die durch ihre Neuheit noch heute faszinieren und eine Art totales Theater vorausnehmen, das die beiden Künstler in *Christophe Colomb* (1952) schaffen sollten. Dort mischen sich Poesie, Musik, Tanz, Pantomime und Film zu einer Chronik der Entdekkung Amerikas, die in der Inszenierung von Jean-Louis Barrault am Théâtre du Marigny gezeigt wurde.

Darius Milhaud hat wie Arthur Honegger immer wieder für das Theater komponiert, ohne daß diesen Arbeiten ein langer Erfolg beschieden gewesen wäre. Während der zwanziger Jahre schrieb er aber eine Trilogie, die der von Aischylos/Claudel total konträr ist. Der Diplomat Henri Hoppenot versorgte den Komponisten mit einem Libretto: *L'Enlèvement d'Europe* (Die Entführung der Europa), »das poetisch, nonchalant und leicht ironisch war. [...] Emil Hertzka, der Direktor der Universal Edition, versprach sich von meiner Arbeit keinen finanziellen Erfolg. ›Was für eine Idee — eine Oper, die nur neun Minuten dauert! Wenn Sie mir wenigstens eine Trilogie schreiben würden!‹«[12] Der Gedanke gefiel Milhaud, und Hoppenot verfaßte zwei weitere Stücke: *L'Abandon d'Ariane* (Die verlassene Ariadne) und *La Délivrance de Thésée* (Die Befreiung des Theseus). Diese großen Opern »en miniature« mokieren sich über die klassische Tragödie, ihr Pathos wird persifliert. Dazu nur einige Details: Europa liebt einen jungen Stier und kann sich nicht für ihren Verlobten Pergamon erwärmen, da sie, wie ihr Vater erklärt, nichts für »Militärpersonen« übrig habe. Die im Ersten Weltkrieg erworbene Skepsis gegen jede Form von Heldentum drückt sich in dieser Bemerkung aus. Schließlich kommt es zu einem vom Chor scheinheilig pathetisch kommentierten Stierkampf à la *Carmen* zwischen den beiden Rivalen; Pergamon fällt und wird beklagt, während Europa auf dem Rücken des Stieres »unter mykenischen Apfelbäumen« dem Meer zustrebt.

Hoppenot war ein Sammler von Antiquitäten und deshalb auf historische Korrektheit der Ausstattung bedacht. Zugleich macht er sich auch über sich selbst lustig, wenn er neben den mykenischen Apfelbäumen im dritten Stück einen »ad libitum« möblierten Raum, »aber streng im ägäischen Stile« verlangt, was immer das auch heißen mag. Die mythische Verblendung der antiken Tragödie weicht bei ihm einem faulen, gutbürgerlichen Kompromiß, wenn Theseus im zweiten Stück vollkommen betrunken mit der ungeliebten Phaedra abzieht und Ariadne Dionysos überläßt. Die Trilogie endet auch auf komische Weise: Der klassische Topos des Botenberichts über den Tod des Hippolytos fällt weg; der Bote ersticht kurzerhand Phaedra, was Theseus gar nicht ungelegen kommt, hätte er doch schon immer gerne Aricie geheiratet.

Zwischen den drei Teilen der Trilogie besteht kein enger Zusammenhang, wie ihn Aischylos' *Orestie* auszeichnet. Eine Laune, ein Zufall hat diese drei Öperchen zusammengeführt. Milhaud vertonte sie in einem heiteren, entspannten Stil, dem jede destruktive Tendenz auch dort fehlt, wo er in einen karikiert ernsten Ton verfällt. Ganz unbefangen bemerkte er: »Diese Trilogie dauerte siebenundzwanzig Minuten. Sie wurde sofort in der Oper in Wiesbaden und Budapest aufgeführt, und ich machte eine Plattenaufnahme für Columbia. Ich konnte nie verstehen, warum die Firma nicht mehr Reklame mit der Tatsache machte, daß jede Oper nur eine Platte beansprucht.«[13]

Darius Milhaud war frei von jedem Sendungsbewußtsein, das ihn zum Exponenten einer neuen Form der Oper hätte machen können. Später hat er wieder »richtige« Opern komponiert. Ihm deswegen Inkonsequenz vorzuwerfen, wäre verfehlt; denn er komponierte, getreu den Forderungen Jean Cocteaus, für den Tag, ohne an eine bessere Zukunft zu denken, die ihn für das Unverständnis seiner Zeitgenossen entschädigen könnte. Was Cocteau über Strawinskys Oper *Mavra* schrieb, hat auch hier seine Gültigkeit: »Charme erfordert vollendeten Takt. Man muß sich am Rande des Abgrunds festhalten. [...] Man denkt an jene Clowns, die auf der Spitze übereinandergestapelter Stühle Mandoline spielen. Der Stapel schwankt. Er zögert lange auf dem toten Punkt.«[14]

Ob wohl Milhaud seine Situation auch so prekär vorgekommen ist? Man darf daran zweifeln. Im Gegensatz zu Strawinsky wirkt er versöhnlich und konziliant. Der Stil seiner Autobiographie beweist es durch ihr sanftes Gleiten über verschiedene Ereignisse und Begegnungen, die nie zu ernsthaften Konflikten führen.

Osteuropäer in Paris

Vertrieben durch die Oktober-Revolution von 1917 kamen viele Russen nach Paris, weil ihnen ihre Heimat die Existenzgrundlage entzog. Andere wie Serge Diaghilev und Igor Strawinsky mußten schon während des Ersten Weltkrieges im Westen bleiben und konnten nach dem Friedensschluß nicht an eine Rückkehr denken, da ihre ästhetische Orientierung von den neuen Machthabern in Petrograd und Moskau nicht akzeptiert wurde. Sie wurden zu Entwurzelten, die entweder starr den vorrevolutionären Bewußtseinsstand verteidigten oder sich vom russischen Erbe entschieden entfernten.

In Igor Strawinsky finden sich die beiden Standpunkte vereinigt. Er arbeitete westliche Musik um — in *Pulcinella* die von Pergolesi oder in *Apollon musagète* die von Lully (siehe oben S. 115f.) —, doch nirgends entsteht dadurch eine platte Stilkopie. »Komponieren heißt für ihn Nacharbeiten, Überarbeiten; das Modell umgekehrt wird als in Besitz genommen betrachtet, als gänzlich angeeignet.«[1] Wolfgang Dömling findet diese Haltung in zwei Äußerungen Strawinskys bestätigt: »Mich treibt es dazu, alles in meiner Art nachzukomponieren, und zwar nicht nur Arbeiten von Schülern, sondern auch solche von Meistern.« — »Wenn ich Pergolesis Musik neu schreibe, tue ich das nicht, um sie zu wiederholen oder zu verbessern, sondern weil ich mich dem Komponisten gegenüber als ein Bruder im Geiste fühle, und weil ich der Beschwörung seines musikalischen Geistes bedarf, um produktiv und fruchtbar zu bleiben. Dieses Phänomen wird Liebe genannt.«[2] Damit sind wir weit weg von Stilkopien, wie sie Max Reger aus Ehrfurcht vor den großen Meistern der Vergangenheit geschrieben hat, und auch nicht auf Paul Hindemiths Seite, der in seiner Oper *Mathis der Maler* das künstlerische Ethos der Renaissance beschwört, um es zu seinem eigenen zu machen. Strawinsky zeichnet sich vielmehr durch eine gewollte Respektlosigkeit aus, vergleichbar der von Pablo Picasso, welcher aus der Lenkstange eines Fahrrades die Hörner einer Ziege machte. Es ging beiden Künstlern darum, nicht mehr grundsätzlich Neues zu schaffen, sondern das Alte willkürlich und spielerisch zu Neuem zu gebrauchen. Nicht das Erfinden stand im Vordergrund, sondern das Finden von längst zu Formeln erstarrten Elementen, die auf eine die traditionell orientierten Zuhörenden oder Betrachtenden brüskierende Weise aus ihrem Zusammenhang gerissen und als untereinander spannungsvoll kontrastierende Objekte neu zusammengesetzt wurden. Noch nach dem Zweiten Weltkrieg lehnten sowohl reaktionäre als auch progressive Persönlichkeiten diese Haltung auf das schärfste ab, schrieb doch Antoine Goléa, der in den fünfziger Jahren für die junge Avantgarde kämpfte: »Strawinsky fand von dem Tage an, an dem er seine russischen Wurzeln aufgab, nichts, vor dem er Ehrfurcht hatte, nichts, das er liebte. Er zog daher alle Modelle, an denen er sich inspirierte, ins Lächerliche; ihr menschlicher und ausdruckshafter Wert entging ihm völlig. [...] Unfähig, etwas zu schaffen, war er ebenso unfähig, die Ausdruckskraft der Meisterwerke der Vergangenheit mitzuempfinden und demütig nachzuahmen. [...] Das ist das Geschwür, das seit *Pulcinella* das ganze Schaffen Strawinskys zerfrißt: das Unvermögen, sich auszudrücken.«[3]

Schon im Jahre 1923 hatte Jean Cocteau hellsichtig einen Teil von Strawinskys Schaffen charakterisiert: »Diese Apparaturen perfektionieren und variieren — das muß das alte Verfahren der Inspiration ersetzen. [...] Er komponiert, er kleidet sich, er spricht, wie er will. Wenn er Klavier spielt, verschmelzen das Klavier und er zu einem einzigen Stück; wenn er *Octuor* dirigiert, setzt er uns seinen Astronomenrücken vor, um dieses gewaltige instrumentale Kalkül mit den silbernen Ziffern zu entwirren.«[4] Nachdem Cocteau Nikolai Rimsky-Korsakows bürokratische Ordnungsliebe erwähnt hat, die Strawinsky nach Belieben deformiere, schließt er mit der Pointe: »Bei Strawinsky erschreckt die Ordnung. Bei ihm handelt es sich um die Tasche des

Chirurgen.«[5] Kälte und Ausdruckslosigkeit finden Goléa wie Cocteau in Strawinskys Musik; gerade Cocteau zeichnete sich auch durch provokative, artistische Spielereien aus. Beiden, Strawinsky wie Cocteau, ging es darum, das Erbe des 19. Jahrhunderts abzuschütteln; das metaphysische Pathos von Symphonischen Dichtungen und Musikdramen war einer Generation unglaubwürdig geworden, die den Krieg miterlebt hatte. Auf dessen Grausamkeit antwortete sie mit der Grausamkeit eines Chirurgen, der ins lebendige Fleisch, in den intakten Körper der alten Musik schnitt. Alle jungen Komponisten in Frankreich, Honegger ausgenommen, zeichneten sich während der zwanziger Jahre durch Verachtung für die unmittelbare Vergangenheit aus.

Hatte der Ernst der deutschen Musik die Wagnerianer noch zu großen Werken motiviert, so galt es nun gerade, diese Last abzuschütteln. Denn wer wagte es noch, im Elend der Nachkriegszeit mit Visionen aufzuwarten? Frankreich stand zwar auf der Seite der Sieger — darin unterschied es sich vom Deutschland Paul Hindemiths, Ernst Kreneks und Kurt Weills —, doch die Ernüchterung war auch hier groß, da die Zerstörungen ein bisher nicht gekanntes Ausmaß angenommen hatten. Strawinsky war unter seinen Zeitgenossen nur derjenige, welcher diese Situation am klarsten erfaßt hatte und sie in seinen Werken ausdrückte. Auch hier handelte es sich um eine Form des Ausdrucks, wenngleich sie in ihr Gegenteil verkehrt worden ist. Wenn man den Russen schon als entwurzelt schalt, so ergriff diese Entwurzelung alle Geister der Epoche, mochten sie sich auch durch den Rückgriff auf das französische nationale Erbe des 17. und 18. Jahrhunderts davor bewahren wollen. Klassik und Romantik blieben in den Konzertsälen und Opernhäusern allgegenwärtig. Nur als eine neue Gegenwelt zur Tradition konnte Strawinskys Musik Bestand haben. Sie zehrte von der Vergangenheit, um sie gleichzeitig zu zerstören. »Musik über Musik« soll Rudolf Kolisch alle Werke seit *Pulcinella* genannt haben.[6] Doch der achtzigjährige Strawinsky wies diesen Tadel aus dem Schönberg-Kreis zurück, indem er sagte: »Jedes Zeitalter ist eine historische Einheit. Es wird vielleicht niemals als etwas Bestimmtes erscheinen, außer natürlich als ein Entweder-Oder für die parteiischen Zeitgenossen, doch die Ähnlichkeit nimmt stufenweise zu, und mit der Zeit werden Entweder und Oder zu Komponenten ein und derselben Sache. [...] Schönbergs, Bergs und Weberns Musik in den zwanziger Jahren wurde damals als extrem bilderstürmerisch angesehen, heute aber scheint es, daß diese Komponisten die musikalische Form wie ich gebraucht haben: *historisch*. Ich habe sie allerdings offen angewendet, jene aber sorgfältig versteckt...«[7] Tatsächlich wandte sich gerade Arnold Schönberg mit der *Suite* op. 25 wieder rhythmischen und formalen Modellen des Barock zu, um sie durch die Reihentechnik zu verfremden. Was der eine, Strawinsky, durch Montage und Asymmetrien im tonalen Idiom erreichte, gelang dem anderen, Schönberg, in der Durchorganisation der Atonalität: eine unaufhebbare Distanz zu fest etablierten Formen, von denen die Musik doch abhängig bleibt.

Noch stark russischer Tradition verbunden ist Igor Strawinskys einaktige Oper *Mavra* (1922). Das Libretto stammt von Boris Kochno nach einer Verserzählung von Alexander Puschkin. Dennoch sind wir hier weit entfernt vom heidnischen Rußland, das in *Le Sacre du printemps* beschworen wurde. Puschkin war ein nach Westen blickender Schriftsteller, er liebte die italienische und französische Kultur. Als eine Farce entpuppte sich *Mavra* mit ihren Duetten, Terzetten und Quartetten, die auf eine Steigerung zugehen, wie man sie von Gioacchino Rossini und Gaetano Donizetti kennt: Ein Husar liebt eine Bürgerstochter; um sein Glück ungestört genießen zu können, verkleidet er sich als Köchin; der Transvestit wird aber beim Rasieren seines Bartes ertappt und schmählich fortgeschickt. Darius Milhaud fühlte sich von diesem Nichts an Handlung sehr angesprochen und behandelte Strawinsky nicht als einen Entwurzelten, da er in *Mavra* einen wichtigen Schritt im Schaffen des Komponisten entdeckte: »Die Atmosphäre Frankreichs, in der Strawinsky nun schon so viele Jahre lebte, sowie auch seine Bewunderung für Tschaikowsky hatten ihn wahrscheinlich dazu gebracht, seine farbenreiche orientalisch-russische Kunst, die in ihrem Gefühl für komplizierte Harmonien und barbarische, mit der Macht eines Hurrikans erfüllte Rhythmen geradezu asiatisch anmutete, mit einer Art von Musik zu vertauschen, die knapp und frei von allem Unwesentlichen, ökonomisch in ihren Mitteln und voller Sinn für Proportionen war, die aber keinesfalls der Größe und Grazie entbehrte und dabei ein Gefühl vermittelte, das sich rein, wesentlich und frei von aller Künstlichkeit gab. *Mavra* stellte den ersten Schritt auf diesem Wege dar, von dem Strawinsky niemals wieder abgewichen ist.«[8] Milhaud nimmt den Russen für seine eigene Ästhetik in Anspruch. Der Hinweis auf Peter Tschaikowsky kommt nicht von ungefähr, da dieser Komponist im Gegensatz zu Modest Mussorgsky ein Westler war und nicht eine archaisierende Musik schrieb. Ihm und Michail Glinka wurde neben Puschkin *Mavra* gewidmet. Glinka war die mediterrane Welt durchaus vertraut; denn neben dem russischen Volkston verwendete er in der einen seiner zwei spanischen Ouvertüren die *Jota aragonesa.*

Mavra nimmt eine mittlere Stellung zwischen Ost und West ein. Daß Strawinskys Neigung für das alte Rußland noch nicht ganz abgestorben war, beweisen drei Werke, die man als Nebenprodukte zu seinen übrigen Arbeiten auffassen könnte, die aber doch einen ganz besonderen Stellenwert einnehmen. *Pater Noster* (1926), *Credo* (1932) und *Ave Maria* (1934) wurden ursprünglich nicht auf den lateinischen, sondern auf den kirchenslawischen Text geschrieben. Sie könnten Teil einer russisch-orthodoxen Liturgie sein, von der sich das 19. Jahrhundert immer mehr abgewandt hatte; denn damals bevorzugte man süßliche Harmonien zu den alten Melodien, ähnlich den Begleitungen, mit denen man im Westen den Gregorianischen Choral versah. Strawinsky ging zu den Ursprüngen zurück: Die Deklamation folgt dem Rhythmus des Textes und psalmodiert oft auf ein und demselben Ton, um in einer einfachen Kadenz zu enden. Die Harmonik ist von größter Schlichtheit; chromatische Alterationen werden meist vermieden, da sie eine nervöse Spannung in die Musik brächten. Strawinsky ordnet sich ganz dem Ritual unter — eine Haltung, die im Grunde nicht neu ist; denn nie wollte er seine subjektiven Empfindungen, sein Seelendrama zur Geltung bringen. Ganz der alten russischen Tradition getreu handelt es sich hier um A-cappella-Chöre, die von Laienmusikern gesungen werden könnten. Die lateinischen Texte führte er erst im Jahre 1949 ein, um dann als Zweiundachtzigjähriger das *Credo* wieder mit dem ursprünglichen Text zu versehen, den er metrisch übersichtlicher gliederte: Klarheit, Ordnung auch hier, immer wieder Umkomponieren einer Vorlage, die schon alt geworden ist.

Weniger dem altrussischen Geist verpflichtet ist die *Psalmensymphonie* (1930). Seinem universellen Auftrag getreu verwendet Strawinsky hier musikalische Elemente vom Mittelalter bis zu Johann Sebastian Bach. Das Orchester spielt eine große Rolle, ohne den primären Charakter des Gebets, der Anrufung in den vokalen Stimmen zu stören. Die Texte stammen aus dem Alten Testament der *Vulgata*, bilden aber eine Synthese aus jüdischem und christlichem Glauben, der die Grenzen der Konfessionen sprengt. Hier stellt sich die Frage nach der Entwurzelung Strawinskys nicht mehr. Mag auch die Musik streckenweise von einer Süße sein, die von der Avantgarde nach dem Zweiten Weltkrieg verachtet wurde, so erscheinen doch zuweilen in gedämpfter Form Rhythmen, die an die Archaik von *Le Sacre du printemps* erinnern. Die

Psalmensymphonie ist neben *Oedipus Rex* dasjenige Werk, welches die Summe aller Möglichkeiten zieht, die dem Komponisten in der Zeit zwischen den beiden Weltkriegen zur Verfügung standen.

In der Mitte der zwanziger Jahre kehrte Strawinsky zum russisch-orthodoxen Glauben zurück, der in seiner Heimat den schlimmsten Verfolgungen ausgesetzt war. Im Niemandsland des Westens ließ er einen Teil der alten kirchlichen Überlieferungen wieder aufleben. Sie wurden hier zu einem ästhetischen Gegenstand wie eine gotische Madonna aus Holz, die als »Kunst« eine Privatwohnung zieren mag. Diese Gefahr sah Strawinsky ein. Weniger in der *Psalmensymphonie*, die schon wegen ihres großen Aufwands für den Konzertsaal bestimmt ist, als in den drei kurzen Motetten gelang es ihm, wieder in den kultischen Raum vorzudringen, in dem es kein von den Ausführenden getrenntes Publikum gibt, sondern alle in die »Handlung« miteinbezogen sind. Das *Pater Noster*, das *Credo* und das *Ave Maria* sollten im Grunde unter Ausschluß der Öffentlichkeit von einer gläubigen Gemeinde gesungen werden — ein ungeheurer Anspruch an die Welt, in der immer mehr alles zum Spektakel verkommt.

*

Igor Strawinsky fuhr erst zur Feier seines achtzigsten Geburtstages wieder in die Sowjetunion, die ihn vorher als Exponenten des dekadenten, kapitalistischen Westens verurteilt hatte. Ganz anders verhält es sich mit Sergej Prokofiev, der im Jahr 1932 freiwillig in seine Heimat zurückkehrte. Die Gründe mögen verschiedenartig gewesen sein, doch ist vorab festzuhalten, daß er 1919 ganz legal mit einem sowjetischen Paß ausreiste und im Grunde nie Emigrant war. Immer wieder wurde er mit Strawinsky verglichen, mit dessen *Sacre du printemps* seine eigene *Skythische Suite* op. 20 (1916) wetteiferte. Ursprünglich hatte Serge Diaghilev an ein Ballett gedacht, das die altslawische Mythologie in den Mittelpunkt stellen sollte, doch gelang die dramaturgische Verwirklichung nicht, worauf Prokofiev aus dem schon komponierten Material eine Suite in vier Teilen für die Aufführung im Konzertsaal herstellte. Er selbst gab zu, *Le Sacre du printemps* nie verstanden zu haben; trotzdem wurde es zur Gewohnheit, die beiden Werke als Manifeste von russischen Barbaren zu bezeichnen, die der »dem Untergang geweihten, anämischen europäischen Musik« neue Kraftströme verliehen.[9] Doch stellt Prokofiev die Dämonie nicht mit schwierigen rhythmischen Strukturen dar, sondern nur mit »der Schroffheit und Unerwartetheit der Akzente, die auf die schwachen Teile des gleichförmigen Taktmaßes fallen, das mit seltener Regelmäßigkeit durchgehalten wird«.[10] Da Prokofiev das einmal gewählte Metrum durchhält und nur Gegenakzente einführt, unterscheidet er sich von Strawinsky, der ständige Taktwechsel ohne Hemmungen bevorzugte. Beiden gemeinsam ist die Evokation kosmischer Kräfte; Prokofiev erreicht jedoch seine Wirkungen mit relativ traditionellen Mitteln, mag er auch scharfe dissonante Spannungen verwenden. Boris Assafiev konnte deshalb im Jahre 1947 den Schluß des Werkes ganz im Sinne einer pompösen stalinistischen Apotheose deuten: »Die abschließende Steigerung, die gleichsam ein Drang der Sonne entgegen ist, erfaßt das Gehör und spannt es bis an die Grenzen des Möglichen an, reißt einen fort, hin bis zum glänzenden Schlußakkord, in dem sich mit unbegreiflicher Logik das ganze vorausgegangene Crescendo auflöst. Durst nach Licht und Luft. Solch einen Sonnenaufgang, solch ein Treffen mit der Sonne hat es in der Musik lange nicht mehr gegeben.«[11] Man vergleiche damit die *Danse sacrale* (den Heiligen Tanz) aus Strawinskys *Sacre*, wo der Rhythmus in kleinen, stets variierten Zellen auf der Stelle zu treten scheint und die Harmonik keine Spannungsbögen beschreibt, die sich in eine Tonika auflösen könnten. Der letzte Akkord ist kurz und dissonant, enttäuschend sogar. Die Unerbittlichkeit des Verlaufs erlaubt keine Verklärung des Opfers, das die Tänzerin mit ihrem Tode bringt.

Große, unvereinbare Gegensätze bestehen auch zwischen Prokofievs und Strawinskys Rückgriff auf traditionelle Formen. Der eine bemerkte im Jahre 1917 nach der Vollendung seiner *Klassischen Symphonie* op. 25 in D-Dur ganz naiv: »Mir schien, daß Haydn, wenn er heute noch lebte, ebenso komponieren würde wie zuvor und gleichzeitig etwas Neues in seine Kompositionsweise aufnehmen würde. Solch eine Symphonie wollte ich komponieren: eine Symphonie im klassischen Stil.«[12] Der andere bemerkte 1927: »In unserer Epoche ist viel von einer Rückkehr zur Klassik die Rede, und unter der Rubrik *neoklassisch* klassifiziert man Werke, von denen man glaubt, sie seien unter dem Einfluß sogenannter klassischer Werke geschrieben. [...] Mir scheint, daß das breite Publikum, und mit ihm die Kritik, sich damit begnügt, oberflächliche Eindrücke gewisser technischer Verfahren der sogenannten klassischen Musik zu Protokoll zu nehmen.«[13] Strawinsky beruft sich auf den Kontrapunkt, doch Wolfgang Dömling macht eine wichtige Einschränkung:

Was hier unter Kontrapunkt zu verstehen sei, sei nicht die Übernahme etablierter Formen, sondern auch und vor allem das Zusammenfügen von Material-Elementen, »die nicht zueinander passen.«[14] Strawinsky enttäuscht die Erwartung des Hörers absichtlich; er entfremdet ihn der vollkommenen Harmonie klassischer Werke, während Prokofiev die Distanz zur Vergangenheit aufzuheben versucht. Gerade deshalb konnte er in die Sowjetunion zurückkehren, weil dort die Revolution der Musik zugunsten der Musik der Revolution unterdrückt wurde, wobei alles dem kleinbürgerlichen Geschmack der Herrschenden genügen mußte.

Francis Poulenc hat den Eindruck, den Strawinsky und Prokofiev ihm vermittelten, sehr klar ausgedrückt. Als er im Jahre 1921 durch Serge Diaghilev mit Prokofiev bekannt wurde, fiel ihm der unversöhnliche Kontrast sofort auf: »Ich war sehr beeindruckt vom ersten Kontakt mit Prokofiev; denn er war verschieden vom ersten Kontakt, den man mit Strawinsky haben konnte. Bei Strawinsky war man immer geblendet von einer überlegenen Dialektik, von manchmal paradoxen, aber immer brillanten und immer richtigen Standpunkten. Bei Prokofiev herrschte ganz im Gegenteil die Stille. Ich glaube, daß ich von diesem ersten Déjeuner nur vier Sätze, vier Worte von Prokofiev behalten habe.«[15] Daß die beiden Russen oft miteinander verwechselt wurden, entgeht Poulenc nicht. Doch obwohl die Tonalität eine gewisse Verwandtschaft herstelle, seien die beiden doch »Antipoden«.[16] Nach einer Definition von Prokofievs Stil befragt, antwortete er: »Strawinsky ist ein großartiger Erneuerer, und Prokofiev ist kein Erneuerer, aber was will das schon heißen?... Schubert ist auch kein Erneuerer... Die Musik hätte sich nicht verändert, wenn Schubert nicht gelebt hätte... Sie begreifen doch? Man kann ein großer Musiker sein, ohne ein Erneuerer zu sein... Dennoch kann man von Prokofiev beeinflußt werden... Ich war es in einem gewissen Maße... Aber man kann nicht sagen, daß er wie Debussy, wie Schönberg, wie Webern erneuert hätte.«[17] Poulenc zählt dann einige Werke des Russen auf, die er besonders liebt, macht aber eine Einschränkung: »Ich finde [...] ohne politische Parteinahme, daß die russischen Werke im Gegensatz zu dem, was die sowjetischen Musikschriftsteller denken, weniger schön sind, daß sein Schaffen im Osten weniger schön ist.«[18] Poulenc denkt hier bestimmt nicht an die frühen Stücke, sondern an die späten, unter dem stalinistischen Diktat entstandenen, mit denen auf die Dauer kein Erfolg zu erringen war. Prokofiev wurde kritisiert und zog sich ab 1946 aus politischen und künstlerischen Gründen in eine einsame

Waldsiedlung, sechzig Kilometer von Moskau entfernt, zurück. Poulenc rühmt sein perfektes Französisch und seine Liebe zum Bridge-Spiel. Soweit schien sich Prokofiev an den westlichen Lebensstil gewöhnt zu haben; überall gewann er Freunde. Doch konnte ihm nicht entgangen sein, daß er gegen Strawinskys Ruhm nicht aufkam, was ihn schließlich zur Rückkehr in seine Heimat bewog, mochte sie sich auch seit der Uraufführung der *Skythischen Suite* verändert haben.

*

Noch zwiespältiger als Sergej Prokofievs Verhältnis zur Sowjetunion war das von Ivan Wyschnegradsky. Als Sohn reicher und angesehener Eltern in St. Petersburg wandte er sich den neuen, damals vielversprechenden kommunistischen Idealen zu. Nur unter dem Druck seiner Familie entschloß er sich 1920, mit seiner Mutter nach Paris zu emigrieren. »Nach der Revolution sah Wyschnegradsky — wie die meisten von der Revolution begeisterten Künstler und Intellektuellen — seine Hauptaufgabe darin, die bisherige bürgerliche Musiktradition radikal zu zerstören und eine neue Musikkultur aufzubauen. Er ließ sich dabei nicht nur von der Massentheorie beeinflussen, sondern auch vom Industrialisierungs- und Maschinenkult, denn schon in seinen ersten, noch auf russisch publizierten Artikeln fordert er die Entwicklung effizienter Musikmaschinen — auch dies eine Idee, die er dann nie mehr aufgegeben hatte.«[19] Noch am 25. März 1923 spottete er in einer in Berlin erscheinenden Zeitschrift: »Bei dem einen Wort Maschine werden es ästhetisierend kleinbürgerliche und sentimental eingestellte Doktrinäre nicht unterlassen, ein Klagen anzustimmen.«[20] Der persönliche Interpret, der Künstler im alten Sinne, hatte abzudanken zugunsten der Maschine, wie Sergej Eisenstein sie in seinem Film *Oktober 1917* mit großem Pathos ins Spiel brachte. »Obwohl er sich später mit seiner Idee einer *conscience cosmique* [eines kosmischen Bewußtseins] weit von materialistischen Positionen weg entwickelte, stand er dem Kommunismus doch nie feindlich gegenüber.«[21] Schon in seinem *Roten Evangelium*, das er Ende 1918 in Petrograd auf einen Text von Wassilij Knjasev komponierte, rief er brutal zur Negation der bürgerlichen Moral auf. Auch das Töten von Kriegsverletzten schien ihm erlaubt. Jeder Rest einer humanen Zivilisation sollte getilgt werden.

Mit der Ausschaltung des Individuums und aller menschlichen Regungen ging die Reorganisation des musikalischen Materials einher, das jede Erinnerung an die Vergangenheit löschen sollte. Wyschnegradsky komponierte in Viertel-, Sechstel- und Zwölfteltönen. »Unter dem Klangkontinuum verstand Wyschnegradsky [...] einen Allklang, der nur als Energiezentrum wirksam ist und keine akustische Realität hat. Weder das weiße Rauschen noch das Glissando könnte man als Annäherung an diesen Allklang betrachten. [...] Die reale Musik kann zwar die vollkommene Kontinuität nie erreichen; sie strebt aber danach. Deshalb gelangt er zur Mikrotonalität, weil er damit das Tonkontinuum in feinere Distanzen zerschneiden kann.«[22] Wyschnegradsky kämpfte gegen die Schwerkraft der Tonalität und suchte nach einem »kontinuierlichen Klangfluidum«[23], in dem keine Hierarchie oder Unterscheidungen zwischen Konsonanzen und Dissonanzen gemacht werden müßten. Damit fühlte er sich als Fortsetzer der Bestrebungen Alexander Skrjabins, der »der erste war, von dem man sagen könnte, daß die Begriffe Konsonanz und Dissonanz ihre Bedeutung verlieren, so sehr, daß die Intervalle und folglich auch die Akkorde konsonant werden (oder dissonant, je nach dem Standpunkt, den man einnimmt)«.[24] Wyschnegradsky fühlte sich gerade am Anfang der fünfziger Jahre, während derer die Avantgarde einen neuen Aufschwung nahm, dazu berufen, der Musik neue Impulse zu geben. Er schuf mikrotonale Clusters, entdeckte die Bedeutung der Dichte und der Oktavlagen von Klängen — alles Erkenntnisse, die im Serialismus eine große Rolle spielten. Leider hielt er meist am Klavier fest, das für ihn schon »ein halb mechanisches Instrument« war: »Man kann sagen, daß das chromatische Klavier ein Bild des Klangraumes ist, sein sichtbares Symbol und gleichzeitig das Versprechen seiner vollen Inbesitznahme in der Zukunft, während das mechanische Instrument die Realisation seines vollen Besitzes ist.«[25] Wyschnegradsky beharrte auf seinem Klavierautomaten, als schon das Tonband erfunden worden war. Er betrachtete seine Versuche als transitorische Erscheinungen und beschränkte sich auf das Zusammenspiel verschiedener gegeneinander verstimmter Klaviere, obwohl er einsah, daß es sich dabei um einen Kompromiß handelt, in dem »die ultrachromatische Rhythmik zu kurz kommt; und außerdem ist kein mehr oder weniger komplexes, vielstimmiges Leben im Innern des Kontinuums möglich«.[26]

Wyschnegradsky war ein Erfinder, ein Bastler wie Pierre Schaeffer mit seiner *musique concrète*. Es entging ihm, daß mit der Mikrotonalität auch die Syntax der Musik erneuert werden müßte. Diese aber klingt bei ihm so, wie wenn ein Pianist Rachmaninov mit viel Rubato auf einem total verstimmten

Klavier spielen würde. Damit nimmt er gegen Pierre Boulez eine ähnliche Stellung ein wie Joseph Mathias Hauer gegenüber Arnold Schönberg: Das neue Tonsystem taugt nur so weit, wie man mit ihm komponiert, statt es in seinem Rohzustand auf die Zuhörenden wirken zu lassen mit der einzigen Hoffnung, daß die Tonordnung von selbst spricht. Doch die Weigerung, in dieses indifferente Sein der Klänge einzugreifen, gehörte gerade zur Abschaffung des Individuums, wie sie die kommunistische Revolution zum Ziel hatte. Wyschnegradsky wollte schon 1923 den Interpreten eliminieren: »Zwischen den Schöpfer und die Außenwelt muß ein einziger Vermittler treten, der von historischen und physiologischen Zufällen frei ist, biegsam und dem Willen des Schöpfers gehorchend. Als solcher Vermittler erscheint nur die musikalische Maschine.«[27] Damit radikalisierte er einen Wunsch Igor Strawinskys, der keine romantischen Interpreten duldete, die dem Werk ihren persönlichen Stempel aufdrücken. Seine Musik um 1920 klingt oft so, als ob sie aus dem Automaten käme. Die Firma Pleyel stellte ihm ein Atelier zur Verfügung, in dem er seine Musik auf Lochstreifen stanzte, um sie Einflüssen von Drittpersonen zu entziehen. Diese Musik ist freilich für die traditionellen zwölf Töne der westlichen Musik geschrieben; manchmal kommt Strawinsky sogar mit deren sieben oder mit fünfen aus. Wyschnegradsky kam mit seiner feineren Unterteilung des Tonraums zu früh, um mit ihr entscheidend Neues zu schaffen. Erst Gérard Grisey und Tristan Murail werden sich ihrer in voller Freiheit bedienen, diesmal aber auch mit einer neuen musikalischen Struktur, die keine peinlichen Erinnerungen an verjährte Salonmusik weckt.

*

Neue Tonsysteme zu erfinden war eine allgemeine Tendenz in einer Zeit, die der Sicherheit der dur-moll-tonalen Ordnung verlustig gegangen war. Daß es aber nicht genügte, ein bestimmtes Rohmaterial bereitzustellen, daß es vielmehr darum gegangen wäre, dieses auch seinen Eigenschaften entsprechend zu organisieren, wurde im Zusammenhang mit Ivan Wyschnegradsky dargestellt. Die höchsten geistigen Ideale sind machtlos, wenn es an der notwendigen schöpferischen Potenz fehlt. Alexander Tscherepnin macht hier eine glückliche Ausnahme. Auch er stammte aus einer guten Familie von St. Petersburg. Sein Vater Nikolaus war Dirigent an der Kaiserlichen Oper und machte Tourneen nach Paris, Rom, Berlin und London; sein Onkel war Alexander Benois, einer der Bühnenbildner der Ballets russes. Im Zuge der Revolution wurde der Vater zum Direktor des Konservatoriums von Tiflis ernannt. Reisen durch Armenien und Georgien machten Alexander mit exotischen Tonleitern der dortigen Volksmusik bekannt, die eine rein zufällige Ähnlichkeit mit Messiaens *modes à transpositions limitées* (beschränkt transponierbaren Modi) aufweisen: Gewisse Intervallfolgen wiederholen sich innerhalb der Oktave, so daß einige ihrer Transpositionen auf den Ausgangspunkt zurückkommen. Alexander Tscherepnin wird in der Folge immer wieder Halt bei solchen von außen herangetragenen Ordnungen und eine Synthese aus europäischen und asiatischen Elementen suchen. Im Jahre 1921 übersiedelte die Familie nach Paris. Dort mußte Alexander feststellen, daß er schon im Stile von Francis Poulenc und Georges Auric zu komponieren begonnen hatte, ohne diese zu kennen. Wie Poulenc nahm er Unterricht bei Paul Vidal, ohne ihn mit einer *Rapsodie nègre* in Wut zu bringen. Der Russe schrieb vielmehr im Jahre 1924 eine *Rapsodie géorgienne* (eine georgische Rhapsodie), in der er die Tonleitern jenes fernen Landes anwandte. Die Erste Symphonie erregte 1927 das Pariser Publikum derart, daß einige Leute in den Ruf »Schickt ihn nach Moskau zurück!« ausbrachen. Die Apotheose des Rhythmus und die Kakophonien der Musik führten zu einem unbeschreiblichen Tumult.

Die Reisen nach Ägypten, Palästina, Kreta und Griechenland, die der junge Komponist im Jahre 1931 unternahm, waren nur ein Vorspiel zu der Fahrt in den Fernen Osten. In Shanghai lernte er 1934 seine Gattin, die Chinesin Lee Hsien Ming, kennen und blieb vorerst dort, um die chinesische Pentatonik zu studieren. Er verwandelte sie in mannigfaltiger Weise, kombinierte halbtonlose Leitern mit chromatischen Elementen und blieb so außerhalb einer starren, stereotypen Nachahmung von Vorbildern, die ihm schon Claude Debussy und Igor Strawinsky hätten liefern können. Auch später noch kreierte er spielerisch Systeme, ohne sich ihnen auf die ganze Dauer seines Lebens zu unterwerfen. Im Konzert für Klavier und Orchester op. 99 (1965) verwendete er auch bitonale Elemente. Für Antoinette Vischer, die Cembalistin und Mäzenin in Basel, verfaßte er im Jahr darauf eine *Suite* für Cembalo op. 100, die eine ganze Reihe von Ordnungsprinzipien ins Spiel bringt: kleine Clusters, Ausschnitte aus pentatonischen Skalen, Quartenakkorde, zwei pentatonische Skalen im chromatischen Abstand, usw. Es muß noch einmal betont werden, daß sich Tscherepnin nie lange derselben Prinzipien bediente. Er war ein Erfinder wie Wyschnegradsky, aber ohne dessen Rigorosität. Außerhalb der in der ersten Hälfte des 20. Jahrhunderts proklamierten Systeme probierte Tscherepnin die verschiedensten Möglichkeiten innerhalb der zwölf auf jeder Klaviatur vorhandenen Töne aus. Weltmännisch und offen interessierte er sich für alles Neue: Im Jahre 1959 besuchte er das elektronische Studio von Hermann Scherchen in Gravesano, um sich über die neue Technologie zu informieren, die bis heute eine immer größere Rolle in der Musik zu spielen verspricht. Tscherepnin blieb ein Kosmopolit, ihn als in Paris endgültig heimisch Gewordenen anzusprechen, wäre verfehlt, doch dort hat er zuerst Fuß gefaßt, als ihn die russische Revolution zum Auswandern zwang.[28]

*

Die Russen Igor Strawinsky, Ivan Wyschnegradsky und Alexander Tscherepnin konnten ihre Musik nicht in der Heimat aufführen lassen, da sie zu avanciert war. Sergej Prokofiev hatte mit vielen seiner im Westen komponierten Werke im Osten keinen Erfolg. Ganz anders verhielt es sich mit Bohuslav Martinu, der im Jahre 1923 nach Paris kam. Sein Vaterland, die Tschechoslowakei, kannte kein von Parteifunktionären diktiertes Kulturleben und stand den Einflüssen aus dem Ausland offen. Martinu kehrte auch fast jeden Sommer nach seiner Heimatstadt Policka auf den böhmisch-mährischen Höhen zurück. Viele Stücke, die er in Paris schrieb, wurden in Prag oder Brünn uraufgeführt. Die Texte von Liedern und Opern waren oft tschechisch, als hätte er nie an eine Aufführung in einem anderen Sprachbereich gedacht. Als Schüler von Albert Roussel und Pianist im Stummfilm-Kino begann er seine Karriere in der französischen Hauptstadt und heiratete eine Französin; dennoch assimilierte er sich nie vollständig. Der Einmarsch der Deutschen im Zweiten Weltkrieg zwang ihn zur Flucht in die Vereinigten Staaten von Amerika, wo er Dozent an renommierten Schulen wurde. Im Berkshire Musikzentrum, das von Serge Koussevitsky geleitet wurde, unterrichtete er einen ganzen Sommer lang. Unbefangen verkehrte der aus bescheidenen Verhältnissen stammende Komponist mit den berühmtesten Persönlichkeiten. Strawinsky nahm ihn zwar nicht ganz ernst, und tatsächlich sind die Bühnenwerke, die er in Paris komponierte, von einer gewissen Harmlosigkeit, die uns daran erinnert, daß Martinus Vater Souffleur beim Laientheater in Policka war. Die fröhliche Phantastik geht nicht auf den Surrealismus zurück, sondern auf das familiäre Vergnügen einiger einfacher Leute in seiner Heimat.

Für den Basler Mäzen Paul Sacher und dessen Kammerorchester schrieb er vor dem Krieg einige musikantische Werke voller mit blitzenden Dissonanzen geschärfter Rhythmen, die aber nicht Strawinskys Kälte und Präzision aufweisen. Die Frage nach der Distanz zum Concerto grosso des Barock, die sich dem Russen im *Dumbarton Oaks Concerto* stellte, wäre hier fehl am Platz. Martinu suchte nicht die Nähe zu Johann Sebastian Bachs *Brandenburgischen Konzerten*, um sich ihr dann doch zu verweigern. Ganz unbefangen bediente er sich der Möglichkeiten, die seine Zeit bereithielt, ohne sich einer prekären ästhetischen Position zu versichern. Er war kein Intellektueller und ist am besten mit Paul Hindemith zu vergleichen, dem er noch ein wenig französischen Esprit und slawischen Charme beifügte.

In Amerika wandte er sich größeren Aufgaben zu und schrieb Symphonien. Von 1955 bis 1958 komponierte er das *Gilgamesch-Epos* und die *Griechische Passion*, beide für Paul Sacher, womit er bewies, daß ihm die monumentalen Formen des Oratoriums und des Musikdramas erreichbar geworden waren. Aus unbedeutenden Anfängen ist Martinu zu einem der wichtigsten slawischen Komponisten der ersten Jahrhunderthälfte aufgestiegen. Ihm fehlte die machtvolle Größe der Russen, das visionäre Pathos, zu dem dem sowohl Strawinsky als auch Prokofiev und Wyschnegradsky fähig waren. Dafür brachte er mehr Fröhlichkeit und Herzlichkeit in eine Epoche, die sich aus Angst vor Sentimentalität jeder subjektiven Aussage enthielt.[29]

Anmerkungen

Jean Cocteau, Erik Satie und der »Groupe des Six«

1 Jean Cocteau: *Hahn und Harlekin. Aphorismen und Notate*, aus dem Französischen von Bernhard Thieme, mit einem Nachwort hrsg. von Norbert Albrecht, Leipzig/Weimar 1991, S. 5.
2 Cocteau, S. 15.
3 Cocteau, S. 15 Anm.
4 Cocteau, S. 16.
5 Cocteau, S. 16.
6 Cocteau, S. 19.
7 Cocteau, S. 23.
8 Cocteau, S. 23.
9 Cocteau, S. 11.
10 Cocteau, S. 19.
11 Cocteau, S. 23.
12 Cocteau, S. 41.
13 Cocteau, S. 45.
14 Cocteau, S. 45.
15 Cocteau, S. 19.
16 Cocteau, S. 47/49.
17 Cocteau, S. 15.
18 Maurice Ravel: *Lettres, écrits, entretiens,* présentés et annotés par Arbie Orenstein, Paris 1989, S. 301.
19 Ravel, S. 327.
20 Cocteau, S. 106.
21 Cocteau, S. 106.
22 Cocteau, S. 107.
23 Cocteau, S. 109.
24 Cocteau, S. 109f.
25 Antoine Goléa: *Rencontres avec Pierre Boulez*, Paris 1958, S. 9f.
26 Willy Tappolet: *Arthur Honegger*, Zürich 1933, S. 53.
27 Ornella Volta: *Jean Cocteau, der Groupe des Six und Erik Satie*, in: *Jean Cocteau. Gemälde, Zeichnungen, Keramik, Tapisserien, Literatur, Theater, Film, Ballett*, Köln 1989, S. 274.
28 Erik Satie: *Schriften*, hg. von Ornella Volta, aus dem Französischen von Silke Hass, Hofheim 1988, S. 187.
29 Igor Strawinsky: *Leben und Werk von ihm selbst*, Zürich-Mainz 1957, S. 194.
30 Cocteau, S. 10.
31 Cocteau, S. 19.
32 Darius Milhaud: *Noten ohne Musik*, München 1962, S. 32.
33 Jean Wiéner: *Allegro appassionato*, Paris 1978, S. 44f.

34 Milhaud, S. 94f.
35 Milhaud, S. 91ff.
36 Paul Collaer: *Darius Milhaud*, Genf 1982, S. 66f.
37 Milhaud, S. 97.
38 Milhaud, S. 97f.
39 Milhaud, S. 96.
40 Milhaud, S. 78.
41 Francis Poulenc: *Moi et mes amis,* confidences recueillies par Stéphane Audel, Paris 1963, S. 34.
42 Poulenc, S. 40.
43 Poulenc, S. 41.
44 Poulenc, S. 42.
45 Poulenc, S. 43.
46 Poulenc, S. 49.
47 Poulenc, S. 50f.
48 Georges Auric: *Quand j'étais là* ..., Paris 1979, S. 97.
49 Poulenc, S. 51.
50 Poulenc, S. 52.
51 Poulenc, S. 52.
52 Poulenc, S. 72.
53 Poulenc, S. 74.
54 Poulenc, S. 74.
55 Auric, S. 207.
56 Auric, S. 207.
57 Auric, S. 24.
58 Tappolet, S. 114f.
59 Tappolet, S. 121f.

Die Ballets russes nach dem Ersten Weltkrieg

1 Martine Kahane, Nicole Wild: *Les Ballets russes à l'Opéra,* Paris 1992, S. 23. (im folgenden zitiert als Kahane).
2 Kahane, S. 114.
3 Kahane, S. 145.
4 Kahane, S. 147.
5 Darius Milhaud: *Noten ohne Musik*, München 1962, S. 122.
6 Kahane, S. 158.
7 Kahane, S. 172.
8 Kahane, S. 170.

Antike Sujets

1 Jean Cocteau: *Hahn und Harlekin. Aphorismen und Notate*, aus dem Französischen von Bernhard Thieme, mit einem Nachwort hrsg. von Norbert Albrecht, Leipzig/Weimar 1991, S. 57.
2 Cocteau, S. 81.
3 Darius Milhaud: *Noten ohne Musik*, München 1962, S. 137.
4 Cocteau, S. 81.
5 Zitiert nach: *Igor Strawinsky*, hg. von H. Lindlar, Frankfurt/Main 1982, S. 125f., im folgenden als »Lindlar« abgekürzt.
6 Lindlar, S. 42.
7 Milhaud, S. 48.
8 Milhaud, S. 56.
9 Milhaud, S. 64.
10 Milhaud, S. 48.
11 Milhaud, S. 49.
12 Milhaud, S. 155.
13 Milhaud, S. 155.
14 Cocteau, S. 112.

Osteuropäer in Paris

1 Wolfgang Dömling: *»... alles in meiner Art nachkomponieren«*, in: Wolfgang Dömling / Theo Hirsbrunner: *Über Strawinsky*, Laaber 1985, S. 91.
2 Dömling, *»nachkomponieren«*, S. 91f.
3 Wolfgang Dömling: *»Kunst ist willkürlich«*, in: Dömling/Hirsbrunner, S. 11.
4 Jean Cocteau: *Hahn und Harlekin. Aphorismen und Notate*, aus dem Französischen von Bernhard Thieme, mit einem Nachwort hrsg. von Norbert Albrecht, Leipzig/Weimar 1991, S. 112f.
5 Cocteau, S. 113.
6 Theo Hirsbrunner: *Ordnung im Raum: »Harmonik«*, in: Dömling/Hirsbrunner, S. 139.
7 Dömling, *»nachkomponieren«*, S. 83.
8 Darius Milhaud: *Noten ohne Musik*, München 1962, S. 102.
9 *Sergej Prokofiev: Beiträge, Dokumente, Interpretationen*, Duisburg 1990/91, Laaber 1990, S. 215.
10 Prokofiev, S. 216.
11 Prokofiev, S. 217.
12 Prokofiev, S. 217.
13 Dömling, *»nachkomponieren«*, S. 93.
14 Dömling, *»nachkomponieren«*, S. 95.
15 Francis Poulenc: *Moi et mes amis*, Paris 1963, S. 158.
16 Poulenc, S. 164.

17 Poulenc, S. 168.
18 Poulenc, S. 169.
19 Roman Brotbeck: *Die pansonaren Musikräume von Ivan Wyschnegradsky*, in: Dissonanz 30 (1991), S. 10.
20 Brotbeck, S. 10.
21 Brotbeck, S. 10.
22 Brotbeck, S. 10.
23 Brotbeck, S. 8.
24 Brotbeck, S. 9.
25 Brotbeck, S. 7.
26 Brotbeck, S. 7.
27 Brotbeck, S. 7.
28 Willy Reich: *Alexander Tscherepnin*, in: *La Revue Musicale* 1962.
29 Milos Safránek: *Bohuslav Martinu. Leben und Werk*, Kassel 1964.

III. 1929—1945

Von Claude Debussy bis Olivier Messiaen

Als Claude Debussy am 25. März 1918 starb, tobte die Schlacht an der Marne. Deshalb widmeten ihm nur wenige Zeitungen einen Nachruf. Was er geschaffen hatte, galt schon bald als das Werk eines einzelnen, das ohne Folgen blieb. Dennoch gibt es während der zwanziger Jahre Unterströmungen in der französischen Musik, die ohne diesen Komponisten nicht denkbar sind und mit Olivier Messiaens ersten Veröffentlichungen wieder machtvoll an die Oberfläche drängten.

In diesem Zusammenhang muß zuerst André Caplet erwähnt werden, der aber schon im Jahre 1925 starb, zu früh, als daß sein Schaffen sich voll entwickeln und durchsetzen konnte. Er war ein Mitarbeiter Debussys, dessen *La Mer* und *Images pour orchestre* er für Klavier vierhändig bearbeitete. Die Uraufführung von *Le Martyre de Saint-Sébastien* im Jahre 1911 hat er dirigiert. Ob seine Rolle bei der Entstehung dieses Stückes noch wichtiger war, muß offen bleiben. Das Manuskript läßt nicht den eindeutigen Schluß zu, daß er bei der Orchestration mitgewirkt hätte. Gerüchte besagten, daß ihm das ganze fünfte Bild zuzuschreiben sei, das sich eindeutig auf den Palestrina-Stil bezieht[1], hat doch Caplet einige geistliche Werke geschrieben, die sich der modalen Harmonik bedienen, die aber nicht nur für Debussy, sondern auch für Igor Strawinsky und die jüngere Generation von großer Wichtigkeit war. Doch nicht nur im schlicht diatonischen Bereich besteht eine Verwandtschaft zwischen Debussy und Caplet, dieser liebte vielmehr auch die Erzählungen von Edgar Allon Poe, die schon Charles Baudelaire und Stéphane Mallarmé fasziniert hatten. Daß Debussy lange an einem Opernprojekt auf *La Chute de la maison Usher* nach Poe gearbeitet hat, wurde bereits erwähnt (siehe oben S. 23f.). Dieselbe unheimlich-magische Atmosphäre fand Caplet in Poes *La Mort au masque rouge* (Der Tod mit der roten Maske), der ihn schon im Jahre 1908 zu einer *Symphonischen Studie* für chromatische Harfe und Orchester inspirierte. Als *Conte fantastique* (Phantastische Erzählung) erschien dieselbe musikalische Substanz noch nach dem Ersten Weltkrieg, im Jahre 1923, für Harfe und Streichquartett umgearbeitet. Der üppig schwüle Charakter dieses Werkes paßte nun nicht mehr zur Ästhetik Jean Cocteaus, die damals die Komponisten beeinflußte. Caplet kam mit seinen düsteren Beschwörungen eines unheimlichen Schicksals zu spät. Von einer wild-ausgelassenen, mondänen Tanzgesellschaft, die durch das Erscheinen des Todes mit einer roten Maske in Schrecken versetzt wurde, wollten die Menschen, die sich der Banalität des Alltags verschrieben, nichts mehr hören.

Wesentlich komplizierter war Charles Koechlins Situation, und zwar nicht nur dadurch, daß er von 1867 bis 1950 lebte und deshalb die verschiedensten »Ismen« erlebte. Auch er war ein Mitarbeiter Debussys; er vollendete und orchestrierte dessen Ballett *Khamma* (1911), eine Bestellung der kanadischen Tänzerin Maud Allan, die im Stile von Isadora Duncan als Autodidaktin ihre eigenen Choreographien erfand. Das Werk hatte ein ungünstiges Schicksal: Im Konzertsaal wurde es erst 1924 uraufgeführt; Allan hat es nie getanzt; erst 1947 ging es an der Opéra-comique in Szene, ohne große Beachtung zu finden. Das ägyptische Sujet — Khamma tanzt sich vor der Statue einer Gottheit in den Tod, um ihre Heimatstadt vor den Feinden zu retten — konnte schon vor dem Ersten Weltkrieg kaum Beachtung finden, da die Ballets russes mit ähnlichen Handlungselementen mehr Erfolg ernteten.

Koechlin war ein Eklektiker, wobei man sich vergegenwärtigen muß, daß diese Bezeichnung in Frankreich nie eine so pejorative Bedeutung besaß wie in Deutschland. Auch Messiaen wurde in den Nachrufen zu seinem Tode im Jahre 1992 oft ein Eklektiker genannt, da er sich Einflüssen aus der ganzen Welt geöffnet hat. Wenn hinter dem Eklektizismus nicht Opportunismus steht, sondern eine freie Unbefangenheit allen Tendenzen der Musik gegenüber, ist er durchaus zu respektieren. So hat denn Koechlin, der auch ein vorzüglicher Pädagoge war und Lehrbücher verfaßte, sein Leben lang die verschiedensten Stile angenommen. Er konnte wie Caplet Choräle in modaler Melodik und Harmonik schreiben, über B-A-C-H komplexe kontrapunktische Stücke komponieren und sich noch in den zwanziger Jahren im orientalisierenden Genre eines Debussy und Ravel ergehen. 1922/23 entstand zum Beispiel *Shéhérazade* auf Gedichte von Tristan Klingsor, die Ravel schon 1903 zu einer Vertonung angeregt hatten. Was damals im Gefolge der Weltausstellungen von größter Aktualität gewesen war, konnte das Publikum nun aber nicht mehr begeistern.

Koechlin wirkte auf seine Zeit vor allem durch seine bitonalen Stücke ein. Die *Paysages et marines* (Landschaften und Seebilder; 1916) sind durch die

Überlagerungen verschiedener harmonischer Schichten bemerkenswert. Daß sie zum Teil von Darius Milhaud am Klavier uraufgeführt wurden, ist kein Zufall; denn dieser baute die Bitonalität erst recht zu einem System von großem Raffinement aus. Nicht das mechanische Miteinander verschiedener Tonarten war sein Ziel, sondern das Komponieren in verschiedenen Klangschichten, deren einzelne ostinate Abschnitte verschieden lang und deshalb gegeneinander verschiebbar waren. Paul Hindemith hat sich über diese Technik seines Freundes Milhaud mokiert — sehr zu Unrecht, wie die ingeniösen Konstruktionen verraten, die auf Koechlin zurückgehen.[2] Die erwähnten Klavierstücke sollen mit viel Pedal gespielt werden, womit die Akkorde zu vibrieren beginnen und zur »Farbe« werden. Die zwanziger Jahre bevorzugten die Linearität, doch gerade Messiaen wird in seinen Klavierwerken den Pedalwirkungen und dem hallenden Klangraum wieder sein Recht zugestehen.

Koechlin geht in *Paysages et marines* so weit, daß manchmal die zwei Hände eines Pianisten nicht genügen, um einen adäquaten Eindruck der ganzen kompositorischen Textur zu geben; deshalb bearbeitete er sie auch für Kammerensemble, wobei dann aber das beste an ihnen, das wie Echos Ausklingende, verloren ging. Noch in einem anderen Werk war Koechlin bahnbrechend: *Les Bandar-Log* (1939/40), ein *Scherzo der Affen* nach dem *Dschungelbuch* von Rudyard Kipling, beginnt, um das Dickicht des Dschungels darzustellen, mit einer geheimnisvollen Klangfläche, wie man sie erst in den sechziger Jahren wieder realisieren wird. Die Fortsetzung aber ist ganz bewußt eklektisch: Die Affen nämlich ahmen die Stile Hindemiths und Schönbergs so täuschend echt nach, wie das nur in einem Scherzo, einem heiteren Stück, als Beweis für eine perfekte Kunstfertigkeit erlaubt sein dürfte.

Als während der dreißiger Jahre der Tonfilm eine immer weitere Verbreitung fand, war Charles Koechlin begeistert. Denn für ihn war das Kino eine ideale Feenwelt, weit weg von den Enttäuschungen des täglichen Lebens. Darin traf er sich, ohne es zu wissen, mit Olivier Messiaen, der Jean Cocteaus Filme wie *La Belle et la Bête* (Die Schöne und das Tier) wegen ihrer unwirklichen, märchenhaften Atmosphäre bewunderte. In der *Seven Stars' Symphony* (1933) schuf Koechlin musikalische Porträts von Douglas Fairbanks, Lilian Harvey, Greta Garbo, Clara Bow, Marlene Dietrich, Emil Jannings und Charlie Chaplin. Lilian Harvey allein widmete er noch zwei Sammlungen leichter Stücke: Das *Album pour Lilian* (1934/35) umfaßt Werkchen für Klavier mit Gesang oder Flöte, aber auch eine *Sicilienne de rêve* (Traum-Siziliano) für die absonderliche Besetzung von Ondes martenot mit Cembalo, ohne daß die Ondes in all ihren Möglichkeiten ausgeschöpft würden. Erst Messiaen wird dieses frühe elektro-akustische Instrument bis in seine Oper *Saint François d'Assise* (Der heilige Franz von Assisi; 1983) voll zur Wirkung bringen. Koechlin beabsichtigte gar nicht, die endlos langen Halltöne, die Tiefen und die Höhen auszunützen, was man nur bedauern kann, aber dazu hatte er ganz einfach keine Zeit. Sein Schaffen umfaßt 225 Opusnummern; daneben wären noch pädagogische und folkloristische Harmonisierungen zu erwähnen, die er, der Meister verschiedener Metiers aus verschiedenen Epochen der Vergangenheit, ganz unbefangen verfaßte.

Als Claude Delvincourt Direktor des Conservatoire in Paris wurde, schrieb er am 17. April 1941 an Koechlin einen Brief, mit dem er ihm die Anstellung Messiaens als Tonsatzlehrer mitteilte. Koechlin muß ihm kurz vorher seine Ansichten über die Erneuerung des Unterrichts mitgeteilt haben, denn Delvincourt schreibt: »Sie erwähnen einen Aspekt der Frage, der mir besonders teuer ist: die Verjüngung des Geistes, in dem die Tonsatzklassen stehen. Das wird mit den vorhandenen Professoren schwierig sein! Ich sollte sie vor die Türe werfen können! Eine Harmonieklasse ist vakant: Ich lasse Messiaen berufen, der jung ist und kapiert. Man muß diesen Leuten beibringen, daß die Regeln der Harmonik und des Kontrapunkts *nichts Willkürliches* haben. Und daß eine Regel nur *im Zusammenhang mit einem Stil* etwas wert ist. [...] Man muß meiner Meinung nach: 1) zuerst den Stil einer Harmonie- oder Kontrapunktaufgabe definieren, diesen Stil in der Zeit und, wenn nötig, im Raum situieren, 2) muß man die Schüler daran gewöhnen, *in allen Stilen* zu schreiben, vom Phrygischen und anderen Modi, dem Gregorianischen, der Diskant-Praxis, dem 14. Jahrhundert usw. bis zum polytonalen Stil *eingeschlossen*, 3) dem Schüler strenge, aber variable Disziplinen auferlegen, mit jedem Stil, mit jeder Ästhetik, 4) der Schüler, der all diese Ausdrucksarten kennt, wird aus dem Haus ohne schulmäßige Deformation weggehen; seine Persönlichkeit wird sich, wenn er eine besitzt, sicherer und schneller entwikkeln; schließlich wird er eine sicherere Technik als unsere jungen Musiker mitbringen.«[3]

Hellsichtig beschreibt hier Delvincourt Probleme, die noch heute nicht allen Konservatorien und Musikhochschulen bewußt sind. Daß er sie gerade Koechlin darlegt, kommt nicht von ungefähr, da dieser weniger ein Eklektiker als ein Polystilist war.

Messiaens Unterricht, der um diese Zeit am Conservatoire begann, zeichnete sich in der Folge durch eine Vielzahl von Anregungen aus. Er konnte am selben Tag alle Epochen der Musikgeschichte umfassen; überall gab es etwas zu lernen. Merkwürdige Perspektiven taten sich auf; was zeitlich und räumlich weit voneinander entfernt schien, bot doch Analogien, Verwandtschaften, die es zu nützen galt. Koechlin aber fehlte die Kraft, das Verschiedene zu einer Synthese zu verschmelzen; denn dazu war er zu sorglos und zu wenig auf den Nachruhm bedacht. Doch aus der Entwicklung der französischen Musik, die nach Debussy in Messiaen einen weiteren Höhepunkt fand, ist er nicht wegzudenken.

*

Olivier Messiaen, um zwei Generationen jünger als Charles Koechlin, konnte während der zwanziger Jahre seinen Einfluß noch nicht geltend machen. 1908 geboren, verlebte er die Zeit des Ersten Weltkrieges in Grenoble. Noch als alter Mann behauptete er, aus dieser Stadt zu stammen, obwohl er nicht dort, sondern in Avignon geboren worden war. Das hat seine guten Gründe; denn während der Vater weit weg im Wehrdienst weilte, übte seine Mutter, die Dichterin Cécile Sauvage, einen großen Einfluß aus. In einer Atmosphäre von Märchen und Träumereien wuchs er heran.

Schon früh gelangte er in den Besitz von Opernpartituren: Glucks *Orpheus und Eurydike*, Mozarts *Don Giovanni* und die *Zauberflöte* beeindruckten ihn ebenso sehr wie Wagners *Walküre*. Später analysierte er mit seinen Schülern immer wieder musikdramatische Werke. Neben der eigentlichen Musik besprach er mit ihnen auch die Dramaturgie, die Philosophie und die Mythologie dieser Stücke. Alles war ihm wichtig, damit aus den jungen Leuten vollständig gebildete Musiker wurden, die wußten, was für Kräfte die Töne erst in Bewegung bringen.

Zwischen Mozart und Wagner sah er keinen schroffen Gegensatz wie viele seiner Zeitgenossen, die sich vor allem nach dem Ersten Weltkrieg Mozart zum Vorbild nahmen. Doch bei diesem Komponisten fesselten ihn vor allem die dunklen Seiten, die harmonische Komplexität: der Auftritt des Commendatore in *Don Giovanni* und das letzte Erscheinen der Königin der Nacht mit ihren Helfershelfern in der *Zauberflöte*. Von diesen beiden Szenen her war es möglich, zu Wagner überzugehen, und zwar auch zu düsteren

Seiten, zum Beispiel zum Gespräch zwischen Alberich und Hagen im zweiten Aufzug der *Götterdämmerung*.

Ob Pierre Boulez am Anfang der vierziger Jahre diese Werke mit Messiaen studiert hat, ist nicht sicher, doch bezeichnete er während seiner Kompositionskurse in Basel, die er zu Beginn der sechziger Jahre gab, die erste Szene des *Don Giovanni* als den überhaupt besten Opernanfang, den es gebe. Auch die erwähnte Szene aus der *Götterdämmerung* bedeutete ihm viel. Es ist durchaus möglich, daß die frühen Eindrücke aus Messiaens Klasse ihn dazu bewogen, Dirigate in Bayreuth anzunehmen.

Daß sich Messiaen erst gegen Ende seines Lebens dazu entschloß, selbst eine Oper zu schreiben, mag erstaunen, wenn man sich nicht vergegenwärtigt, daß seine Liebe zu dieser musikalischen Gattung eine ganz ideale war wie die Liebe zu Cocteaus Filmen. Sie verbot vorerst einen vielleicht enttäuschenden Kontakt mit den Widrigkeiten eines Theaterbetriebs.

Doch nicht nur Mozart und Wagner lernte Messiaen schon in Grenoble kennen, sondern auch die *Estampes* von Debussy und *Gaspard de la nuit* von Ravel. Damit öffnete sich für ihn eine Welt von delikaten Klängen, die weit in sein eigenes Schaffen vorauswiesen. *Pelléas et Mélisande* war ihm schon als Zehnjähriger im Jahre 1918 vertraut, als er mit seinen Eltern in Nantes weilte. Er nannte später diese Partitur »eine wahre Bombe«, die ein Lehrer aus der Provinz in die Hände eines Jungen gelegt habe.[4] Damit waren die Voraussetzungen geschaffen, die aus ihm eine singuläre Erscheinung machten, welche eine Generation nach Milhaud wieder eine neue ästhetische Orientierung weit weg von Zirkus und Music-hall ermöglichte.

Betrachtet man seinen Studiengang am Pariser Conservatoire, so wird klar, daß er nicht von Anfang an zum bedeutendsten Orgelkomponisten seiner Zeit bestimmt war. Zur Orgel kam er nicht aufgrund seiner religiösen Überzeugung — er sah in den Dramen William Shakespeares und in den Geschichten des *Alten* und *Neuen Testaments* eine Art »Supermärchen«, die alle weltlichen Märchen übertrafen[5] —, sondern wegen seiner Fähigkeit zum Improvisieren. Sein Lehrer Marcel Dupré war ein blendender Improvisator, der auch die mondäne Gesellschaft von Paris faszinierte. Charles Tournemire schrieb seinen Zyklus *L'Orgue mystique* (Die mystische Orgel), den Messiaen noch in den sechziger Jahren mit Bewunderung erwähnte.[6] Ausgehend von den Gregorianischen Melodien schrieb jener Musik zum ganzen Kirchenjahr, welche nun schon einige schillernde Klänge aufweist, die auf Messiaen hindeuten. Er selbst hat nie liturgische Musik geschrieben, er improvisierte höchstens in seinem eigenen Stil zur Wandlung in der Messe, während er sonst traditionelle Stile wie Dupré imitierte. Duprés Werke sind avancierter als seine Improvisationen; Messiaen schuf nun im Verlaufe des Gottesdienstes eine Synthese aus Tournemire und Dupré, fixierte aber seine Improvisationen nie, im Gegensatz zu Tournemire, dessen *Orgue mystique* heute keine Funktion mehr besitzt, da das Zweite Vatikanische Konzil die Liturgie reorganisiert hat. Messiaen schrieb religiöse Musik für den Konzertsaal und das Konzert im Raum einer Kirche; damit bewies er eine besondere Klugheit: Seine Werke sind den kirchlichen Veranstaltungen weitgehend enthoben und beziehen sich doch in autonomer Weise auf diese und können von Fall zu Fall auch während des Gottesdienstes Verwendung finden.

Während der nicht weniger als zehn Jahre dauernden Ausbildung interessierte sich Messiaen noch für Dinge, die scheinbar weitab liegen. Er studierte intensiv das Klavierspiel, das Schlagzeug und bei dem Lehrer Maurice Emmanuel altgriechische Rhythmen. Er selbst nannte sich später Rhythmiker und nicht Musiker, da der Rhythmus das grundlegende Element der Musik sei.[7] Ausgehend von frühen Erfahrungen kam er aber zu einer neuen Definition der zeitlichen Organisation; denn er löste sie schon in seinen ersten Werken aus der Vorherrschaft des gleichmäßig pulsierenden Taktes. Nicht dessen wenn auch noch so kunstvolle Unterteilung sei rhythmisch, sondern die Multiplikation aus einer kleinsten Einheit schaffe eine große und subtile Verschiedenheit der Tondauern, wie er sie in Strawinskys *Le Sacre du printemps*[8] und auf eine dem Wind und den Wellen abgelauschte Art bei Debussy fand.[9] Den Jazz oder den Marsch betrachtete er als unrhythmisch, weil dort trotz vieler Synkopen und Freiheiten der Pulsschlag vorherrschend sei, der alles nivelliert und die Gegenakzente zur Ausnahme herabsetzt.[10] Dabei mag es nicht erstaunen, daß er Ludwig van Beethovens Rhythmik eher distanziert gegenüberstand und die gleichmäßige Bewegung in Johann Sebastian Bachs Fugen auch nicht schätzte.[11] Überhaupt findet sich, von wenigen Ausnahmen abgesehen, sehr wenig Kontrapunkt in seinen Werken. Messiaen versuchte vielmehr, ausgehend von Debussys Definition der Musik (»Sie besteht aus rhythmisierten Farben«[12]), seine Akkorde in einen entqualifizierten Zeitraum ohne zum voraus gegebene Unterteilungen zu plazieren.

Davon finden sich schon in den *Huit Préludes* (Acht Präludien) für Klavier (1928/29) deutliche Spuren. Die Bezeichnung »Préludes« geht auf Debussy zurück, und die Titel der einzelnen Stücke verweisen auf die Zeit vor dem Ersten Weltkrieg. Das zweite heißt zum Beispiel *Chant d'extase dans un paysage triste* (Ekstatischer Gesang in einer traurigen Landschaft) und evoziert die Melancholie des Fin de siècle. Das vierte, *Instants défunts* (Verstorbene Augenblicke), bezieht sich unmißverständlich auf Ravels *Pavane pour une infante défunte* (Pavane für eine verstorbene Infantin); der Klang der Worte ist derselbe. Die Titel *Les sons impalpables du rêve* (Die unberührbaren Töne des Traumes) und *Plainte calme* (Ruhige Klage), die dem fünften und dem siebenten Stück voranstehen, könnten aus Gedichten von Paul Verlaine stammen.

Was die Generation unmittelbar nach dem Ersten Weltkrieg verdammt hat, kommt bei Messiaen wieder zurück; er vollzog gegen das Ende der zwanziger Jahre eine Wende, indem er gegen die überall herrschende Liebe zum Banalen rebellierte. Die Musik zeigt noch nicht bewußte rhythmische Konstruktionen, realisiert mit ihrer Farbenpracht aber bereits ein Stück jener Zeitlosigkeit, die später ganz zu Messiaen gehören wird. Daß hier Koechlin mit seinen *Paysages et marines* vorangegangen ist, wurde schon erwähnt. Auch dort ist der Rhythmus oft von einer ganz besonderen Art; denn regelmäßige Taktstriche können fehlen. Die Musik wird damit nicht unrhythmisch, sondern sie ruht in der ihr unbegrenzt zur Verfügung stehenden Zeit und wird statisch. Messiaens *Préludes* sind in keinem Takt epigonal; daß aber der zwanzigjährige Komponist mehr konzeptuell als stilistisch eine Synthese aus Debussy, Ravel, Strawinsky und Koechlin vollzog, steht außer Frage. Mit feinem Gespür merkte er, was an der Zeit war.

Daß sein erstes wichtiges Werk gerade dann entstand, als Serge Diaghilev starb und sich die Ballets russes auflösten, mag ein Zufall sein; denn Olivier Messiaen reifte, wie gezeigt wurde, schon während zehn Jahren konsequent zu dem heran, was ihn vor seinen Zeitgenossen auszeichnete. Falsch wäre es deshalb auch, den Börsenkrach von 1929 und die Weltwirtschaftskrise für seinen Weg nach innen, sozusagen für eine gewisse Resignation, verantwortlich zu machen. Gesellschaftlich wichtige Ereignisse fallen nicht immer mit den künstlerischen zusammen. Während zum Beispiel die Symbolisten, von denen Messiaen beeindruckt war, eine pessimistische Stimmung verbreiteten, blühten der Handel und die Industrie. Messiaens religiöse Werke wiederum, die in den dreißiger Jahren entstanden, haben nicht viel mit Paul Claudels tischem Katholizismus zu tun; denn sie vermeiden ganz bewußt einen gewissen missionarischen Eifer. Sie halten sich vielmehr zurück und singen naiv und dann doch wieder außerordentlich klug den Glauben des Komponisten, der sich einer Inbesitznahme von außen entzieht.

Edgard Varèse in Paris

Die Jahre um 1930 sind nicht nur wegen Olivier Messiaens erstem Auftreten in der Öffentlichkeit von größter Bedeutung, sondern auch, weil Edgard Varèse von 1928 bis 1933 in Paris weilte, um einige seiner Werke aufzuführen: 1929 *Intégrales* und *Amériques*, 1930 *Octandre* und *Offrandes* und 1932 *Arcana*, die alle einen unglaublichen Skandal auslösten und direkt André Jolivet und indirekt auch Messiaen beeinflußten.

Varèse wurde 1883 in Paris geboren und gehörte somit noch zu einer Generation, deren Ästhetik nach dem Ersten Weltkrieg rettungslos veraltet war. Doch trifft das auf ihn, der sich allem Neuen öffnete und das Wort »Neuheit« mit einem seltenen Pathos aussprechen konnte, nicht zu. Ein Jahr nach Ravel, 1906, fiel er durch das Examen zum Rom-Preis; er war also mit diesem Mißerfolg in der besten Gesellschaft. Von dieser Zeit an lebte er fast nur außerhalb Frankreichs, traf Ferruccio Busoni in Berlin und lernte im Jahre 1912 Arnold Schönbergs *Pierrot lunaire* kennen. Ob er Igor Strawinskys *Le Sacre du printemps* im folgenden Jahr hörte, ist nicht ganz sicher. Auf alle Fälle geriet dieses Werk zu einem seiner größten Erlebnisse. Von 1915 an blieb er in New York, wo er seine ersten Werke mit revolutionärem Elan aufführte, nachdem er seine früheren Stücke endgültig verworfen hatte.

Als Fremder mit ganz anderen Erfahrungen traf er wieder in Paris ein. Er gehörte nicht zu den »Six« und auch nicht zum Kreis um Nadia Boulanger, die das Erbe Strawinskys verwaltete. Schulen waren ihm verhaßt, mochte es sich um die sogenannte Neoklassik oder das Zwölftonsystem Arnold Schönbergs handeln. Varèse schien es, als ob die Bildenden Künste weiter als die Musik entwickelt seien. Fernand Léger mit seinen Gemälden von stählernen Maschinen, der junge André Derain mit seinen harten Konturen, Robert Delaunay mit seinen explodierenden Eiffeltürmen und Raoul Dufy standen ihm nahe.[1] Nur bei Erik Satie und Claude Debussy sah er ähnlich weitgespannte Interessen. Auch in New York lebte er meist unter Malern und Schriftstellern. Beeinflußt vom Kubismus und von Hermann von Helmholtz' *Lehre von den*

Tonempfindungen als physiologische Grundlage für die Theorie der Musik erfand er Wolkenkratzer von Akkorden, die aus Differenz- und Kombinationstönen bestehen. Mit Debussy war er sich darin einig, daß Regeln keine Kunstwerke erzeugen, mit Busoni wollte er neue Gesetze erfinden und nicht den schon vorhandenen folgen; denn die Gesetze entstehen jeweils aus den neuen Erfordernissen eines Werkes. Das Wort »Inspiration« und die träumerische Romantik galten ihm nichts.[2] Wie Messiaen warnte er davor, Metrum mit Rhythmus zu verwechseln, da es keine gleichmäßige Zeit gebe. Die Musik besteht vielmehr aus einer Folge von alternierenden, gegensätzlichen und untereinander verwandten Zuständen.[3] Der Kontrast wird der Dissonanz gleichgesetzt, die ein Maximum an expressiver Wirkung entfaltet.[4] Die Klangfarben sind voneinander getrennt, aufgesplittert, füllen den Raum, stoßen einander ab, kollidieren. Hartnäckig und ritualistisch setzt sich oft im Untergrund ein Ostinato durch.[5] Wie Pablo Picasso kennt Varèse keine alte und neue Kunst; Pérotin, Machaut, Monteverdi usw. sind für ihn »lebende Substanzen«.[6] Doch einfach zu wiederholen, was schon geschrieben wurde, ist nicht möglich: »Musik, die in der Art eines anderen Jahrhunderts geschrieben ist, stellt das Resultat einer Kultur dar, aber, so wünschbar und bequem eine Kultur auch sein mag, sollte sich ein Künstler auf ihr nicht ausruhen.«[7] Varèse wehrt sich aber dagegen, als experimenteller Komponist betrachtet zu werden: »Wenn ich schließlich ein Werk veröffentliche, ist es kein Experiment — es ist ein vollendetes Produkt. Meine Experimente landen im Papierkorb.«[8] Mit einem berechtigten Mißtrauen gegenüber dem Hübschen, den anziehenden Details, dem Dekorativen und Anekdotischen verlangt er von jeder Phrase, daß sie strukturell begründet sein soll. Mit Strawinsky könnte er sagen: »Ich liebe eine gewisse Sperrigkeit in einem Kunstwerk.«[9]

Als er in Paris weilte, gab Varèse einige Interviews, zum Beispiel über die Frage, ob der Film neue musikalische Tendenzen begünstigen könnte (30. Januar 1930). Er wünschte sich abstrakte Filme, zu denen unvertraute Klänge passen würden, »eine Durchdringung von visuellen Volumen und Flächen mit klingenden Volumen und Flächen«.[10] Er beklagt die Armseligkeit der vorhandenen Instrumente, die keinen unbeschränkt langen Ton erzeugen können, und behauptet, eine Maschine werde schon bald den Virtuosen ersetzen. Die Natur der Klänge sei nur unvollkommen erforscht worden, doch seien seine Versuche in dieser Richtung für viele Leute schockierend. In einem anderen Interview vom April 1930 erklärt er, die Musik stagniere in akademischen

23 GALERIE 23

RUE LA BOËTIE

VERNISSAGE 27 DECEMBRE 1929

à 21 heures

AUDITION DE MUSIQUE FUTURISTE

PAR LE

RUSSOLOPHONE

(RUMORHARMONIUM)

ET DE

L'ARCHET ENHARMONIQUE

par l'inventeur LUIGI RUSSOLO

précédée de quelques paroles explicatives

par EDGAR VARESE

ENTRÉE 5 FRS.

Programm eines Konzerts mit futuristischer Musik, zu dem Edgard Varèse eine Einführung gab. So verschieden die ästhetische und kompositionstechnische Haltung des musikalischen Futurismus und Varèses war, so haben sie doch eines gemeinsam: die Erweiterung des musikalischen Universums hin zu den Geräuschen – ein Prozeß, der schon mit Claude Debussy in diskreter, mit Igor Strawinsky in aggressiver Form einsetzte und zur Erfindung von neuen Instrumenten und elektronischen Apparaten führte (Fondazione Russolo-Pratella Varese).

Formeln, während die anderen Künste ständig fortschreiten. Varèse weist auf Amerika hin, wo der Ingenieur den Architekten ersetzt habe. Die neuen Konstruktionen seien schön, zu neuen Konzeptionen gehören neue Materialien.[11] Deshalb gehe es in der Musik auch nicht an, die alten Klänge wieder zu verwenden. Mit der Hilfe der Elektrizität, der Schwingungen werde das gleichschwebend temperierte Tonsystem schon bald außer Kraft gesetzt sein.[12] Den Zweiflern hält er entgegen, daß die Maschine vom Menschen gemacht werde und deshalb nicht unmenschlich sei. Eine Zusammenarbeit zwischen dem Ingenieur und dem Musiker dränge sich auf, da heute nur eine beschränkte Anzahl von Klangfarben und Intensitäten zur Verfügung stünden. Das Symphonieorchester sei archaisch, wenn man es am heutigen Denken über Musik messe.[13] Schließlich schlägt er die Gründung eines Laboratoriums vor, in dem Schüler, die schon über ein gewisses Handwerk verfügen, neue Instrumente erfinden, die neue Ausdrucksmittel schaffen. Daß die ungewohnten Klänge zum Teil schon lange außerhalb Europas existieren, entgeht Varèse nicht. Deshalb wünscht er sich eine Sammlung von Schallplatten mit der Musik aller Völker, aller Epochen und aller Tendenzen.[14] Am 14. Februar 1933 redet er den Franzosen ins Gewissen und erklärt trotz seiner antiromantischen Haltung, man benötige einen neuen Richard Wagner, einen neuen Michelangelo, um eine »große Musik im Einklang mit dem Rhythmus der Epoche« zu schaffen. »Ich denke an den Rhythmus des Universums und nicht an einige kleinliche Spekulationen des Pariser Esprits.« Denn Frankreich verliert sein Prestige: »Wir haben einen großen Romantiker nötig.« — »Das Genie ist romantisch« in der Kunst und der Wissenschaft.[15] Frankreich war vom 12. bis zum 17. Jahrhundert die Schule der Welt, es brachte große Musiker hervor, aber kein musikalisches Publikum.

Das sind große Worte eines schwärmerischen Technokraten. Varèse war weit davon entfernt, ein Intellektueller oder Philosoph zu sein. Was er von Busoni, den Futuristen, Kubisten und Strawinsky gelernt hatte, bildet eine explosive Mischung von Ideen, die noch bis zu Boulez und der Gründung des Institut de Recherche et Coordination Acoustique/Musique (IRCAM) beim Centre Georges Pompidou in Paris der Klärung harrten. Nicht mit wilden Utopien, sondern mit Klugheit und Verhandlungsgeschick wird Boulez auch die finanziellen Mittel finden, um in Zusammenarbeit mit der Industrie Apparate zu entwickeln und herzustellen, die eine fast unbegrenzte Freiheit garantieren. Dazu gehört aber auch die schöpferische Imagination von Musikerinnen und Musikern, die sich auf die neuen akustischen Phänomene einlassen und sie zugleich beherrschen. Um das Jahr 1930 war es noch nicht soweit, doch Varèse war der Exponent einer radikalen Modernität, die sich der selbstgefälligen Routine entgegenstellte.

*

Das Leben André Jolivets weist einige merkwürdige Parallelen mit dem Olivier Messiaens auf. Beide waren vom Theater begeistert und wurden von Claude Debussys Musik schon früh beeindruckt[16]; beide liebten den Film, was bei Jolivet sogar so weit ging, daß er einem Kinoorchester in einem Vorort von Paris beitrat.[17] Schon früh lernte er die Musik Béla Bartóks kennen, vor allem dessen Zweite Sonate für Violine und Klavier, die später auch Messiaen mit seiner ersten Gattin, Claire Delbos, spielen wird.[18] Es ist nicht ausgeschlossen, daß Boulez dieses Werk ebenfalls schon früh kannte und später, in der Mitte der fünfziger Jahre, deshalb in eines der ersten Programme seiner Konzertreihe *Domaine Musical* aufnahm. Die Mischung aus volkstümlicher Melodik und Rhythmik mit den avanciertesten Dissonanzen macht aus jener Sonate eines der kompromißlosesten Werke des ungarischen Komponisten. Für eine nostalgische Folklore hätten weder Jolivet noch Messiaen oder Boulez viel übrig gehabt. Jolivet hörte am 30. Mai 1929 Varèses *Amériques* und entschloß sich, *Octandre* für Klavier vierhändig zu bearbeiten[19] — ein etwas merkwürdiges Unterfangen, bedenkt man, wie sehr dieses Werk vom metallenen Glanz der Bläser abhängig ist, während der Klavierklang schnell verklingt. Erst später nahm Jolivet bei Varèse Unterricht, ohne vorerst selbst zu komponieren. Vielmehr wurden die Akustik, der Rhythmus und die Orchestration studiert sowie die Aufstellung der Instrumente im Raum. Die atonale Disziplin war strenger als die der Dodekaphonisten. Keine melodische Entwicklung wurde geübt, sondern die Intensitätsgrade von sich entwickelnden Klangmassen.[20] Varèse und Jolivet machten Forschungen im Bereich der oberen Teiltöne eines Klanges, die vom gleichschwebend temperierten Tonsystem unterdrückt werden.[21] Der Unterricht galt deren Erforschung.[22] Beide wurden bald Freunde; am Montparnasse trafen sie sich mit Pablo Picasso, Joan Miró, Alexander Calder, Jean Wiéner und Antonin Artaud.[23] Vor ihrer Rückkehr in die Vereinigten Staaten schenkte das Ehepaar Varèse Jolivet zwei Skulpturen von Calder, zwei Tiere aus Stroh, die Statuette einer balinesischen Prinzessin und einen Hampelmann, der vom Pariser Flohmarkt stammte. Diese Fetische standen auf dem Flügel; der Hampelmann hieß Beaujolais zu Ehren des Weines, den Varèse bevorzugte. Jolivets Gattin Hilda begeisterte sich für primitive Kulturen[24], was nicht erstaunlich ist, wenn man bedenkt, wie stark Varèses Musik gerade wegen ihrer Modernität an frühe Archaik anknüpft. Schon Igor Strawinskys *Sacre du printemps* evozierte eine elementare Form der menschlichen Urzeit mit Melodien, denen ebenfalls jede Entwicklung fehlt, und mit der Schichtung von Klangblöcken.

Als Olivier Messiaen Jolivet zum ersten Mal traf, soll er gesagt haben: »Monsieur, Sie schreiben die Musik, die ich schreiben möchte.«[25] Noch in den sechziger Jahren gestand er, daß die »Beschwörung nicht zu verachten sei«; denn Jolivet hatte sich, ausgehend von Varèse, der magischen Musik zugewandt: »[...] man hat den psychischen, physiologischen und vielleicht therapeutischen Einfluß eines Werkes wie der *Danses rituelles* [Rituellen Tänze] noch nicht begriffen: Das ist vielleicht eine nur wenig bekannte Kraft.«[26] Für Messiaen gewann Varèse eine ganz besondere Bedeutung: »Seine neu überdachte Harmonik (wo die Konzeption des Akkordes durch Komplexe von berechneten Teiltonspektren ersetzt wird, um ein Minimum an Farbe und Intensität zu erzeugen) ist auch prophetisch für die Mehrzahl der heutigen Klänge...«[27] Jolivets Klavierstücke *Mana* (1935) und die von Messiaen erwähnten *Cinq Danses rituelles* (1939) zeigen Varèses Forschungen in der Musik seines Schülers: Die Klänge entwickeln und überlagern sich, um Farben und harte oder weiche Attacken zu bilden; sie sind gegen jede bequeme Anschlagskultur gerichtet, wie sie ein an klassischen und romantischen Werken orientierter Pianist liebt. Zu *Mana* hat Messiaen ein Vorwort geschrieben, in dem er die Wirkung der Obertonschwingungen lobt. Die Titel der einzelnen Sätze des Zyklus beziehen sich überdies auf die erwähnten Abschiedsgeschenke von Varèse, und das ganze Werk ist dessen Gattin Louise gewidmet. Innerhalb der modernen Großstadt Paris baute sich so zwischen den beiden Ehepaaren eine Privatmythologie auf; was ganz vorne an der Spitze der musikalischen Entwicklung zu stehen vorgibt, hat seine Wurzeln in der Magie und im Fetischismus.

Messiaen aber machte die Beschwörung seinem katholischen Glauben dienstbar und scheute Kompromisse nicht, indem er die Teiltonspektren unvollkommen auf dem Klavier wiedergab. Bis zum elften Teilton behauptete er die kaum vernehmbaren Schwingungen zu hören.[28] Seine Klänge, so exotisch sie auch anmuten, vibrieren und irisieren zu Ehren seines Gottes. In *Harawi* (1945) jedoch singt er die Liebe einer Peruanerin mit merkwürdig primitiven, rätselhaften Silben im Gesang, der ein fremdes Ritual evoziert. Eine geheime, untere Schicht in Messiaens Bewußtsein und Schaffen ist nicht aufgeklärt-europäisch oder ganz einfach christlich. Sie öffnet sich gegen den Fernen Osten und gegen Vorformen unseres heutigen psychischen Zustandes, der das Vergangene nur mit Mühe verdrängt. Darin trifft sich Messiaen mit Varèse und Jolivet, mag er auch mit einer sanften Klugheit verhindert haben, daß ihn die öffentliche Meinung in eine bestimmte Ecke drängt, wo er die Rolle eines Spezialisten zu übernehmen hätte. Messiaen ist universal in seinem Anspruch, eine Musik geschrieben zu haben, die man auf der ganzen Welt versteht und akzeptiert. Für Varèse, der eine so extreme Position einnahm, daß ihm auch das neugierigste Publikum nicht immer folgen mag, trifft das nicht zu. Nur Boulez gelingt es mit seiner Autorität als Dirigent, die Werke von Varèse Zuhörerinnen und Zuhörern, die sonst nur in konventionelle Konzerte gehen, regelrecht aufzuzwingen.

Große Formen, hoher Stil?

Nachdem Edgard Varèses Einfluß auf André Jolivet und Olivier Messiaen dargestellt wurde, gilt es nun, Umschau und Rückschau auf Tendenzen zu halten, die dem, was man »Fortschritt« nennen könnte, widerstreben. Dabei handelt es sich vor allem um jenen Hang zur Größe, den schon Claude Debussy tadelte, weil er ihn mit dem, was er für typisch französisch hielt, unvereinbar fand. Ob der hohe Anspruch einer symphonischen Musik in großen Formen jeweils eingelöst wurde, soll in der Folge untersucht werden.

Charles Koechlin komponierte Hymnen und Symphonische Dichtungen in verschiedenen Stilen. In einem Brief vom 19. März 1939 an Henri Sauguet, der eine Oper, *La Chartreuse de Parme* (Die Karthause von Parma) geschrieben hatte, erklärte er: »[...] *es gibt keine verbrauchten Mittel* [...]; eine Musik kann persönlich und wirklich *neu* mit schon bekannten, traditionellen Akkorden und Formen sein — und das wegen der Ideen des Musikers und der unendlich vielen möglichen Kombinationen. Dagegen kann man sich als *akademisch*, formalistisch, veraltet und banal mit Mitteln zeigen, die zuerst noch unerhört scheinen. Es gibt eine Modernität — ich möchte sagen eine Neuheit des konsonanten Stils — vor allem mit den alten Modi und einen Akademismus im polytonalen und auch atonalen Stil.«[1]

Gegen die Rückkehr zu Johann Sebastian Bach, wie sie während der zwanziger Jahre aufkam, hatte er Bedenken. Dennoch komponierte er in einer Zeit, die sich schon längst von solchen Versuchen abgewandt hatte, seine *Offrande musicale sur le nom de BACH* (Musikalisches Opfer über den Namen BACH) op. 187 (1942—1946). Die *Offrande* zeigt eine merkwürdige Mischung von Größe und Intimität, von Sätzen mit künstlerischem und rein didaktischem Anspruch. In dem fast fünfzig Minuten dauernden Zyklus tritt das Symphonieorchester neben der Orgel, den Ondes Martenot, verschiedenen kammermusikalischen Besetzungen und sogar dem Klavier auf, um schließlich in ein triumphales, klangprächtiges Finale zu münden, wo alle Instrumente zusammenwirken. Eine Aufführung im Konzert ist kaum denkbar, denn der ständige Umbau auf dem Podium stellt unlösbare Probleme. Koechlin hat das Werk in stiller Zurückgezogenheit für sich komponiert, wie Bach sein eigenes *Musikalisches Opfer*, dessen kontrapunktische Kunststücke eher zum Lesen und innerlichen Hören bestimmt sind, während die Triosonate für Flöte, Violine und Continuo durchaus vom Übrigen getrennt gespielt werden kann. Koechlin fühlte sich aber ganz im traditionellen, eigentlich veralteten Stil als »musicus doctus«; seine Größe kann nur von professionellen Musikerinnen und Musikern voll erkannt werden, von solchen aber auch, die durch die Verwendung längst bekannter Stilmittel nicht schockiert werden und das Ganze einfach als Spiel auffassen.

Zur selben Generation wie Koechlin gehört Albert Roussel, und beide waren Spätentwickler. Im Jahre 1869 geboren, wurde Roussel zuerst Seemann und entschloß sich erst als Fünfundzwanzigjähriger, Musiker zu werden. Anfangs stand er noch unter dem Einfluß Vincent d'Indys und studierte an der Schola cantorum Bach, Händel, Mozart und Beethoven. Bald begann er aber an derselben Schule auch zu unterrichten und betreute Edgard Varèse, Erik Satie und Roland-Manuel. Seine frühen Symphonien folgen ganz im Geiste d'Indys den Prinzipien der klassischen Formen und wirken deshalb akademisch. In den Symphonischen Dichtungen fühlte er sich freier, da er nicht unter dem Druck stand, einem bestimmten formalen Schema zu folgen, doch diese Werke wie *Le Poème de la forêt* (Das Gedicht des Waldes; 1904—1906) und *Evocations* (1910/11) gehören noch ganz zum Pathos der Spätromantik, überhöht von einigen impressionistischen Farbtupfern, die neben Claude Debussys vorwärtsweisenden Tendenzen unbeirrt weiterlebten. Erst mit der *Suite en Fa* (1926), dem *Concerto* (1927), der *Petite Suite* (Kleine Suite; 1929), der *Sinfonietta* für Streicher (1934) und dem *Concertino* (1936) fand er zu einem unbeschwerten Musizierstil. Die Titel dieser Werke sind zugleich ihr ästhetisches Programm; die Diminutive zeigen eine Zurücknahme des hohen Anspruchs an, der in den früheren Kompositionen noch lebendig war. Zugleich entwickelt sich rein instrumentale Musik ganz aus sich selbst, während die Bühnenwerke wie *Padmâvatî* (1914—1918), ein Opéra-ballet, oder *Bacchus et Ariane* (1930), ein Ballett für Serge Lifar in Dekors von Giorgio de Chirico, ganz unbefangen der Handlung folgen. Aus beiden Werken hat Roussel Suiten für den Konzertsaal gemacht; die Musik kann auch für sich allein bestehen.

Vor allem in seiner Kammermusik ist Roussel bis heute lebendig geblieben. *Joueurs de flûte* (Flötenspieler) für Flöte und Klavier (1924) vereinigt die verschiedensten Einflüsse, orientalische und moderne aus den Vergnügungslokalen von Paris. Nur selten finden sich aber Anklänge an den Jazz, zum Beispiel in *Jazz dans la nuit* (Jazz in der Nacht; 1929). Roussel war zu ernst und auch schon zu alt, um sich dem Leichtsinn der zwanziger Jahre bedingungslos auszuliefern. Im Jahre 1932 schrieb er für die *Revue musicale* eine *Hommage à Bach*, in der das B-A-C-H-Motiv auftaucht, und zwar in einer Koechlin fremden Weise als kapriziöses Fugenthema, das auf gelehrte Weise unterhalten will.

Wie Koechlin darf aber auch Roussel als Eklektiker gelten, der zwischen exotischer Sinnenlust, die er auf seinen Reisen kennenlernte, und nobler Askese hin und her schwankte. Als Lehrer hat er sein Bestes gegeben, da er seinen Schülern eine historische Tiefenperspektive eröffnete, die gerade nach dem Ersten Weltkrieg notwendig war. Er kannte wie d'Indy und Koechlin die Werke der Vergangenheit und entwickelte deren Prinzipien in einem nun dissonanter gewordenen Stil weiter, ohne aber wie Strawinsky mit Stilparodien brüskieren zu wollen. Oder anders gesagt: Was Strawinsky seit *Pulcinella* an Modellen alter Musik erprobte, war nun schon so sehr Allgemeingut geworden, daß daraus ein eigener Stil entstand, nach dessen Herkunft man nicht mehr fragte, ein Stil, den man als typisch französisch und modern empfand, in einem anderen Sinne modern als den von Varèse. Versöhnlich oder heiter-aggressiv gehörte dieser Stil ganz zu seiner Zeit; man könnte ihn deshalb auch »zeitgenössisch« nennen, da er im Gegensatz zum modernen den Bruch mit dem Publikum nicht suchte.

*

Ganz außerhalb ihrer Zeit stehen die Orgelkomponisten. César Franck befand sich zwar am Ende seines Lebens — er starb im Jahre 1890 — noch ganz vorne in der Entwicklung der Musik und wirkte auf d'Indy und Chausson durch seine komplexe Harmonik ein (siehe oben S. 29ff.). Ihre Nachfolger bewahrten aber nur das Errungene, statt es weiterzuentwickeln. Wie es den sakralen Räumen entspricht, in denen sie improvisierten oder in Noten festgehaltene Stücke spielten, drängte es sie zur pathetischen Größe, die mit den hohen gotischen Bogenhallen und den farbigen Kirchenfenstern wetteifern konnten. Es bestand ja auch die Gefahr eines Stilbruchs zwischen der Architektur und der Musik. Nur Maurice Duruflé wagte sich zu einigen Klängen vor, die von Claude Debussy stammen könnten, doch dessen Stil war längst allgemein akzeptiert und konnte die Kirchgänger in ihrer Andacht nicht stören. Die Organisten übernahmen in ihren Werken die Autorität des Klerus, der sich auf uralte religiöse Traditionen beruft. Daß diese auch mit neuen Klängen zur Geltung zu bringen wäre, wurde nicht bedacht. Gottesdienste mit Musik der Avantgarde — diese Möglichkeit schien gerade in der Zeit zwischen den beiden Weltkriegen unvorstellbar, während der der größte Teil der neu geschaffenen Werke in einem kruden Sinne des Wortes weltlich war. Wer sich dem Zirkus und dem Ballett zuwandte, konnte nicht eine Messe schreiben — ausgenommen Francis Poulenc, doch zum Dämmerlicht von Kirchen mochte seine muntere und fröhliche Musik nicht passen. Das Konzert für Orgel und Orchester mit Pauke gehört eher in den Konzertsaal, erweckt aber auch dort Befremden darüber, wie die sogenannte Königin der Instrumente behandelt wird. Die Orgel war jedoch ursprünglich kein geistliches Instrument, und gerade vor Franck wurde sie zu allerlei virtuosem Allotria benutzt, zum Beispiel zur Nachahmung von Gewittern oder Militärmusik. Wenn nun mit Franck ein neuer Ernst in die Kirche einzog, so entsprach das der Mentalität der Wagnerianer. Es war aber in der Folge unmöglich, sich allen Wendungen des Geschmacks anzupassen. Am Sonntagmorgen nach den kultischen Handlungen spielen die Organisten der Pariser Kirchen noch heute einige Stücke symphonischen oder bukolischen Charakters für Leute, die nachher friedlich den Ruhetag genießen wollen. Sie mit Ungewohntem zu verwirren, wäre vermessen; nur das längst Bekannte ist dieser Situation adäquat. Die französischen Organisten erfüllen so noch immer eine eminent gesellschaftliche Rolle, von der sich die avancierte Musik, vielleicht zu ihrem Schaden, losgesagt hat.

*

Da Charles Koechlin und Albert Roussel einen großen Teil ihres Lebens während des 19. Jahrhunderts verbracht haben, ist es verständlich, daß sie unter einem Zwiespalt litten. Auf der einen Seite gehörten sie noch zum Historismus, der in Architektur und Malerei verschiedene Stile nachahmte, auf der anderen Seite stürzten die neuen Eindrücke auf sie ein: Richard Wagner, Claude Debussy, die Entdeckung der alten Musik durch die Schola cantorum, Igor Strawinskys Rhythmen und schließlich die Ästhetik Jean Cocteaus, der fast alles verwarf, was früher Geltung besaß.

Zwei Komponisten aus dem »Groupe des Six« nahmen in den späten dreißiger Jahren mit großem Ernst Prinzipien wieder auf, die endgültig der Vergangenheit anzugehören schienen: Darius Milhaud und Arthur Honegger, beide im Jahre 1892 geboren, begannen wieder Symphonien zu schreiben.

Milhaud hatte sich ursprünglich vorgenommen, nicht vor seinem fünfzigsten Lebensjahr »richtige« Symphonien zu schreiben, denn er fühlte sich der psychologischen und dramatischen Entwicklung dieser Form nicht gewachsen.[2] Er tat es dennoch drei Jahre früher, 1939 vor seiner Flucht in die Vereinigten Staaten, weil ihn das Chicago Symphony Orchestra darum bat. Von 1939 bis 1961 wird er zwölf Werke dieser Gattung schreiben; die seit Beethoven »magische« Neunzahl, über die nicht hinauszukommen sei, schüchterte ihn nicht ein. In seine Dritte Symphonie (1946) integrierte er sogar ein *Te Deum* zum Gedächtnis an den Sieg im Zweiten Weltkrieg. Offizieller Pomp war wieder gefragt, während die Schüler Olivier Messiaens in der Freude über die Befreiung von Paris die lange verbotene moderne Musik hören wollten und auch Strawinskys gemäßigte Werke ablehnten.

Für Milhaud hatte sich aber nichts verändert, er gehörte — wie er im Jahre 1952 gegenüber Claude Rostand erklärte — ganz zu dem, was vor dem Krieg als die französische Tradition galt. Bei Alberic Magnard lobte er den Sinn für Größe[3], so wie ihn auch die Musik von Hector Berlioz wegen ihrer riesigen Ausmaße, dem Kochen und Brodeln im Orchester beeindruckte. Daneben berief er sich wie Jahrzehnte zuvor Debussy auf François Couperin und Jean-Philippe Rameau.[4] Wolfgang Amadeus Mozart war sein großes Vorbild, weil er in seinen Symphonien nicht den von Vincent d'Indy und seinen Jüngern gepredigten Themendualismus fand, sondern eine große Anzahl von Melodien.[5]

Gegenüber Richard Wagner verhielt er sich weiterhin ablehnend, da er dem lateinischen Empfinden konträr sei.[6] In der *Götterdämmerung* sah er nur exaltierte Zerstörungssucht[7], gab aber zu, in seiner Jugend *Tristan und Isolde* zwanzigmal gehört und gesehen zu haben. Doch der *Ring des Nibelungen* langweilte ihn zu Tode. Ob denn Debussy nicht genau so gefährlich sei, fragt ihn Rostand, worauf Milhaud erst recht von Schlamm und Unrat zu reden beginnt: »Uff! Machen Sie das Fenster auf! Ich schenke Ihnen den ganzen Wagner für eine Seite von Berlioz!«[8] Bei Johannes Brahms findet er nur eine »falsche, langatmige Größe und larmoyante Empfindsamkeit«.[9] Vor allem das allmähliche Entwickeln von Themen stört ihn wie schon einige Jahrzehnte zuvor Maurice Ravel, der den Anfang von Brahms' Zweiter Symphonie bezaubernd fand, nicht aber das, was der Komponist im Verlaufe des ersten Satzes daraus macht. *Salome* und *Elektra* von Richard Strauss rühmt er: »Man kommt außer Atem!«[10] Die philosophisch angehauchten Werke desselben Komponisten gefallen ihm nicht, er ist aber von der Orchestration des *Till Eulenspiegel* und des *Don Quichotte* fasziniert.[11]

Kurze, klar formulierte Musik mit reizvollen Klangfarben ist Milhauds Ideal, und genau so wirken auch seine Symphonien, deren einzelne Sätze Charakterstücke sind, für die im Finale ein triumphaler Abschluß gesucht wird. Die kontrapunktische Arbeit spielt dabei eine große Rolle; sie wirkt altmeisterlich frisch und wird von hymnischen Akkordfolgen unterbrochen, die nun eine gewisse, ganz diesseitige Größe ausstrahlen, weit weg von *Tristan und Isoldes* Sehnsucht nach dem Tode und der Melancholie des *Parsifal*. Mediterran blieb Milhauds Welt der Empfindungen auch in den groß angelegten Werken, doch damit schloß er sich von der Entwicklung nach dem Zweiten Weltkrieg aus.

Ebenso unbeirrt wie Milhaud hielt Arthur Honegger an seinen Prinzipien fest. Als ihm zu seinem fünfzigsten Geburtstag die *Collection Comoedia-Charpentier* im Jahre 1942 eine Nummer widmete, druckte sie eine Erklärung des Komponisten ab: »Wenn ich noch auf eine gewisse Weise an der Agonie teilnehme, so nur, weil es mir notwendig scheint, fest an das, was uns vorangeht, gebunden zu sein, um vorwärts zu schreiten. Man soll das Band der Tradition nicht zerreißen. Ein Ast, der vom Stamm getrennt wird, stirbt schnell.«[12] Diese stolze und zugleich pessimistische Haltung dominiert in der Symphonie für Streicher und Trompete »ad libitum« (1941). Es ist möglich, dahinter Eindrücke aus dem Krieg zu vermuten: Paris war von den Deutschen besetzt, und überall herrschten Not und Unterdrückung. Aus stockenden, düsteren Anfängen schwingt sich das Werk zum Choral der Trompete auf, der von heftigen Rhythmen und energischen Linien kontrapunktiert wird: ein Zeichen der Hoffnung auf glücklichere Zeiten. Auch die Fünfte Symphonie »di tre re« (1950) schlägt denselben Ton an. Weit ausgreifende melodische Bögen werden von marschartigen Rhythmen begleitet, aber alle drei Sätze enden leise, nachdem der letzte Elan aufgebraucht ist.

Honegger fühlte sich der großen symphonischen Tradition verpflichtet, die seinen Zeitgenossen fremd war. Alberic Magnard und Florent Schmitt mit ihren dichten, schwer durchhörbaren Strukturen, mit einer gewissen Schwerfälligkeit, waren ihm teuer, da er als Alemanne auch einen direkten Zugang zur deutschen Musik besaß. Während Milhaud, Poulenc und Schmitt Neugierde für Arnold Schönbergs Innovationen zeigten, aber doch auf ihrem eigenen Boden blieben, kannte Honegger schon früh die Verpflichtung zu einer höheren Komplexität, die ein Werk erst adelt.

Am 10. Mai 1954 richtete Honegger einen Brief an Poulenc, der ebenso gut für Milhaud und viele andere Franzosen hätte bestimmt sein können: »Nicht nur hast Du Dich Berlioz ganz verschrieben, bei dem man all das bewundert, was man bei Beethoven, Wagner oder Schumann verachtet. Du begreifst, daß es naiv ist, um 1954 auf Wagner herumzutrampeln. Das ist, wie wenn man vom Stadtrat verlangen würde, den Eiffelturm, eine der blühendsten Attraktionen, abzureißen.«[13]

Honegger blieb zeit seines Lebens ein Außenseiter in Paris, obwohl er dort auch Erfolg erntete. In den zwanziger Jahren machte er den ganzen Leichtsinn der Jungen nicht mit, und nach dem Zweiten Weltkrieg verstand er sowohl die mit ihm Geborenen als auch die neue Generation der Schüler Messiaens nicht mehr. Er war der Repräsentant einer Größe in der Musik, wie sie vom 19. Jahrhundert her bis in die Mitte des 20. Jahrhunderts trotz aller Trends und Moden weiterlebte. Daß er sie auch mit französischer Eleganz versöhnen konnte, mit dem Raffinement eines Metiers, das er am Pariser

Conservatoire lernte, macht aus ihm eine universale Erscheinung in der Musikgeschichte unserer Zeit.

Anmerkungen

Von Claude Debussy bis Olivier Messiaen

1 Le Martyre de Saint-Sébastien, Mystère en cinq actes de Gabriele d'Annunzio, Musique de Claude Debussy. De la création en 1911 à la reprise à l'Opéra en 1957, *La Revue musicale*, Paris 1957.
2 Paul Hindemith: *Unterweisung im Tonsatz. Theoretischer Teil*, Mainz 1940, S. 187.
3 Charles Koechlin 1867--1950: Correspondance, *La Revue musicale*, Paris 1982, S. 106.
4 Claude Samuel: *Entretiens avec Olivier Messiaen*, Paris 1967, S. 124.
5 Samuel, S. 18f.
6 Samuel, S. 143.
7 Samuel, S. 65ff.
8 Olivier Messiaen: *Technik meiner musikalischen Sprache*, Bd. 1, Paris 1966, S. 11.
9 Samuel, S. 70f.
10 Samuel, S. 67.
11 Samuel, S. 66.
12 *Lettres de Claude Debussy à son éditeur*, hg. von Jacques Durand, Paris 1927, S. 55; zitiert als Motto über Harry Halbreichs Biographie: *Olivier Messiaen*, Paris 1980.

Edgard Varèse in Paris

1 Jonathan W. Bernard: *The Music of Edgard Varèse*, New Haven 1987, S. 1ff.
2 Bernard, S. 5.
3 Bernard, S. 9.
4 Bernard, S. 11.
5 Bernard, S. 16.
6 Bernard, S. 19.
7 Bernard, S. 19.
8 Bernard, S. 19.
9 Bernard, S. 21.
10 Edgard Varèse: *Ecrits,* hg. von Louise Hirbour, Paris 1983, S. 57.
11 Varèse, S. 58.
12 Varèse, S. 59.
13 Varèse, S. 61.
14 Varèse, S. 62ff.
15 Varèse, S. 69ff.
16 Hilda Jolivet: *avec ... Jolivet*, Paris 1978, S. 53.

17 Jolivet, S. 55.
18 Jolivet, S. 59.
19 Jolivet, S. 61.
20 Jolivet, S. 63.
21 Jolivet, S. 65.
22 Jolivet, S. 67.
23 Jolivet, S. 67.
24 Jolivet, S. 77.
25 Jolivet, S. 85.
26 Claude Samuel: *Entretiens avec Olivier Messiaen*, Paris 1967, S. 205.
27 Samuel, S. 205.
28 Olivier Messiaen: *Technik meiner musikalischen Sprache*, Bd. 1., Paris 1966, S. 45ff.

Große Formen, hoher Stil?

1 Charles Koechlin 1867--1950: Correspondance, *La Revue musicale*, Paris 1982, S. 103ff.
2 Paul Collaer: *Darius Milhaud*, Genf 1982, S. 399.
3 Claude Rostand: *Gespräche mit Darius Milhaud, 1952 von Radio France aufgezeichnet*, Paris 1952, S. 40.
4 Rostand, S. 13.
5 Collaer, S. 341.
6 Rostand, S. 49.
7 Rostand, S. 51.
8 Rostand, S. 53ff.
9 Rostand, S. 58.
10 Rostand, S. 63.
11 Rostand, S. 62.
12 *Comoedia-Charpentier*, Paris 1942, S. 23.
13 Francis Poulenc: *Moi et mes amis*, Paris 1963, S. 155.

IV. 1945—1965

Der Serialismus

In den Jahren um 1950, als Darius Milhaud und Arthur Honegger ihre Symphonien schrieben, trat Pierre Boulez in den Vordergrund, ein Komponist der Generation nach dem Zweiten Weltkrieg, die fast alles verwarf, was vorher als respektabel galt. Wie um 1920 setzte eine entschiedene Wende ein. René Leibowitz, ein Schüler Arnold Schönbergs, wirkte als Lehrer in Paris; im Jahre 1946 erschien sein Buch *Schönberg et son école* (Schönberg und seine Schule), eine Art Heilsgeschichte der Musik, in der nachgewiesen wurde, daß die Entwicklung der europäischen Musik notgedrungen und folgerichtig zu Schönberg hat führen müssen. Das Buch wurde sehr beachtet und häufig gelesen, da es den jungen Komponisten eine geistige Orientierung zu geben versprach, an der es in Frankreich fehlte. Milhaud und Igor Strawinsky waren durch den Krieg gezwungen worden, in die Vereinigten Staaten von Amerika überzusiedeln; ihre Kühnheit, ja ihre Verwegenheit, die während der zwanziger Jahre fasziniert hatten, waren verbraucht. Leibowitz bot einen neuen Halt bei Schönberg, der zwar längst bekannt war, aber nicht sonderlich Beachtung gefunden hatte. Am 12. Januar und 11. März 1922 hatte Milhaud den *Pierrot lunaire* in Paris dirigiert, mit Marya Freund als Rezitantin und Jean Wiéner als Pianisten, doch die Intensität dieser Musik erweckte Unbehagen: so schrieb Milhaud in seiner Autobiographie: »Nachdem ich das Werk mehrfach dirigiert hatte, waren meine Nerven bis zum Zerreißen überbeansprucht. Die Rezitative, die über die ganze Spannweite eines Stimmregisters mit den unerwartetsten Sprüngen und Intervallen reichten, brachten mich zur Verzweiflung. Ich faßte daher den Entschluß, als ich es auch noch in London zu dirigieren hatte, daß dies das letzte Mal sein sollte.«[1]

Die Kritiker jener beiden Pariser Aufführungen waren sich meist darin einig, daß *Pierrot lunaire* ein bedeutendes, aber in seiner Ästhetik veraltetes Stück sei. Roger Désormière, der Dirigent, der seit den zwanziger Jahren viele Werke der neuen französischen Generation aufführte, lehnte es mit Argumenten ab, die auch Jean Cocteau hätte finden können: »Der *Pierrot* ist voll der Romantik, die Schönberg von den deutschen Meistern des 19. Jahrhunderts geerbt hat. [...] Es ist ein rein deutsches Werk, und man muß auch sagen, daß die Gefühlslage, von der es erfüllt ist, nichts anderes darstellt als die alte Romantik des bleichen Mondscheins, der Gespenster des Brockens und der Walpurgisnächte.«[2]

Messiaen war von Alban Bergs *Lyrischer Suite* beeindruckt, konnte aber seinen Schülern nicht erklären, wie das Werk »gemacht« ist. Deshalb ging Boulez zu Leibowitz, um die Prinzipien der Reihentechnik kennenzulernen, die er schon in den zwölf kleinen Klavierstücken *Notations* (1945) mit einer solchen Freiheit handhabte, daß sie die klassische Zwölftontechnik hinter sich ließ. Nicht ganze Reihen werden verwendet, sondern oft nur Ausschnitte in einem Klavierstil von größter Brillanz, der bei Messiaen anknüpft und nicht bei Schönberg oder Webern. Auch der Rhythmus wird neu gestaltet; in der Sonatine für Flöte und Klavier (1946) erscheinen rhythmische Zellen, die ineinandergreifen und ein gegenüber der Tonhöhenorganisation selbständiges Element darstellen. Auch darin zeigt sich der Einfluß Messiaens, der in seiner *Technique de mon langage musical* (1944) vom Rhythmus ausgeht, ihn augmentiert, diminuiert und mit hinzugefügten oder entfernten Punktierungen geschmeidiger macht.[3] Ausgehend von indischen Rhythmen kam er zur Auflösung des Taktschemas mit seinen betonten und unbetonten Zeiten.[4] Leibowitz und Messiaen hätten genügt, um der Musik eine neue Richtung zu geben, doch ist der Einfluß von John Cage nicht zu unterschätzen, der gerade damals nach Paris kam und mit Boulez Freundschaft schloß.

Cage war von 1934 an Schüler Arnold Schönbergs gewesen, zuerst an der University of Southern California und später an der University of California at Los Angeles. Bekannt ist seine Schilderung des Lehrer-Schüler-Verhältnisses, die Calvin Tomkins 1962 in seinem Buch *Ahead of the Game* (Immer am Ball) veröffentlichte. Cage erklärte dort: »Ich besuchte auch seinen Kurs in Harmonielehre, für die ich kein Talent hatte. Mehrmals versuchte ich Schönberg zu erklären, daß ich keinen Sinn für die Harmonik habe. Er sagte mir, daß ich ohne Sinn für Harmonik immer vor einem Hindernis stünde, vor einer Mauer, die ich nicht durchbrechen könne. Ich antwortete ihm, daß ich in diesem Falle mein Leben dem Schlagen meines Kopfes gegen die Wand widmen würde — und wahrscheinlich ist es das, was ich seither immer getan habe.«[5] Wie erwähnt stammt diese Aussage spätestens von 1962, und nur deshalb konnte sie wohl so selbstsicher klingen, hatte doch Cage seit den dreißiger Jahren einen langen Weg zurückgelegt und war berühmt geworden.

Daß sich Schönberg über ihn lustig gemacht habe, wird einige Sätze später auch erwähnt. Gegenüber dem Kritiker Peter Yates, aber nicht gegenüber Cage selbst, soll Schönberg gesagt haben, sein merkwürdiger Schüler sei kein Komponist, sondern ein Erfinder — mit Genie.[6] Daß nur ein Kenner der Harmonik ein Komponist sein könne, läßt sich daraus mit einiger Vorsicht schließen.

Das englische Wort »harmony« verführt aber zu verschiedenen Deutungen. Als Harmonik bezeichnet es die Lehre vom Bau der tonalen Akkorde, von deren Verbindung gemäß ihrer Verwandtschaftsgrade und von einer korrekten Stimmführung in meist vierstimmigem Satz. Schönberg war bestimmt kein Intellektueller im strengen Sinne, aber vielleicht dachte er auch an die philosophische und theologische Bedeutung des griechischen »harmonia«, abgeleitet vom Verb »harmottein«, das »zusammenfügen« meint und zum Beispiel auch für den Bau eines Schiffes verwendet wurde. Im Mittelalter sind »harmonia« und »varietas« komplementäre Begriffe: Harmonie entsteht durch das sinnvolle Zusammenfügen von Verschiedenem und nicht von Gleichem, daher läßt sich unter anderem auch das Verbot von parallelen Oktaven oder Quinten erklären. Schönberg muß diese Kenntnisse nicht gehabt haben, aber etwas von diesem Erbe könnte auf ihn gekommen sein. Unbewußt und fraglos in der europäischen Tradition stehend, wandte er sich denselben Prinzipien zu.

Daß die Wahl der richtigen Akkorde oder Tonverbindungen in unserem Jahrhundert immer schwieriger wurde, veranlaßte Cage am Black Mountain College anläßlich eines Satie-Festivals im Jahre 1948 zu einer Kritik an seinem Lehrer: »Schönberg sah kein strukturelles Mittel vor, nur eine Methode — das Zwölftonsystem —, deren nicht-struktureller Charakter den Komponisten und seinen Jünger zwingt, immer negative Entscheidungen zu treffen: Er muß immer die Kombinationen vermeiden, die sich zu banal auf die Harmonik und die Tonalität beziehen. Satie und Webern gingen weiter und wurden sich der genauen Natur des Problems der Atonalität bewußt, das in der folgenden Frage besteht: Wie kann man der Musik eine Struktur geben, wenn nicht durch ihre tonalen Beziehungen? Ihre Antwort: durch Tondauern.«[7] Cage polemisiert im folgenden auch gegen Beethoven und dessen tonale Pläne; man müsse mehrere paradoxe Elemente koexistieren lassen, was nur durch eine vollkommen neue Konzeption der musikalischen Zeit, des Rhythmus möglich ist.

Schon im Jahre 1937 hatte Cage in Seattle unter dem Titel *The Future of Music* den Primat des Rhythmus gefordert, der alle akustischen Phänomene verwendbar mache, auch den Lärm, das Geräusch, neben den »sogenannten musikalischen Tönen«.[8] Da jene von sich aus keine Hierarchie anbieten, bleibt nur, ihre Ordnung in der Zeit neu zu gestalten: »Kein Rhythmus wird außerhalb der Reichweite des Komponisten sein. Neue Methoden werden entdeckt werden, die eine exakte Beziehung zu Schönbergs Zwölftonsystem enthalten.«[9] Cage hebt hervor, daß dabei die Musik für Schlagzeug oder jedes andere Konzept, das nicht mit Grundtönen arbeitet, besonders bevorzugt wird.

Daß er, der im Jahre 1912 geboren worden war, dem um dreizehn Jahre jüngeren Pierre Boulez viele Anregungen vermitteln konnte, steht fest. Doch absolvierte dieser am Conservatoire mit äußerster Geschwindigkeit alle traditionellen Disziplinen und sollte noch 1975 gegenüber Célestin Deliège die erstaunliche Bemerkung machen, daß zwei Jahre genügen, um sich das musikalische Erbe der Vergangenheit anzueignen.[10] Ob er dabei erfahren hat, daß sich die Begriffe »harmonia« und »varietas« bei Giovanni Pierluigi da Palestrina auch auf den Rhythmus beziehen, ist ungewiß, doch die Messen und Motetten der Renaissance vermeiden schon jede leicht faßliche Periodik und überspielen den Taktstrich. Während seiner Kompositionskurse in Basel zu Beginn der sechziger Jahre achtete Boulez auf ständige Variation der Rhythmen — jede zu offenkundige Repetition mußte vermieden werden — und auf möglichst atonale Zusammenklänge. Es wurde förmlich Jagd gemacht auf tonale Überreste. Wenn Cage Schönberg vorwirft, daß er ständig zu »negativen Entscheidungen« zwinge, so verhielt sich Boulez genauso. Doch in seiner Klasse wurde im traditionellen Sinne komponiert. War auch vieles der Entscheidungsfreiheit der jungen Komponisten entzogen, so schlugen sich diese doch zu eigenen Lösungen durch, die das Merkmal einer unverwechselbaren Identität trugen.

Ohne auf John Cages Studien fernöstlicher Philosophie einzugehen, sei im folgenden versucht, anhand von Pierre Boulez' Zweiter Klaviersonate (1946—1948) den großen Unterschied zur Musik des amerikanischen Komponisten aufzuzeigen. Diese Sonate war das erste Werk von Boulez, das Cage bei seiner Ankunft im Jahre 1949 hörte. Er war von dessen Komplexität begeistert und nahm die Noten später mit nach New York zurück, damit sie der Pianist David Tudor kennenlerne.[11] Stefan Schädler hat diese Sonate mit

Cages *Music of Changes* verglichen. Seine Ausführungen seien hier nur stichwortartig wiedergegeben: Bei Boulez bilden sich Zusammenhänge und Formverläufe aus, gegenläufige Bewegungsrichtungen im kontrapunktischen Sinne, Imitationen rhythmischer Gestalten, Rekurrenzen, intervallische Verknüpfungen und die Integration von Tonfolgen zu großflächigen Ereignissen, unterstützt von Spannungskurven; Klangatome formieren sich zu Konstellationen. Bei Cage verbinden sich die Konstellationen nicht zu übergeordneten Gestalten, die Ereignisse bleiben isoliert. Die Taktstriche entsprechen bei Boulez sinnfälligen musikalischen Ereignissen, bei Cage sind sie eine gleichbleibende, von den Ereignissen unabhängige Einheit, die von diesen nicht affiziert wird. Die Zeit ist eine leere Projektionsfläche, auf der Klänge sich jäh durchdringen, bündeln und von Stille ausgelöscht werden. Boulez strukturiert den Zeitverlauf durch die »ars combinatoria«, Cage betont die Differenz zwischen Material und Zeit, von Zeit und Dauer.[12]

Obwohl Boulez hier im Gegensatz zu Cage als Traditionalist erscheint, setzt er sich doch gegen Schönberg und auch Messiaen ab: Der eine ging gerade in seinen reihentechnischen Werken ab Opus 25 auf rhythmische Modelle der Vergangenheit zurück, die ihm bei der Neuheit der Zwölftontechnik einen gewissen Halt boten; der andere übernahm altgriechische und indische Rhythmen, die er frei abwandelte, während Boulez seine eigenen Rhythmen erfinden wollte.[13]

Daß Zeit und Raum, die Horizontale und die Vertikale, von denselben Gesetzen regiert werden sollten, war ein Traum der Dodekaphonisten, ein Traum, weil diese Einheit beim bloßen Hören nicht bemerkt und vielleicht höchstens geahnt werden konnte. Auch Messiaen hing diesem Gedanken nach, als er in der *Technique de mon langage musical* die »rythmes non-rétrogradables« mit den »modes à transpositions limitées« verglich. Die Rhythmen sind in sich rückläufig, und die Modi ergeben nach einigen Transpositionen dasselbe Resultat: »Man bemerkt sofort die Analogie dieser zwei Unmöglichkeiten und wie sie sich ergänzen: Die Rhythmen realisieren im Horizontalen (Umkehrung), was die Modi im Vertikalen realisieren (Transposition).«[14] Die Überlegung Messiaens scheint naiv, denn niemand bemerkt den Zusammenhang zwischen der zeitlichen und der räumlichen Organisation. Doch daß diese Analogie überhaupt möglich und notwendig wurde, zeigt, wie sehr solche Versuche an der Zeit waren. Daß Messiaen sie zugleich unter dem Kennzeichen des Unmöglichen zusammenfaßt, dem er einen gewissen »Charme« beimißt, erweist ihn als in ein bestimmtes Spiel mit seinen Regeln Verliebten. Die Regeln können sich ändern.

In *Cantéyodjayâ* (1949) verwendet er als erster sogenannte chromatische Tondauernreihen von einem bis dreiundzwanzig Zweiunddreißigsteln. Boulez wird die Anzahl dieser Dauern auf zwölf reduzieren, um sie der Tonhöhenreihe anzugleichen. Ebenfalls in *Cantéyodjayâ* tauchen zum ersten Mal Abschnitte auf, die auf den *Mode de valeurs et d'intensités* (1950) vorausweisen: Die Tonhöhen, die Tondauern und ihre Tonstärke sind fixiert, nur die Abfolge bleibt frei; die Klangereignisse werden »modal« gebraucht, nicht seriell. Nur ein kurzer Abschnitt in dieser Technik ist denkbar, da sich sofort Monotonie einstellt, die man freilich auch als Zeitlosigkeit, als einen Raum zum Meditieren auffassen kann.

Der erwähnte *Mode de valeurs et d'intensités* ist kurz und geriet zum Ausgangspunkt für Boulez' *Structures Ia* für zwei Klaviere (1951). Er ist aber nur eines von vier Stücken aus Messiaens *Quatre Etudes du rythme*, die noch andere Beispiele zur Lösung des rhythmischen Problems anbieten, das um 1950 die Komponisten in Paris beschäftigte. Der *Mode* zeichnet sich dadurch aus, daß er den geringsten Anteil an Entscheidungsfreiheit zuläßt und damit momentanen Einwirkungen weitgehend entzogen ist. Für Messiaen war der *Mode* — wie er mir lächelnd gestand — nur eine Übung. Wenn er in der *Chouette hulotte* (Der Waldkauz) aus dem *Catalogue d'oiseaux* (Der Vogelkatalog) wieder auftaucht, ist er keine Übung mehr, sondern er steht für die Schilderung der unheimlichen Nacht, zu der diese menschenferne Musik vortrefflich paßt. Außerdem bietet Messiaen in späteren Werken wie den *Méditations sur le Mystère de la Sainte Trinité* (Meditationen über das Mysterium der heiligen Dreifaltigkeit) für Orgel (1969) oder *Des Canyons aux étoiles* für Orchester (1974) noch andere, sehr ingeniöse Kompositionstechniken an, die der Nachahmung oder Weiterentwicklung empfohlen werden könnten. »Il fallait trouver des notes« (es ging darum, Töne, neue Töne, zu finden), erklärte er mir einmal. Die verschiedenen Techniken zwingen geradezu zu neuen musikalischen Resultaten. Auch hier drückt sich ein spielerisches Vergnügen aus, das Boulez fremd war.

Er übernimmt aus dem *Mode* den ersten Abschnitt der dreimal zwölf Töne, die dreimal das chromatische Total exponieren und dreimal die chromatische Tondauernreihe bringen, ausgehend von einer jeweils verschieden langen Zeiteinheit.

Daß Boulez gerade den ersten und nicht etwa den zweiten oder dritten Abschnitt wählte, läßt sich dadurch erklären, daß jener die atonalsten Intervalle enthält. Die Töne werden nun aber nicht mehr modal, sondern seriell behandelt. Ihre Reihenfolge ist von Anfang an gegeben, nur die Oktavlagen sind bis zu einem gewissen Grade frei. Wenn sich verschiedene Reihen überlagern und damit eine große Dichte entsteht, müssen aber allzu offensichtliche Oktavbeziehungen vermieden werden, was zu einem statischen, rein harmonischen Feld während eines bestimmten Abschnitts führen kann. Die Wahl der Reihentranspositionen stellte in der Zwölftontechnik Arnold Schönbergs und Anton Weberns immer ein schwieriges Problem dar. Sie dem Gutdünken des Komponisten zu überlassen schien unangebracht, nachdem die ersten zwölf Töne eines Werkes dem Zwang der Reihe gehorcht hatten. Webern schachtelt die Reihen oft ineinander, weil deren Form schon in ihrem Inneren Bezüge aufweist, was für das ganze Werk zu einer streng limitierten Auswahl der Intervalle führt. Boulez aber verwendet in *Structures Ia* die Transpositionen, die sich aus der Abfolge der Töne in der Initialreihe von selbst ergeben. Er versieht die Töne nicht nur mit Zahlen, sondern ersetzt sie durch Zahlen, die gleichzeitig die Dauernreihen vorausbestimmen. Dadurch entstehen aus den Grundgestalten und deren Umkehrungen in allen denkbaren und möglichen Transpositionen zwei Quadrate, die Schachbrettern gleichen.

1	2	3	4	5	6	7	8	9	10	11	12
2	8	4	5	6	11	1	9	12	3	7	10
3	4	1	2	8	9	10	5	6	7	12	11
4	5	2	8	9	12	3	6	11	1	10	7
5	6	8	9	12	10	4	11	7	2	3	1
6	11	9	12	10	3	5	7	1	8	4	2
7	1	10	3	4	5	11	2	8	12	6	9
8	9	5	6	11	7	2	12	10	4	1	3
9	12	6	11	7	1	8	10	3	5	2	4
10	3	7	1	2	8	12	4	5	11	9	6
11	7	12	10	3	4	6	1	2	9	5	8
12	10	11	7	1	2	9	3	4	6	8	5

1	7	3	10	12	9	2	11	6	4	8	5
7	11	10	12	9	8	1	6	5	3	2	4
3	10	1	7	11	6	4	12	9	2	5	8
10	12	7	11	6	5	3	9	8	1	4	2
12	9	11	6	5	4	10	8	2	7	3	1
9	8	6	5	4	3	12	2	1	11	10	7
2	1	4	3	10	12	8	7	11	5	9	6
11	6	12	9	8	2	7	5	4	10	1	3
6	5	9	8	2	1	11	4	3	12	7	10
4	3	2	1	7	11	5	10	12	8	6	9
8	2	5	4	3	10	9	1	7	6	12	11
5	4	8	2	1	7	6	3	10	9	11	12

Boulez hielt im Jahre 1949 im Salon von Suzanne Tézenas einen Vortrag über John Cages *Sonatas and Interludes*, in dem er deren numerische Beziehungen als »kristallische Strukturen« bezeichnete.[15] Im Aufsatz *Eventuellement* (1952) spricht er außerdem von einer Musik, die in der »realen Zeit« ablaufe und persönlichen Einwirkungen entzogen sei.[16] Noch 1975 erklärte er gegenüber Deliège, er habe *Structures Ia* ganz mechanisch hingeschrieben.[17]

Das schachbrettartige Muster, die Töne, die quasi sich selbst überlassen sind, und die damit verbundene Entqualifizierung des musikalischen Materials würden auf Cage verweisen. Die ständige Erneuerung der Frequenzen, Dauern, Anschlagsarten und der Dynamik könnte als »varietas« ohne »harmonia« wirken. Doch der erste Augenschein täuscht. Robert Piencikowski betont, bei Boulez sei ein Unterschied zwischen Struktur und Tonsatz zu machen.[18] *Structures Ia* sind nicht eine polyphone Schichtung verschiedener Reihenfäden. Ganz abgesehen von den extrem häufigen Stimmkreuzungen entstehen innerhalb der Grundreihe und auch zwischen den verschiedenen Transpositionen isomorphe Binnenstrukturen, die diagonale Beziehungen herstellen.[19]

Olivier Messiaens »Reihe« enthält in ihrem Inneren viele Tritonusbeziehungen, die gerade deren atonalen Charakter verstärken. Den Tritonus hat Boulez voll ausgenützt. Er geht aber noch weiter, wenn er in den Takten 1—64 von *Structures Ia* die folgende Überkreuzung von Grundformen und Umkehrungen verwendet:

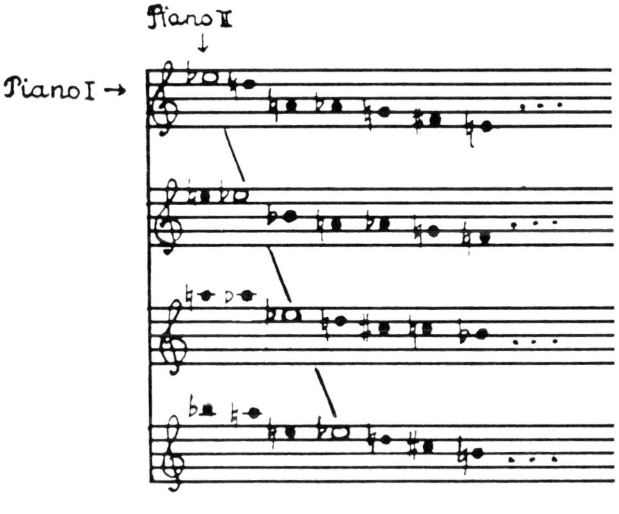

Die Transpositionsachse ist der Ton Es, der in späteren Kompositionen von Boulez eine wichtige Rolle spielen wird: in *Rituel in memoriam Bruno Maderna* und *Mémoriale*, deren Strukturen aus den sieben Initialtönen von *...explosante-fixe...* abgeleitet sind, in *Messagesquisse* und in *Dérives I*. Die Bevorzugung dieses Tones nimmt einen geradezu obsessiven Charakter an und hat eine lange Geschichte. Es ist nicht ausgeschlossen, daß sie von Arnold Schönbergs Bläserquintett op. 26 ausgegangen ist, das auf Boulez in seiner Jugend einen tiefen Eindruck gemacht hat. Der erste Ton des Themas in dessen erstem Satz und der letzte des vierten ist ein Es. In *Rituel* schließen die Abschnitte mit ungeraden Nummern auf diesem Ton, in *Mémoriale* stehen alle Ruhepunkte auf Es, *Messagesquisse* arbeitet mit den Tönen, die sich aus dem Namen des Mäzens Paul Sacher, für den das Werk bestimmt war, ergeben: eSACHERe; und die Töne von *Dérives I* drehen um Es, das als einziger Ton fixiert bleibt. Das bedeutet: Die Töne oder ganz allgemein alle akustischen Ereignisse haben bei Boulez ihre historischen Hintergründe, während sie bei Cage aus dem Nichts auftauchen und ins Nichts wieder vergehen.

Um zu *Structures Ia* zurückzukehren: Dieses Werk ist komponiert. Das, was Boulez »zugefallen« ist, der Zufall und die Zwänge, die sich durch die »Fatalität« der Reihe ergeben haben, wird einer gründlichen Sichtung unterzogen und in eine bestimmte Richtung gelenkt. Daß es Boulez aber gelungen ist, hier alle formalen und stilistischen Eigenschaften der früheren Musik zu beseitigen, gesteht er frohlockend in einem Brief an John Cage: »Man ist, wenn nicht weitere Informationen eintreffen, von aller Melodie, von aller Harmonie und von allem Kontrapunkt befreit, da die serielle Struktur diese drei essentiell modalen und tonalen Begriffe verschwinden ließ.«[20]

Die Form wird aus der Reihe abgeleitet. Das ganz Kleine und das ganz Große sollen aus einem Guß sein — eine Forderung, die Boulez schon 1951 in seinem Aufsatz *Moment de Jean-Sébastien Bach* aufstellt.[21] Er bleibt bis auf weiteres in der Nachfolge Anton Weberns, was Cage als Traditionalismus verurteilt.[22] Das ändert sich bis zu einem gewissen Grade mit der Dritten Klaviersonate, die primäre und sekundäre Strukturen ins Spiel bringt und dem Interpreten gewisse Freiheiten zugesteht. Webern hat nur mit primären Strukturen komponiert, und Boulez arbeitet, im Gegensatz zu Cage, mit dem »gelenkten Zufall«[23], mit einem »Labyrinth«, das verschiedene Durchläufe erlaubt; die »Abzweigungen« sind »überwacht«[24], alle denkbaren Möglichkeiten sind vorausberechnet. Diese Konzeption des »offenen Werkes« ist aber von Cages »empty space of time« (dem leeren Zeitraum) vollkommen verschieden.[25] Boulez fühlte sich mehr von Stéphane Mallarmés *Livre* in seinen Bestrebungen bestätigt. Es erschien am 13. März 1957 auf dem Buchmarkt. Ob damals, wie Boulez behauptet, die Sonate schon ihren heutigen, auch noch nicht vollendeten Zustand erreicht hatte, ist ungewiß.[26] Das Werk könnte durchaus nur eine Weiterentwicklung der Tendenzen sein, die Karlheinz Stockhausen in den *Zeitmaßen* (1955/56) und im *Klavierstück XI* verfolgte.

Vereinfacht gesagt, konnte der Komponist, der sich einer rigorosen seriellen Technik verschrieb, nicht voraussehen, welche Töne und Dauern ihm das Schema im Verlaufe der Niederschrift diktieren würde. Deshalb drängte es sich auf, von Anfang an die Unvorhersehbarkeit einzubauen, aber ohne die führende Rolle des Schöpfers eines bestimmten Werkes aufzugeben. Daß sich bei Boulez Klein- und Großform auch vom ästhetischen Standpunkt vollkommen entsprechen, wird durch die Sprunghaftigkeit der aufschnellenden Tonfiguren bestätigt, die aber in ein übergreifendes Ganzes eingeordnet sind. Der »fluidité du vocabulaire« hatte eine »fluidité de la forme« zu entsprechen.[27]

Im Jahre 1958 erkannte John Cage die Errungenschaften von Komponisten wie Pierre Boulez, Karlheinz Stockhausen, Henri Pousseur und anderen an, um sogleich eine Einschränkung zu machen: »Dennoch realisieren die europäischen Werke eine harmonische Stimmung, ein Drama, eine Poetik, die sich mehr auf die Komponisten als auf die Hörer bezieht, was nicht den Tendenzen der Amerikaner entspricht.«[28] Cage verlangt mehr Stille und erklärt auf eine offensichtlich von orientalischer Philosophie beeinflußte Art: »Innere Stille ist das Äquivalent von Verzicht auf den Willen.«[29]

Für Boulez aber blieb trotz vieler Zufallsoperationen und all dem, was man unter so altmodischen Begriffen wie »Inspiration« und »Phantasie« zusammenfassen kann, die Rationalität vollkommen intakt. Der Einzelton bedeutete ihm nichts, nur im Kontext mit anderen akustischen Ereignissen wurde er zu Musik. Einen Satz von Arthur Rimbaud in sein Gegenteil verkehrend, erklärte er 1963: »Il faut arriver à l'inconnu par le règlement de tous les sens.« (Man muß durch die Disziplin aller Sinne zum Unbekannten gelangen.)[30] Während seiner Kurse in Basel sagte er einmal: »Der Zufall ist fast immer dumm.« Daß aber Cage einen befreienden Einfluß auf die europäische Musik ausübte, gab er noch im Jahre 1970 anläßlich eines Rundfunkinterviews zu: »Cage übte einen wohltuenden Einfluß aus, indem er half, die enge

Zwangsjacke der Jahre um 1950 aufzubrechen. Er tat das mit Unbefangenheit und Naivität. Viel Humor enthielten seine Werke und eine gewisse Gelassenheit, mit der er diese Disziplin zerbrach, indem er ihre Absurdität und ihren Akademismus aufzeigte.«[31]

Ob John Cage berechtigt war, im Namen aller amerikanischen Komponisten und nicht nur für sich, Morton Feldman, Earle Brown und La Monte Young zu sprechen, ist die eine Frage; die andere wäre an Pierre Boulez zu richten, nämlich die, ob ihn sein Komponieren, das immer mehr auch eine Recherche im wissenschaftlichen Sinne geworden ist, am Ende nicht in ein Niemandsland geführt hat. Er ist zum begehrten Gesprächspartner von Philosophen und Literaten geworden, doch seine Produktion auf rein musikalischem Gebiet geriet ins Stocken. Ein wenig mehr von Cages rätselhafter Unbefangenheit könnte vielleicht aus der Sackgasse helfen. Indem der Amerikaner gewisse Naivitäten Erik Saties zu großen Einsichten hochstilisierte und daraus die Berechtigung zu einer Musik ableitete, die im europäischen Kontext vorerst kaum vorstellbar war, wurde er zusammen mit Messiaen und Boulez zu einem der Schöpfer des Serialismus, der stilistisch die Musik noch einmal erfinden wollte. Die »tabula rasa« erschien nach dem Zweiten Weltkrieg als das einzige würdige Konzept, das einen Neuanfang versprach. Darin gleichen sich die Daten 1918 und 1945, nur fehlte jetzt die chauvinistische Komponente; die avancierteste deutsche Musik spielte bei Boulez eine führende Rolle und führte aus vielen mediokren Unverbindlichkeiten heraus, wie sie die Zeit zwischen den beiden Weltkriegen hervorbrachte.

Die Anfänge der Konzertreihe »Domaine Musical«

Für Ludwig Finscher

Die Konzertreihe *Domaine Musical* unter der Leitung von Pierre Boulez wollte Paris von der Mitte der fünfziger Jahre an mit der Neuen Musik bekannt machen, wie sie im Rahmen der Darmstädter Ferienkurse für Neue Musik aufgeführt wurde. Doch auch hinsichtlich der klassischen Moderne wies Frankreich einen großen Nachholbedarf auf. Die Musik Arnold Schönbergs und der Wiener Schule war kaum bekannt. Die Intensität des *Pierrot lunaire* erweckte bei Darius Milhaud, aber nicht nur bei ihm, Unbehagen. Der deutsche Expressionismus schien dem französischen Publikum, das sich während der zwanziger Jahre mit den Ballets russes und dem »Groupe des Six« an eine kühle und objektive Musik gewöhnt hatte, fremd und unheimlich. Doch es galt auch, Claude Debussy und Igor Strawinsky in ihrer »nach vorne« orientierten Entwicklung neu zu betrachten und zu beurteilen. Außerdem fühlte sich Boulez gedrängt, einige Werke des Mittelalters, der Renaissance, des Barock und der Klassik unter dem Gesichtspunkt ihrer Aktualität aufführen zu lassen.

Die institutionelle Absicherung dieses Unternehmens ergab sich fast von selbst. Boulez war seit 1946 musikalischer Direktor der Schauspieltruppe Madeleine Renaud / Jean-Louis Barrault. Im Rahmen dieser Aktivitäten gründete er im Jahre 1953 die *Concerts du Petit-Marigny* — das Théâtre du Marigny in den Champs-Elysées war der Pariser Spielort der Truppe —, aus denen im folgenden Jahre die *Concerts du Domaine Musical* hervorgingen. Unter der Leitung von Hermann Scherchen fand am 13. Januar 1954 das erste Konzert statt.

Die Avantgarde trat damit an die Öffentlichkeit. Vorher wurde sie nur in kleinen Zirkeln präsentiert, zum Beispiel im Salon von Madame Suzanne Tézenas, die Boulez auch finanziell förderte. Die Pariser Salons waren damals noch insofern Arenen, in denen sich junge Künstler bewähren mußten, als in den Zeitungen regelmäßig Berichte über diese privaten Einladungen erschienen. Beim Verleger Heugel an der Rue Vivienne hinter der Bibliothèque Nationale konnten die Studenten außerdem mit der Partitur in der Hand Schallplatten mit wenig bekannter moderner Musik hören und gründlich analysieren. Deshalb entsprach die Konzertreihe *Domaine Musical* einem allgemeinen Bedürfnis; sie mußte schon bald doppelt geführt werden, wechselte vom Marigny in die größere Salle Gaveau und von dort ins Théâtre de l'Odéon, wohin die Truppe Renaud-Barrault umgezogen war.

Nicht die damals neuesten Werke sollen im folgenden kommentiert werden. Auch ganze Programme vom Anfang bis zum Ende aufzulisten lohnt sich nicht; denn sie waren nicht nur sehr lang, sondern auch heterogen. Doch läßt sich, von einem Konzert zum andern springend, eine Kontinuität der Beschäftigung mit bestimmten Erscheinungen der europäischen Kompositionsgeschichte feststellen, die Boulez den Hörerinnen und Hörern neu deuten wollte. Gewisse Werke wurden im Verlaufe mehrerer Spielzeiten immer wieder aufgeführt, damit sich das Publikum eng mit ihnen vertraut machen konnte. Unter welchem Gesichtspunkt sie von Interesse waren, soll im folgenden deutlich werden. Ob dieser vor einer sich objektiv gebenden Geschichtsschreibung bestehen könnte, muß dahingestellt bleiben. Auch fehlerhafte Deutungen der Vergangenheit können für die Gegenwart fruchtbar werden. Kunstwerke können sich durch Mißverständnisse fortpflanzen und bleiben gerade deshalb im Bewußtsein der Interpreten und Hörer lebendiger, als wenn man sie in ihrer angestammten Epoche beläßt, deren Art zu denken, zu fühlen und zu hören kaum rekonstruierbar ist. In Klammern weisen Daten auf den Zeitpunkt der Aufführung hin, wobei aber die Programme hier und da leicht modifiziert wurden, wie den Zeitungskritiken zu entnehmen ist. Nicht was schließlich gespielt wurde, sondern das, was intendiert war, ist das Entscheidende.

*

Die *Messe de Nostre-Dame* von Guillaume de Machaut (26. März 1955) ist das älteste Werk, das in dieser Konzertreihe aufgeführt wurde. Die eigenständige Konstruktion des Rhythmus bei Machaut faszinierte die Komponisten, die der Dodekaphonie ein gleichwertiges Ordnungsprinzip in der Abfolge der Tondauern gegenüberstellen wollten. Hier schien es verwirklicht mit den »taleas«, deren Rhythmen dem »Cantus firmus« aufgepfropft sind und sich nach einer gewissen Zeit wiederholen. Daß diese Ordnung nicht unmittelbar hörbar ist, verstärkte noch das Interesse der Musiker, die nach einer esoterischen Kunst suchten. Olivier Messiaen äußerte sich aber skeptisch über die Nachahmung dieser Technik aus dem Mittelalter: »Zur Zeit von Machaut und vor allem bei seinen Nachfolgern gab es tatsächlich außergewöhnliche Versuche im Bereich der rhythmischen Kombinationen; die proportionale Notation, die ihre ersten Schritte unternahm, erfüllte die Komponisten mit Freude, und diese verwirrten sich auf mathematischer Grundlage in der Neuheit; dann beruhigte sich dieses Delirium, und die Musik reinigte sich, um harmonischen Gesetzen zu gehorchen, wie wir sie von den Klassikern kennen; im 20. Jahrhundert trafen wir wieder auf Machauts Nachfolger, und gewisse Leute benehmen sich auf dieselbe Weise; sie verwirren sich freudig in ›Tricks‹, die sie nicht sehr gut verstehen.«[1] Messiaen wirft den jungen Komponisten vor, sich jener Rhythmen zu bedienen, ohne ihre Symbolik zu verstehen, während er selbst behauptet, die Symbolik der indischen Rhythmen instinktiv erfaßt zu

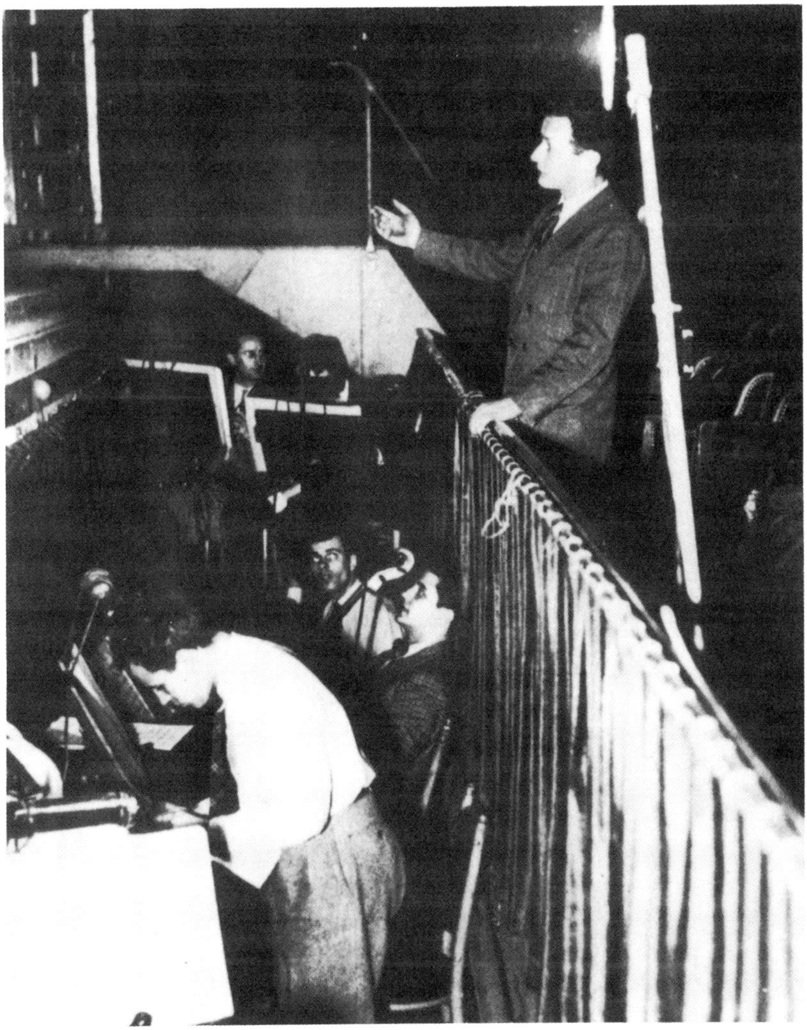

Bei Jean-Louis Barrault (oben rechts) lernte Pierre Boulez (unten links) sein Metier als Dirigent. Barrault war es auch, der dem jungen Komponisten sein Theater zur Verfügung stellte, um Konzerte mit avantgardistischer Musik zu organisieren (Foto: Bibliothèque Nationale, Paris).

haben, ohne vorher durch die Lektüre alter Schriften darüber unterrichtet worden zu sein.[2] Er hätte nie aus rein musikalischen Gründen ein bestimmtes Prozedere der Vergangenheit oder einer fremden Kultur übernommen, da er deren magische oder religiöse Kraft zusammen mit den rein akustischen Phänomenen in seine Musik integrieren wollte. Daß er aber dem Rhythmus eine primäre Rolle einräumte, geht schon aus der Tatsache hervor, daß er einen *Traité du rythme* schreiben wollte, der leider unvollendet blieb. Vielleicht finden sich aber in seinem Nachlaß noch ganze Kapitel oder in sich geschlossene Abschnitte zu diesem Traktat, die veröffentlicht werden könnten. Unbestreitbar wurde Boulez von Messiaen zu seiner Analyse von *Le Sacre du printemps* angeregt, dessen rhythmische Strukturen, losgelöst von der Tonhöhenorganisation, zum Ausgangspunkt seiner eigenen Kompositionstechnik wurden.[3]

Auf Machaut geht auch die Tendenz zurück, die verschiedenen Parameter des Klangs separat zu behandeln und zum Beispiel ein selbständiges rhythmisches Gitter über schon existierende Tonhöhen zu legen. Mit diesem sehr künstlichen Vorgehen war es möglich, ganz neue musikalische Resultate zu erzielen, die der Komponist nicht voraussehen konnte. Damit trennte sich dieser von der Vergangenheit, für die die ganze musikalische Materie — Tonhöhe, Tondauer, Intensität und Klangfarbe — eine Einheit darstellte. Spontanes Komponieren war fast nicht mehr möglich. Die Frage, ob Machaut alle vier Stimmen seiner Messe gleichzeitig niederschrieb oder diese nacheinander kombinierte, ist bis heute nicht ganz geklärt. Die Serialisten aber bereiteten ihr Material lange vor, bevor sie es in die eigentlichen Noten umsetzten. Nicht ein charakteristisches Thema oder Motiv bildete den Ausgangspunkt einer Komposition, sondern Zahlen, die sich sowohl auf Tonqualitäten als auch Rhythmen, Klangfarben oder Intensitäten beziehen konnten.

*

Motetten von Guillaume Dufay und Madrigale von Claudio Monteverdi und Gesualdo da Venosa (beide am 24. Februar 1954) sind von zweifacher Bedeutung: Erstens handelt es sich dabei um eine Harmonik, die noch nicht dem klassischen Dur und Moll entspricht. Es konnte damit bewiesen werden, daß auch in Europa die Tonalität nicht natürlich gegeben, sondern eine historisch limitierte Erscheinung war, die von der Atonalität abgelöst wurde.

Schon um 1900 haben Komponisten wie Gabriel Fauré und Claude Debussy auf die modale Harmonik zurückgegriffen, ohne die Esoterik, die als zweiter Punkt ins Spiel kommt, begreifen zu wollen und zu können. Nicht beim Hören, sondern nur beim Lesen der Musik werden alle Anspielungen auf die gesungenen Worte jener Meister der Renaissance und des Frühbarock verständlich. Boulez, der Kalligraph, hat dem musikalischen Text immer eine besondere Bedeutung beigemessen und in Paul Klee, auf dessen Bildern schöne Noten ohne direkt anwendbare Nützlichkeit vorkommen können, einen Wesensverwandten entdeckt. Im Zusammenhang mit dem entstehenden Serialismus schrieb er 1955 einen Aufsatz mit dem Titel *A la limite du pays fertile*[4], dessen Übersetzung *An der Grenze des Fruchtlandes* auf ein Gemälde von Klee zurückgeht. Das Programm der Saison 1961/62 des *Domaine Musical* war mit der Reproduktion einer Zeichnung Paul Klees geschmückt. Im Jahre 1989 erschien außerdem ein Buch von Boulez, das wieder den Titel *Le pays fertile* (Das fruchtbare Land) trägt, und in dem sich verschiedene Abbildungen von Klees Werken befinden, die die musiktheoretischen und philosophischen Erörterungen begleiten.[5] Nicht nur Pierre Boulez, sondern auch Igor Strawinsky beschäftigte sich während der fünfziger Jahre mit Musik der Renaissance und des frühen Barock; in seinem dodekaphonen Spätwerk huldigt er dazu noch einer Symbolik, die zum Teil jüdisch-kabbalistischer, zum Teil madrigalistischer Herkunft ist.[6] Nicht nur Guillaume de Machaut, sondern auch Guillaume Dufay, Claudio Monteverdi und Carlo Gesualdo wiesen deshalb den Weg zu einer neuen Musik, die sich nicht in einer einmaligen sinnlichen Erfahrung erschöpft.

*

Am wichtigsten für die Anfänge der Konzertreihe *Domaine Musical* war aber Johann Sebastian Bach: Dessen *Musikalisches Opfer* (13. Januar 1954) stand am Beginn dieser Unternehmung, und Anton Weberns Orchestrierung seines sechsstimmigen *Ricercars* (10. April 1954) wurde im vierten Konzert aufgeführt. *Moment de Jean-Sébastien Bach* heißt der früheste, schon 1951 veröffentlichte Aufsatz von Boulez.[7] Das Thema regium des *Musikalischen Opfers* zeichnet sich durch das Intervall der verminderten Septime (as—h) aus, die enharmonisch zur großen Sexte umdeutbar ist und zum verminderten Septimenakkord werden kann, den Schönberg in seiner *Harmonielehre* unter die vagierenden Akkorde einreiht[8]; er begünstigt wegen seines vieldeutigen Charakters den Ausbruch aus der Tonalität und wurde von Bach und später von den Romantikern zum Modulieren in sehr entfernte Tonarten benutzt.

Im engeren Zusammenhang mit Bachs Thema stehen auch die Fuge in c-Moll für zwei Klaviere KV 426 von Wolfgang Amadeus Mozart und die Große Fuge op. 133 von Ludwig van Beethoven, die bald im *Domaine Musical* aufgeführt wurden (4. Mai 1955 bzw. 10. April 1954) und zugleich die einzigen Werke dieser beiden Klassiker waren, die Berücksichtigung fanden. Undenkbar ist, daß ein anderes Stück von Mozart dort erklungen wäre, denn deren meist homophone Schreibweise paßte nicht ins Konzept dieser Veranstaltungen; nur der quasi intellektuelle Mozart hatte eine Chance, dort gehört zu werden. Mit Beethoven verhält es sich ähnlich; seine Große Fuge stellt die Synthese zwischen einer dreisätzigen Sonate und kontrapunktischer Arbeit dar, was genau Schönbergs Ideal entspricht, das er in der *Kammersymphonie* op. 9 verwirklichte: eine Einheit aus verschiedenen Sätzen, die ineinander übergehen und zugleich jeder Stimme ein Höchstmaß an Eigenständigkeit gewähren.

Zwei Fugen aus Bachs *Kunst der Fuge* standen auch auf dem Programm (4. Mai 1955), ohne daß weitere Angaben gemacht wurden. Denkbar wäre, daß es sich um Spiegelfugen gehandelt hat, wobei die Grundgestalt des Themas mit dem tiefsten Ton Cis und die Umkehrung mit dem höchsten Ton B wiederum die verminderte Septime gebildet hätte. Alle diese Fugen sind aber insofern noch frei in ihren Strukturen, als die Fortspinnung der Themen nicht von vornherein gegeben ist. Das *Musikalische Opfer* und die *Kunst der Fuge* enthalten aber auch Kanons, die weit strenger sind. Spiegelungen in der Horizontale und Vertikale können vorkommen. Deshalb ist es nicht erstaunlich, daß Anton Weberns *Symphonie* op. 21 sehr bald aufgeführt wurde (25. April 1955); denn dort ist diese Technik bis zum Äußersten radikalisiert. In dieser *Symphonie* treten nur Kanons auf. Die Reihe ist symmetrisch gebaut, ihre zweite Hälfte ist die Krebsumkehrung der ersten im Tritonusabstand. Sie gliedert sich in Zellen von einigen wenigen Tönen, die durch die Klangfarben der Instrumente differenziert sind. Auch Weberns Orchestrierung des *Ricercars* aus dem *Musikalischen Opfer* bringt die einzelnen Abschnitte des Themas in jeweils anderen Instrumenten; die Klangfarben sind eng an den thematischen Verlauf gebunden. Im selben Konzert wie Weberns *Symphonie* wurden auch die *Incontri* von Luigi Nono gespielt, ein Orchesterstück, in dem die Reihenfäden von einem Instrument zum anderen laufen und ganze Abschnitte in der Krebsform zurückkommen. *Cantéyodjayâ* und *Mode de valeurs et d'intensités* wurden bereits im zweiten Konzert gespielt (24. Februar 1954). Dort wird Weberns Verfahren noch weitergetrieben: Nicht mehr Zellen von mehreren Tönen werden einer bestimmten Anschlagsart (Klangfarbe) zugeordnet, sondern Einzeltöne werden auf diese Art isoliert, wobei ihre Abfolge frei bleibt. *Structures Ia* (4. Mai 1955) bedeutete schließlich den Endpunkt einer Entwicklung von Bach über Webern, Nono und Messiaen bis zu Boulez, die nicht unbedingt zwingend war, damals aber als solche empfunden wurde. Boulez' teleologisches Bewußtsein war von René Leibowitz geprägt worden, doch nahm nun die Radikalisierung des ursprünglichen Konzepts so große Formen an, daß die Syntax der Musik, wie man sie vorher kannte, endgültig zerschlagen war.

*

Claude Debussy und Maurice Ravel, die beiden bedeutendsten französischen Komponisten vor Olivier Messiaen, wollte Pierre Boulez zu universal gültigen Musikern erklären. Zu lange hatte man sie im Namen einer gewissen »clarté« und »légèreté« als ausschließliche Repräsentanten des »esprit français« gefeiert. Paul Cézanne sei nicht Impressionist, sondern ein Vorläufer des Kubismus; Stéphane Mallarmé nehme den Surrealismus voraus und könne nicht nur als dekadenter Symbolist betrachtet werden; Claude Debussy aber sei nicht nur der Schöpfer von verhauchenden Arabesken, er habe vielmehr den musikalischen Augenblick verabsolutiert und den Kreis des Okzidents aufgebrochen.[9] Deshalb führte Boulez mit Madeleine Renaud als Rezitantin zuerst die *Chansons de Bilitis* auf (10. April 1954). Die fehlende Celesta-Stimme ergänzte er; ihre überreichen Fiorituren sind aber im Manuskript, das die Paul Sacher Stiftung Basel aufbewahrt, zum großen Teil wieder gestrichen worden, als hätte Boulez vor seiner eigenen Phantasie Furcht bekommen. Der Klang des Metallophons faszinierte ihn jedoch. Später hat er in *Pli selon Pli* und *Eclat* diesen hellen Timbre immer wieder verwendet. Er wirkt asiatisch, erinnert an das Gamelan, das Boulez auf den Tourneen mit Madeleine Renaud und Jean-Louis Barrault kennengelernt hatte. Die Stücke sind sehr kurz und skizzenhaft; sie verwirklichen auf die beste Art und Weise den musikalischen Augenblick, der wieder in die Stille übergeht.

Im Gegensatz zu Messiaen bevorzugte Boulez aber den späten Debussy, den die musikalische Welt zuerst für weniger wertvoll hielt als *Pelléas et Mélisande* oder *La Mer*. Deshalb wurden *En blanc et noir* und vier der zwölf *Etüden* aufgeführt (24. März 1954 bzw. 4./5. Februar 1955). Vor allem die Etüde mit Quarten und jene mit Verzierungen weisen weit voraus: Die erstere emanzipiert ein Intervall, das in der tonalen Musik ein prekäres Dasein gefristet hat (Frédéric Chopin schrieb nur Etüden für Terzen und Sexten), da die Quarte ursprünglich in Relation zum Baß als dissonant galt; die zweite weist auf die arabeskenhafte Melodik voraus, wie sie gerade für den Serialismus mit seinen vielen kleinen Noten typisch wurde.

Von Ravel setzte Boulez nur *Frontispice* auf das Programm (24. März 1954), ein sehr problematisches Stück, nicht nur wegen seines ein wenig summarischen, übereilten Schlusses, sondern auch, weil es für Klavier fünfhändig geschrieben ist. Es handelt sich dabei jedoch um den bemerkenswerten Versuch, relativ selbständig abrollende Schichten übereinander zu legen, wodurch der Eindruck einer fast balinesisch anmutenden Musik entsteht. In *Rituel in memoriam Bruno Maderna* wird Boulez diese Technik in großem Stile anwenden; auch dort ist die Affinität zu orientalischer Musik hörbar.

*

Von Igor Strawinsky hätte Boulez wohl zuerst *Le Sacre du printemps* aufgeführt, doch waren in der Konzertreihe *Domaine Musical* aus finanziellen und räumlichen Gründen nur kammermusikalische Werke möglich. Deutlich wird aber seine Abneigung gegen den neoklassischen Strawinsky, der vollkommen fehlt.[10] Schon am ersten Abend (13. Januar 1954) wurde *Renard* szenisch gegeben, am dritten (24. März 1954) eine Reihe von Liedern, unter ihnen *Pribaoutki*, die alle während des Ersten Weltkrieges im Schweizer Exil entstanden. Der russische Einfluß ist dabei noch sehr stark. Später (10. November 1956) wird Boulez auch die *Trois Poésies de la lyrique japonaise* mit ihrem reizvollen instrumentalen Kolorit aufnehmen und sie in Beziehung zu Anton Webern setzen. Sie entstanden unter dem Eindruck von Arnold Schönbergs *Pierrot lunaire*, weisen aber rein strukturell keine Ähnlichkeit mit den dreimal sieben Melodramen auf. Ihr flüchtiger Gestus erinnert vielmehr an den frei-atonalen Webern.[11]

Als sich Strawinsky, sehr zum Ärger von Nadia Boulanger und ihren Anhängern, der Reihentechnik zu bedienen begann, veranstaltete Boulez ein Konzert zu seinem 75. Geburtstag (11. Oktober 1957), in dessen Rahmen die Musik des Balletts *Agon* zum ersten Mal in Paris erklang. *Agon* zeigt den allmählichen Übergang von der neoklassischen zur dodekaphonen Technik. Ob Strawinskys späte Wendung aus Opportunismus oder innerem Bedürfnis erfolgte, ist bis heute umstritten. Der Altmeister bekannte öffentlich, Boulez' Musik zu lieben, während sich dieser im persönlichen Gespräch nicht über den Wert eines Werkes wie *A Sermon, a Narrative and a Prayer* äußern wollte, das wir kurz vor seiner Uraufführung in Basel gemeinsam analysierten. Vielleicht störten ihn die vielen reihentechnischen Inkonsequenzen, doch ist es unbestreitbar, daß Strawinsky in seinen Spätwerken eine archaische Herbheit wiedererlangte, die er nach dem Ersten Weltkrieg verloren hatte.[12]

Von Edgard Varèse ließ Boulez zuerst *Octandre* aufführen (10. April 1954). Die radikale Modernität dieses Stückes, das nur organisierter Klang sein will, stellte damals alles in den Schatten, was dem Publikum an Musik nach dem Zweiten Weltkrieg bekannt war. Es handelt sich dabei aber — wie Boulez in Kursen und Konzerteinführungen immer wieder gezeigt hat — nicht um Futurismus oder Bruitismus, wie ihn George Antheil propagierte, sondern um ein konsequentes Neuüberdenken aller musikalischer Dimensionen, das Boulez verwandt berührt haben muß.

Die ganze Avantgarde der Zeit nach dem Zweiten Weltkrieg wandte sich gegen einen gewissen sentimentalen Folklorismus; sie wollte eine allgemeingültige, nicht von Nationalismen gefärbte Musik kreieren. Deshalb setzte Boulez von Béla Bartók nur extreme Werke aufs Programm: zuerst die Klaviersonate (24. Februar 1954), deren langsamer Satz eine Studie in rudimentären Tonfolgen und sehr dissonanten Akkordprogressionen ist, die in Bartóks Oeuvre singulär geblieben sind; dann die zweite Violinsonate (24. März 1954), die insofern eine ganz neue Möglichkeit des Duospiels zeigt, als die Themen des einen Instruments im Gegensatz zur klassisch-romantischen Tradition nie vom anderen übernommen werden. Die Klangfarben des Klaviers sind durch ungewöhnliche Oktavlagen sehr erweitert worden; der Tatsache, daß die angeschlagenen Töne rasch verklingen, wird voll Rechnung getragen, während die Violine Kantilenen spielt, denen aber nur von ferne ein volkstümlicher Ursprung anzumerken ist. Beide Werke gehören zu Bartóks avanciertesten und sind heute immer noch zu wenig bekannt. Der Tendenz, selten gespielte Werke aufzuführen, ist Boulez als Dirigent bis heute treu geblieben.

*

Von Arnold Schönberg, Alban Berg und Anton Webern ließ Pierre Boulez während der ersten Spielzeiten fast alle Werke zum Teil mehrere Male aufführen. Gerade sie galt es dem französischen Publikum näherzubringen. Seine Haltung gegenüber den beiden ersteren blieb aber ambivalent, nur Webern galt uneingeschränkt als das große Vorbild.[13] Die Kritiker verurteilten vor allem Schönbergs Werke aus dem amerikanischen Exil und lobten Bergs *Lyrische Suite* (24. März 1954). Von Schönberg erklang zuerst die *Suite* op. 25 und von Webern die *Variationen* op. 27 (beide am 24. Februar 1954), ohne daß daraus Boulez' besondere Wertschätzung dieser Stücke abgelesen werden könnte. Die Tatsache, daß die Pianistin Yvonne Loriod, Messiaens spätere zweite Gattin, gerade an diesem Abend zur Verfügung stand, mag den Ausschlag gegeben haben. Boulez verglich Webern oft mit Stéphane Mallarmé in der Reinheit des Stils bis ins Schweigen hinein. Damit holte er diesen Komponisten in den französischen Kulturkreis und setzte ihn in die Nähe Debussys. Des einen konstruktivistische Rigorosität versuchte er mit der Geschmeidigkeit des anderen zu verbinden, um über beide hinauszugelangen.

*

Im Laufe der Jahre wurden die Werke der großen europäischen Musik in der Konzertreihe *Domaine Musical* immer seltener gespielt. Boulez brach die Brücken zur Vergangenheit hinter sich ab. Bach, Mozart und Beethoven waren ohnehin nur mit einigen wenigen Stücken vertreten gewesen. Sie verschwanden endgültig, um der aktuellen Musik Platz zu machen. Das Ziel war erreicht: Die klassische Moderne war akzeptiert, zum mindesten von einem treuen Publikum, das die Konzerte regelmäßig besuchte. In den den Programmen beigegebenen Kommentaren ist oft davon die Rede, daß man auf eine neue Weise hören lernen müsse, ohne daß näher darauf eingegangen wird. Durch die wiederholte Aufführung von berühmten Werken Schönbergs, Bergs und Weberns entstand aber eine Vertrautheit mit dieser Musik, um die man sich früher in Paris gar nicht bemüht hatte, sei es aus Indifferenz oder

Ablehnung von allem, was jenseits des Rheins komponiert wurde. Zugleich ging es Boulez auch darum, Interpreten heranzubilden, die jene Musik mustergültig wiedergeben konnten. Zu oft scheitern neuartige Werke an der Unzulänglichkeit ihrer Wiedergabe. Boulez' Konzerte weckten das Vertrauen, daß auf alle Fälle die Noten gespielt wurden, die in der Partitur standen — mochte man sie gern haben oder verabscheuen. Von dieser Zuverläßigkeit ging eine Autorität aus, die den Erfolg der Konzertreihe *Domaine Musical* während zehn Jahren garantierte.

Olivier Messiaen und Pierre Boulez

Pierre Boulez war einer der ersten Schüler Olivier Messiaens und zugleich auch der Begabteste. Noch in den sechziger Jahren erinnerte sich der Lehrer an seinen Schüler und lobte ihn gegenüber Claude Samuel: »Er war so intelligent und so musikalisch, daß er keinen Lehrer brauchte; ich bin überzeugt, daß er ohne die Hilfe eines Lehrers etwas Großartiges gemacht hätte. [...] Für mich ist Pierre Boulez der größte Musiker seiner Generation und vielleicht des halben Jahrhunderts. Er ist auch der größte Komponist der seriellen Musik; ich würde sogar sagen, daß er der einzige ist. Außerdem ist er mein Fortsetzer auf dem Gebiete des Rhythmus.«[1] Gleichzeitig bekennt Messiaen aber auch, daß Boulez von seiner musikalischen Welt weit entfernt sei. Er habe versucht, ihm »wenn nicht ein wenig Glaube und Liebe, so doch ein wenig Hoffnung zu vermitteln. [...] Er wurde menschlicher seit jener Zeit. [...] Wir kamen aus einer friedlichen und konservativen Generation. Es war als Reaktion natürlich, daß wir auf extravagante Revolutionäre trafen. Und ich dachte, daß [Boulez'] Wutausbrüche fruchtbar seien und schließlich zu einer Erneuerung der Technik, zur Askese und zum Licht führen würden.«[2] Boulez war ein nicht leicht zu führender Schüler; er hat seinen Lehrer immer wieder kritisiert, was besser ist als grenzenlose Verehrung, hinter der sich im Grunde uneingestandene Ressentiments verbergen.

Gegenüber der Schönberg-Schule, die Boulez in der Konzertreihe *Domaine Musical* dem französischen Publikum vorstellte, hatte Messiaen seine Bedenken. Nachdem er zuerst Claude Debussy als Erneuerer des Rhythmus, der Harmonik und der Melodik gelobt hat, erklärt er: »Nach ihm kam Schönberg, der vielleicht kein großer Musiker, aber auf alle Fälle ein großer Zerstörer ist;

und in einem gewissen Sinne war diese Zerstörung nützlich, da sie erlaubte, die tonalen Schranken vor der Entdeckung der Reihe zu durchbrechen.«[3] Messiaen, der sonst immer den Ausgleich suchte, bekennt, daß er Arnold Schönberg nicht mehr als andere Musiker liebe, und bezeichnet Alban Berg und Anton Webern als »zwei große Jünger«[4] — nicht mehr und nicht weniger; denn für ihn »erreichte die serielle Musik mit Pierre Boulez ihren Höhepunkt. Er ist der große serielle Musiker, weil er diese Sprache meisterte und hinter sich ließ, statt ihr Sklave zu werden.«[5] Messiaen versuchte nicht, zwischen der Zwölftontechnik, deren Reihen nur die Tonhöhen organisierten, und dem eigentlichen Serialismus, der alle Parameter des Klanges umfaßt, zu unterscheiden. Er sah die Entwicklung von Schönberg, Berg und Webern zu Boulez aus einer gewissen Distanz, die zu seinem Gleichmut, seiner Abgeklärtheit gehörte. Dennoch äußerte er sich begeistert über die neuen Tendenzen, die nach dem Zweiten Weltkrieg aufkamen: »*Domaine Musical* ist das Werk eines einzigen Mannes, von Pierre Boulez, nicht nur um die serielle Ästhetik und [Boulez'] Theorien vorzustellen, sondern auch, um einer ganzen Gruppe von zeitgenössischen Musikern zum Durchbruch zu verhelfen. Das ist ein einzigartiger Kraftakt, weil er von einem Mann ausging, dessen Mut und Hellsicht sich mit einer wunderbaren Technik verbinden und mit einem Schlage auf den größten Teil unserer Probleme eine Antwort liefert. *Domaine Musical* ist auch der einzige Ort, wo man mit Sicherheit die wertvollen Werke hört, die aus der ganzen Welt kommen [...], und es ist immerhin angenehm zu wissen, daß wir in Paris eine Art Schmelztiegel haben, aus dem von Zeit zu Zeit Meisterwerke hervorgehen.«[6] Stolz erwähnt Messiaen auch, daß er in dieser Konzertreihe immer seine Loge habe, wurden doch nicht nur einige seiner eigenen Werke dort aufgeführt, sondern auch die seiner Zeitgenossen und die der jüngeren Generation, von der er sich nie abwandte, auch wenn sie ihre eigenen Wege ging. Es war schwierig, gegen Messiaen Stellung zu beziehen, weil er selbst von überall her Anregungen auffing und sie in seiner Klasse am Conservatoire weitergab.

*

Zwischen Olivier Messiaen und Pierre Boulez bestanden große Gegensätze. Sie zeigen sich schon in den Titeln der Werke. Messiaens Titel beziehen sich in den weitaus meisten Fällen auf etwas Außermusikalisches. Der *Mode de valeurs et d'intensités* bildet hier eine große Ausnahme; er sagt nur, daß es sich um einen Modus von Tönen handelt, die in ihrer Höhe, Dauer, Intensität und Anschlagsart fixiert sind: eine rein kompositionstechnische Definition dessen, was sich im Stück ereignet. Der *Mode* gehört zu den *Quatre études du rythme*, deren erste und vierte aber als *Iles de feu*, als Feuerinseln, bezeichnet sind und nichts über die Machart der Stücke verraten. Messiaen ging es in den meisten seiner Werke um drei wichtige Kräfte, die die menschliche Existenz bestimmen; er nennt sie gleich zu Beginn seiner Unterhaltungen mit Claude Samuel: »Die erste Idee, die ich ausdrücken wollte, die Idee, die die wichtigste ist, weil sie über allem anderen steht, ist die Existenz des katholischen Glaubens. Ich habe das Glück, Katholik zu sein; ich wurde als Glaubender geboren, und es fand sich, daß mich die heiligen Schriften seit meiner Kindheit tief berührt haben. Eine gewisse Anzahl meiner Werke ist deshalb dazu bestimmt, die theologischen Wahrheiten des katholischen Glaubens hervorzuheben. Das ist der erste Aspekt meines Werkes, der vornehmste, ohne Zweifel der nützlichste, der wertvollste, der einzige vielleicht, den ich in meiner Todesstunde nicht bereuen werde. Aber ich bin ein menschliches Wesen; wie alle menschlichen Wesen bin ich sensibel für die menschliche Liebe, die ich in drei meiner Werke durch den größten Mythos der menschlichen Liebe ausdrücken wollte, den von Tristan und Isolde. Schließlich bewundere ich tief die Natur. Ich glaube, daß uns die Natur unendlich überlegen ist, und ich habe sie immer wieder um Belehrungen gefragt; vor allem liebe ich die Vögel. Ich studierte deshalb besonders die Vogelgesänge; ich beschäftigte mich mit Ornithologie. In meiner Musik gibt es die Gegenüberstellung des katholischen Glaubens, des Mythos von Tristan und Isolde und die häufige Verwendung von Vogelgesängen.«[7] Die Beziehung zu diesen drei Welten war Messiaen so wichtig, daß er in den Partituren immer die Namen der Vögel angibt, deren Rufe er in Musik umsetzt. Er scheut sich nicht, diese Hinweise zu machen, obwohl sie die Autonomie der Werke gefährden, die auf die Zuhörenden doch vor allem durch sich selbst wirken müssen.

Die *Méditations sur le Mystère de la Sainte Trinité* entstanden im Jahre 1969, zuerst ohne daß die einzelnen Sätze Titel aufwiesen; Messiaen trug sie viel später, erst 1986, nach; der achte heißt nun *Dieu est simple* (Gott ist einfach) und der neunte *Je suis Celui qui Suis* (Ich bin, Der ich bin). Durch diese Festlegung des musikalischen Gehalts wollte Messiaen gerade über die Musik hinauswirken und seinen in diesem Zyklus für Orgel sehr intrikaten Kompositionstechniken eine Legitimation verschaffen: Die einzelnen Töne sind zum Teil an einzelne Buchstaben des Alphabets gebunden, die einen theologischen Text des Thomas von Aquin bilden. Dadurch entsteht eine höchst fremdartige Musik; die Oberstimme bewegt sich in einer Melodik, wie sie Messiaen früher nicht kannte, da sie den durch die Buchstaben fixierten Tönen folgen muß. Deshalb könnte leicht der Eindruck entstehen, daß es sich nur um ein fremdartig tönendes Faktum handelt. Dem Vorwurf, selbstgenügsam zu spielen, wollte Messiaen entgehen und die Sprache der Engel, wie sie der heilige Thomas vernahm, in Musik umsetzen.

Die Titel von Boulez sind ganz anderer Art: *Notations* und *Structures* wirken ganz neutral; sie sagen nur aus, daß es um Notationen von Musiknoten und bestimmte Strukturen geht. Wie diese Strukturen beschaffen sind, wird nicht gesagt. Daß die Musik aber ganz abstrakt, rein als in sich stimmendes Gefüge wirken soll, ist das ästhetische Programm dieser Musik, die sich jeder Vereinnahmung von theologischer, philosophischer und auch literarischer Seite her entzieht. Die drei Klaviersonaten gliedern sich nur bedingt in diese seit der Wiener Klassik wichtige musikalische Gattung ein. Sie sind zuallererst Werke mit mehreren Sätzen von großem kompositorischem Anspruch; sie vermeiden das Genrehafte. In diesem Sinne sind sie wirklich Sonaten, doch nur die zweite zeigt in ihrem Aufbau Ähnlichkeiten mit der klassischen Form: Sie weist vier Sätze auf, die ohne weiteres mit Allegro, Adagio, Scherzo und Finale bezeichnet werden könnten.

Rätselhaft wirken die Titel der Werke, die einen Text vertonen. *Le Marteau sans Maître* heißt nichts anderes als Der Hammer ohne Herr oder Der Verrückte ohne Meister und bezieht sich auf die surrealistischen Gedichte von René Char, die vom Mezzosopran aber in einer Weise gesungen werden, daß nur hier und da einzelne Worte verstanden werden können. Der Zusammenhang zwischen den Worten wäre nur durch langes Studium ungefähr zu entschlüsseln. *Pli selon Pli, portrait de Mallarmé* (Falte um Falte, Portrait von Mallarmé) ist nicht minder seltsam. »Pli selon Pli« ist das Zitat aus einem Gedicht Stéphane Mallarmés, das von der Sängerin gar nicht gesungen wird. Dafür verwenden die drei Improvisationen, die das Zentrum des Werkes bilden, drei Sonette von Mallarmé, deren Aussage, wenn sie überhaupt intendiert war, dunkel bleibt, während die beiden Ecksätze nur Fragmente aus anderen Gedichten zitieren, die im Orchester förmlich untergehen. Daß es sich aber um ein Portrait Mallarmés handelt, teilt sich mit den gläsernen, allusiven und flüchtigen Klängen nur denen unmittelbar mit, die das Werk dieses Dichters kennen.

Cummings ist der Dichter verdankt seinen Titel einem Zufall: Als Boulez gefragt wurde, wie das neue Stück heißen solle, antwortete er: »Cummings ist der Dichter.« Er wollte damit nur sagen, daß er Gedichte von Edward Estlin Cummings vertont habe; der durch ein Mißverständnis entstandene Titel gefiel ihm aber so sehr, daß er ihn beibehielt. Die Gedichte spielen mit den Silben von einzelnen Worten und erinnern von ferne an Ernst Jandl: Wieder wird eine direkte Mitteilung an die Zuhörenden verweigert. *Rituel in memoriam Bruno Maderna* und *Mémoriale* sind Werke zum Gedächtnis an verstorbene Freunde; beide arbeiten mit antiphonischen Strukturen wie auch *Répons*, wo sich Solisten in den Ecken des Saales einem in dessen Mitte spielenden Ensemble gegenübersehen. Das Ritualistische dieser drei Stücke schafft einen gewissen Bezug zur fernen Vergangenheit, zum Gregorianischen Choral und zur Musik des Frühbarock, ohne archaisierend im Sinne von zeitgenössischer Kirchenmusik wirken zu wollen. Der Wechsel von unterschiedlichen Strukturen, von eher solistisch oder orchestral besetzten Abschnitten, garantiert aber von vornherein eine bestimmte Form; doch vermeidet Boulez eine einfache Addition von Abschnitten; er überlagert Soli und Tutti, um eine größere Komplexität zu erreichen. Eine durchaus neue Formkonzeption verrät *Dérive I*, was nichts anderes als »Abdriften« heißt. Die Form driftet ab, sie löst sich auf. Der Titel wurde zuerst von Gérard Grisey eingeführt und verrät eine gewisse Verlegenheit, die in jüngster Zeit alle Komponisten in Paris befiel: Wie soll ein bestimmtes musikalisches Material in einen zeitlichen Verlauf gebracht werden, der eine logische Entwicklung beschreibt? Boulez antwortet nicht nur in *Dérive I*, sondern auch in *Rituel* und *Répons* mit der Desintegration von am Anfang sehr kompakten Strukturen. Seine Titel verweisen zum Teil auf diesen Prozeß, sind aber wiederum so neutral, daß sich die Zuhörenden nur an eben diesem Prozeß orientieren können.

*

Auch wenn man Olivier Messiaens Erklärungen über die Quellen seiner Musik voll respektiert, muß doch gesagt werden, daß er ganz einfach irgendein Rohmaterial brauchte, das er bearbeiten konnte, aber nicht, um es wie Strawinsky zu verfremden, die Nähe zu einem Modell zu suchen und durch in dieses eingebaute Fehler die Zuhörenden zu brüskieren. Messiaens Urteil über die sogenannte Neoklassik ist fast durchweg negativ, nur bei einigen Werken Arthur Honeggers — *Antigone* — und Darius Milhauds — *L'Homme et son désir* und *La Création du monde* — macht er eine nicht erklärbare Ausnahme.[8] Seine Liebe zur Natur — jedermann liebt sie — kann nicht der ausschließliche Grund für seine Bevorzugung von Vogelgesängen sein. Er selbst gibt eine rein musikalische Erklärung: »Tatsächlich haben die Vogelgesänge sehr verschiedene Klangfarben, je nach der Vogelart, ihrem Lebensraum oder ihrem Land; gewisse Vögel realisieren sogar richtige Klangfarbenmelodien. Die Singdrossel zum Beispiel läßt manchmal im Verlauf einer einzigen Phrase zwanzig verschiedene Farben hören. Das diente mir auch als Vorbild.«[9] Vögel können krächzen und kreischen, ganz abgesehen davon, daß die Tonhöhen nicht in unser gleichschwebend temperiertes System passen wollen. Durch ganze Akkorde, die je nach der Wahl des Vorbildes dissonant oder (fast) konsonant sein können, gelingt es Messiaen, die Rufe der Vögel wiederzugeben. Dabei bewahrt er sich aber volle Freiheit; manchmal ist das Gezwitscher täuschend echt, manchmal dient es nur als Ausgangspunkt für eigene Lösungen. Naturalismus kann man ihm auf keinen Fall vorwerfen; immer entsteht eine neue Syntax einer einstimmigen Melodik, die durch Zusatztöne gefärbt wird. Debussys Mixturklänge und die komplexeren Register der Orgel mögen als Vorbild gedient haben, doch wenn Messiaen Vogelgesänge auf dem Klavier oder mit dem Orchester realisiert, entstehen die meist fast unmerklichen Wechsel der Farben.

Boulez würde nie daran denken, sich direkt von der Natur inspirieren zu lassen. Seine unberechenbaren, den Bewegungen eines Raubtieres gleichenden Aufschwünge, denen Ruhepausen folgen können, entstehen aus Tempowechseln, genau notierten Rubati und sogenannten irrationalen Rhythmen — Quintolen, Septolen usw. —, die er mit seiner Gestik als Dirigent den Instrumentalisten übermitteln kann. Von Claude Debussy war er gerade deshalb sehr beeindruckt, weil er flexibel ist und sich den momentanen Erfindungen überläßt, ohne die große Form aus den Augen zu verlieren.[10] In den geraden Abschnitten von *Rituel* tauchen Mixturklänge auf; bestimmte Akkorde entwickeln sich in paralleler Bewegung, was zuerst recht schematisch wirkt; dann aber, wenn sich mehrere Schichten von Mixturklängen überlagern, wird ein Gewirr von Stimmen daraus, das von ferne an Messiaens Vogelkonzerte erinnern mag. In *Eclat* treten gleich zu Beginn höchst dissonante Akkorde auf, die scheinbar nur als Farbe wirken, später aber als thematische Elemente wieder auftauchen — ein Verfahren, das Messiaen nicht kannte. Auch in *Eclat* verwendet Boulez Schlaginstrumente, die einen Nachhall erzeugen können; diese komplexen Klänge liebte Messiaen sehr. Bezeichnend ist aber wieder, daß dieser ihnen eine außermusikalische Bedeutung gibt: »Diese Instrumente verleihen uns die Gewalt, die Poesie und die Irrealität, die Vibraphone mit ihren vibrierenden Teiltönen wie auch die Gongs, die Tamtams und die Glocken mit ihrer Aura aus Obertönen, ihren Kombinationstönen aus falschen Grundtönen und anderen sehr komplexen, klanglichen Phänomenen, die uns übrigens gewissen enormen und seltsamen Geräuschen der Natur annähern wie den Kaskaden und Sturzbächen der Berge.«[11] Erinnerungen an die Musik von Varèse, wie sie oben S. 155ff. dargestellt wurde, vermischen sich mit Natureindrücken.

Messiaen komponierte am liebsten in den Bergen rund um Grenoble. Sein Orchesterwerk *Et exspecto resurrectionem mortuorum* war für gotische Kathedralen bestimmt und hätte nach dem Willen des Komponisten auch im Angesicht von Felsen und Gletschern aufgeführt werden können. Nichts von alledem findet sich bei Boulez, der nur an Innenräume denkt. Immerhin wurde *Répons* aber auch in einem Steinbruch nahe bei Avignon aufgeführt, nachdem es in Donaueschingen, in Bobigny und in Basel in großen Hallen erklungen war. Die Magie eines weiten Raumes versuchte Boulez zu benützen, um eine bestimmte Aufführung zum Ereignis werden zu lassen. Aber *Répons* kommt nicht ohne Elektronik, ohne die hoch entwickelte Technologie aus, die Messiaen verachtete: »Ich gestehe, daß es mir nicht in den Sinn käme, ein elektronisches Gehirn zu befragen, vor allem weil ich dazu unfähig wäre; ich glaube auch, daß das befragte elektronische Gehirn schnell Tausende, ja Millionen von Antworten gibt, davon ist nur eine gut. Ist es nicht schneller, Genie zu haben und die gute Lösung sofort zu finden, statt einen überaus lästigen Apparat zu stören und Monate damit zu verbringen, eine Frage zu formulieren?«[12]

Messiaen machte diese Bemerkung, bevor Boulez am Institut de Recherche et Coordination Acoustique/Musique (IRCAM) mit einem Team von Spezialisten *Répons* zu komponieren begann. Vielleicht hätte Messiaen seine Meinung geändert. Konziliant wie er war, sagte er fast nur Gutes von allen Menschen. Schon damals, in den sechziger Jahren, als er jene Erklärung abgab, konzedierte er Iannis Xenakis, sich mathematischer Formeln bedienen zu dürfen. Von sich selbst aber sagte er, daß er sich nicht schäme, ein Romantiker zu sein: »Die Romantiker waren sich der Schönheit der Natur bewußt, sie kannten die Größe der Gottheit; sie waren grandios, und zahlreich sind unsere Zeitgenossen, die gewinnen würden, wenn sie sich ›romantisieren‹ ließen.«[13] Deshalb scheute er sich auch nicht, sein ganzes Leben lang immer wieder tonale Dreiklänge als Symbol des Schönen und Göttlichen einzusetzen, während sie für seine jüngeren Zeitgenossen verbraucht und banal waren. Auch in einem vollkommen atonalen Kontext tauchen sie auf, zum Beispiel in *Le Loriot* (Der Pirol) aus dem *Catalogue d'oiseaux*, und über den Noten stehen die Worte: »Ruhe und feierliche Klarheit.« Messiaen machte möglich, was Boulez ausschloß: die Verbindung von heterogenen Elementen zu einem musikalischen Kosmos im Dienst einer höheren Idee.

*

Scheinbar rational und dann doch wieder spielerisch-naiv ist die Art, wie sich Olivier Messiaen der altgriechischen Rhythmen bediente. Sie waren für ihn wie die Vogelgesänge ein Rohmaterial, aus dem etwas durchaus Persönliches werden konnte. Schon Marcel Dupré ließ seinen Schüler auf griechische Versmaße improvisieren; Maurice Emmanuel gab am Conservatoire einen Kurs über griechische Metrik. Später hat Messiaen seine Kenntnisse vertieft. Die Erklärungen, die er Claude Samuel gab, sind sehr umfangreich; denn Messiaen war von seinen Recherchen begeistert. Nur ein kurzer Ausschnitt sei hier wiedergegeben: »Stellen wir uns einen iambischen Vers vor, so erhält man immer die Abfolge kurz-lang, kurz-lang, kurz-lang usw., doch man darf sie ersetzen, das heißt: ein Rhythmus kurz-lang kann durch seine Unterteilung zum Tribrachys (drei Kurze) werden, oder man kann dieser Dreiergruppe einen Rhythmus unterschieben, der Vierergruppen ergibt, zum Beispiel einen Daktylos (lang-kurz-kurz), der zu vier Kurzen werden kann. Sehr häufig ist der üblicherweise dreiteilige Rhythmus am Schluß vierteilig; er besteht aus einem Spondäos, der zwei Lange umfaßt (die vier Kurzen entsprechen). Dieses Spiel mit Ersetzungen erlaubt es, wenn man alle Dauern des Verses addiert, unerwartete Zahlen zu erreichen und vor allem Primzahlen. [...] Diese Primzahlen sind vollkommen außer Gebrauch in der klassischen westlichen Musik.«[14] Messiaen geht von der nicht unbedingt feststehenden Tatsache aus, daß die Lange den doppelten Wert der Kurzen habe; nur so kann er zu diesen

Unterteilungen gelangen, die den ursprünglichen Rhythmus bis zur Unkenntlichkeit verändern. Da er keine irrationalen Werte gebraucht, konnte er mit der einfachen Proportion 1:2 operieren und daraus die unerhörtesten Gebilde schaffen. Mit den höheren Primzahlen stieß er in ein Gebiet vor, das ihn immer wieder faszinierte; er verwendet sie in der dritten der *Quatre études du rythme* und nennt sie *Neumes rythmiques* (Rhythmische Neumen) in Anlehnung an die frühmittelalterlichen Neumen (Handzeichen), mit denen der ungefähre Verlauf einer Melodie ohne Notenlinien angegeben werden konnte. Das kombinatorische Spiel mit den griechischen Rhythmen und der Bezug zur ersten notierten christlichen Musik ergeben eine verwirrende Mischung von halb wissenschaftlichen Erkenntnissen mit der künstlerischen, kombinatorischen Phantasie, die Messiaen mit einer entwaffnenden Unbefangenheit präsentiert.

Skeptisch wie er schon als Schüler war, wäre es Boulez nie eingefallen, auf griechische Versmaße zurückzugreifen. In seinen Basler Kompositionskursen vom Anfang der sechziger Jahre lehrte er aber die gleichen Unterteilungen von langen Dauern, wobei ein Ton auch durch eine Pause ersetzt werden konnte. Wieder ging es um ein nicht anders als besessen zu nennendes Spiel mit kleinen rhythmischen Einheiten, die transformiert und permutiert wurden. Doch sie wurden nicht von außen in die Musik hineingetragen, sondern entwickelten sich aus dieser selbst, zum Beispiel aus der Tonhöhenstruktur, deren einzelne Zellen (und nicht unbedingt ganze Reihen) ein Äquivalent zur zeitlichen Ordnung ergaben.

*

Die Großform war für Olivier Messiaen nie ein Problem. Was er über sie in der *Technique de mon langage musical* sagt, ist unoriginell. Begriffe wie »Entwicklung« und »Durchführung« verlieren ihren Sinn in einer statischen Musik. Additive Reihungen von verschiedenen Elementen lassen eher an Lied- oder Rondoformen denken. Doch der Schein täuscht. Messiaen behandelt ein ganzes Stück nach denselben Prinzipien wie die griechischen Rhythmen. Die einzelnen Abschnitte können gedehnt oder gekürzt werden; Unterteilungen erlauben die Verfügbarkeit kleinster Ausschnitte in jedem Augenblick des Werkes; diese können in einen neuen Zusammenhang verschoben werden, ohne sich stark zu verändern.

Bei Boulez treffen wir auf geheime Verbindungen zwischen verschiedenen Werken, die noch lange nicht alle erforscht sind. Ein kurzer Überblick kann schon einen Begriff von der intensiven Verflechtung zwischen scheinbar ganz verschiedenen Stücken geben. Die *Notations*, zwölf kleine Klavierstücke, werden zu großen Orchesterstücken ausgebaut. Vier davon sind schon fertig und werden recht häufig aufgeführt; vier weitere galten schon als vollendet, sind aber offenbar immer noch in Arbeit. Zwei der ursprünglichen *Notations* erschienen schon in der Ersten Improvisation aus *Pli selon Pli* fast notengetreu wieder. Der Anfang dieser Improvisation taucht im Gelegenheitswerk *Pour le Dr. Kalmus* wieder auf.

In der Mitte der fünfziger Jahre schrieb Boulez eine Szenenmusik zur Orestie von Aischylos, die von der Schauspieltruppe Renaud-Barrault aufgeführt wurde. Sie ist nichts anderes als ein Reservoir für viele Werke, die später geschrieben wurden. Wenn Robert Piencikowski, der beste Kenner von Boulez' Manuskripten, einmal seine immensen Kenntnisse publiziert, wird man mehr darüber erfahren.

... explosante-fixe... ist ein weiterer Kern — er besteht nur aus sieben Tönen —, der ständig erweitert wird. Ohne ihn sind *Rituel* und *Mémoriale* nicht denkbar. Aus dem vorhandenen Material haben schon andere Musiker Stücke gebildet; es ist sozusagen anonym und verfügbar in einem Maße, wie es in der hohen Musik lange nicht mehr möglich war.

Aus einem Abschnitt von *Domaines* für Klarinette und Kammerensemble entstand *Dialogue de l'Ombre double* (Dialog des doppelten Schattens) für eine Klarinette und Tonband, das vorher aufgenommene Passagen der Klarinette im Dialog mit dem live spielenden und durch kunstvolle Beleuchtung Schatten werfenden Musiker wiedergibt.

Doch damit nicht genug: Werke, die einmal eine Etappe in der neuen Musik markierten, verschwinden wieder spurlos: *Polyphonie X* und *Poésie pour pouvoir* haben scheinbar Geschichte gemacht, sind aber transitorische Erscheinungen geblieben in einer Bewegung ständig »nach vorne«, wie sie für Boulez typisch ist.

Sein Gesamtwerk wird der Nachwelt als ein »work in progress« vorkommen, das mehr ein Gerücht, eine Legende ist als eine Reihe noch immer spielbarer Werke, während sich Messiaen nicht scheute, viele Male ungefähr das gleiche Werk für den üblichen Gebrauch im Konzert zu schreiben. Boulez aber hängt einer Utopie nach, die zwar den Bewußtseinshorizont ständig erweitern möchte, aber in einem Niemandsland zwischen heute und morgen eine prekäre Existenz fristet.

Die Musique concrète

Ungefähr gleichzeitig mit dem Serialismus entstand in Paris die Musique concrète. Die Jahre um 1950 gehören zu den fruchtbarsten in der französischen Musikgeschichte. So verschieden die Bestrebungen von Olivier Messiaen, Pierre Boulez und John Cage auch waren, Pierre Schaeffer, der Promotor der Musique concrète, fügte dem allgemeinen Aufbruch zur Erforschung des akustischen Universums seinen eigenen Beitrag hinzu. Er gehörte damals nicht mehr zur neuen Generation; 1910 geboren, war er nur zwei Jahre jünger als Messiaen, verstand es aber genauso wie dieser, für einige Zeit Boulez und auch Iannis Xenakis zu beeinflussen, ganz zu schweigen von seinen Mitarbeitern wie Pierre Henry und François Bayle.

Schaeffer stammte aus einer Musikerfamilie, ging dann aber 1929 an die Ecole Polytechnique und wurde Ingenieur an verschiedenen Rundfunkstationen. Dort lernte er die Übermittlung von Geräuschen und Klängen kennen, die er bearbeitete und veränderte, um sie zu einer Musik eigenen Rechts zu machen. Im Gegensatz zur rein elektronischen Musik verwendete er schon existierende akustische Phänomene, unter denen er keines als zu gering und zu unbedeutend von seiner Arbeit ausschloß. Was das Publikum seiner Konzerte zu hören bekam, war insofern »konkret«, als Signale der alltäglichen Welt in diese Musik eindrangen, obwohl diese oft ihrem Ursprung vollkommen entfremdet waren.

Das Schlüsselerlebnis zur Musique concrète hatte Schaeffer im Februar 1948, als er das Funktionieren eines Skilifts beobachtete: »Auf der von der Bise gepeitschten Anhöhe, ganz oben am Skilift, drehen die Eisenhaken um das Rad, nachdem sie den vereisten Schnee gekratzt haben. Das Drehkreuz dieser Mechanik verletzt das Kristall des Eises. Diese Dinge müssen unbedingt eine Einheit bilden. Ein vielfältiges Universum wirkt auf uns ein. Die Menschen von heute kommen mit dem Skilift, Autoraupen, Kandaharbindungen [...] zur Natur zurück. Gut ausgerüstet, mit Chrom beschuht, Flachs an den Handschuhen, in Nylonkleidern genießen sie die reine Luft der Berge. Sie stehen zwischen zwei Feuern, die sie brennen und zugleich vereisen. Man sollte versuchen, das auszudrücken.«[1] Diese Konfrontation zwischen der unbändigen Natur und der Technik sollte Schaeffer immer wieder beschäftigen, doch steckte diese Technik noch in bescheidenen Anfängen und mußte ihren Weg zu einem wie auch immer gearteten Werk mühsam suchen.

Schaeffer führte von März 1949 an ein Tagebuch über seine Recherchen am Rundfunk, wo er für die Geräusche verschiedener Sendungen verantwortlich war. Er sammelte Klappern, Kokosnüsse, Autohupen, Glocken, Weckuhren und dachte an eine Tonleiter aus Hupen. Alle diese Gegenstände verstaute er in einem Schrank, in der Hoffnung, daß sie ihm einmal nützlich sein könnten.[2] Am 5. April ahnte er, daß schon Holzstücke dank ihrer unterschiedlichen Größe und Form verschiedene Geräusche hervorbringen können und ihm einmal eine hilfreiche Belehrung geben würden. Orgelpfeifen von Artistide Cavaillé-Coll wurden demoliert und zu neuen Klängen umgeformt. Zum Teil hatten sie schon im Krieg gelitten, doch nun waren sie gerade in einer Form willkommen, die sie zur traditionellen Musik ungeeignet machte.[3] Die ersten Versuche am 15. April verliefen enttäuschend: Die Klänge erinnerten an schon Bekanntes.[4] Der 21. April brachte eine erstaunliche Entdeckung: Wenn Schaeffer den Anschlag eines vorher aufgenommenen Glockenschlages wegschnitt, glich der Rest dem Klang einer Oboe. War das vielleicht ein Ausweg? Eine ganze Reihe dieser Effekte wurde auf Schallplatten aufgenommen. Bei dieser mühsamen Arbeit wären eigentlich zwölf Dutzend Platten notwendig gewesen, von denen jede nur einen einzigen Ton spielte.[5] Ende April kam der Gedanke, die Töne rückwärts laufen zu lassen. Dieses Prozedere war schon lange bekannt. Doch warum hat man es bis jetzt nicht vereinheitlicht? Damit konnten die schon bekannten Instrumente ergänzt, ja verdoppelt werden. Der Instrumentalist wäre damit nicht mehr ein preisgekrönter Student des Konservatoriums, sondern Toningenieur, wie Schaeffer triumphierend bemerkte.[6] Doch war ihm klar, daß es darum ging, sich auszudrücken, die Geräusche im Rohzustand genügten nicht.[7]

Der Lärm von Lokomotiven in Pariser Bahnhöfen bot ein weiteres Experimentierfeld. Schaeffer ermutigte die Heizer, zu improvisieren, erwartete aber eine geordnete Improvisation mit präzisen Variationen. Wieder wurde er enttäuscht. Die Diskothek des Rundfunks verfügte jedoch über eine Auswahl von Geräuschen, die von auf Schienen rollenden Eisenbahnwagen stammten. Daraus ließen sich rhythmische Gruppen von Beschleunigungen zusammenstellen, die von Tutti abgelöst wurden. Einige Elemente wurden miteinander gekreuzt, so daß ein Kontrapunkt entstand. Schaeffer wurde von den Schallplatten überwältigt, wollte aber kein dramatisches Szenario.[8] Da es genügte, zuzuhören, um zu neuen Hörerlebnissen zu kommen, setzte er das Gehörte neu zusammen und fabrizierte Kanons aus isolierten Elementen, denen er eine neue Farbe gab. Durch Wiederholungen erlangten sie eine eigene Identität.[9]

Am 15. Mai 1949 erscheint zum ersten Mal der Name »Musique concrète« im Zusammenhang mit der *Etude aux chemins de fer* (Eisenbahnstudie). Die manipulierten und neu zusammengesetzten Fragmente bildeten Klangkomplexe, die vorfabriziert und genau definiert waren, doch in keiner Weise in das traditionelle Tonsystem paßten. Durch Transformationen von Eisenbahngeräuschen, die zweimal langsamer abgespielt wurden, entstand der Eindruck eines Gießwerkes oder eines Hochofens in voller Tätigkeit.[10]

Die Zusammenarbeit mit den Organisten Jean-Jacques Grunenwald und Gaston Litaize bereitete eine neue Enttäuschung. Diese großen Musiker waren zu sehr an Ordnungsvorstellungen im traditionellen Sinne gebunden.[11] Am 4. Juni dämmerte die Erkenntnis, daß es kein Instrument gibt, das die Musique concrète spielen könnte, es sei denn, man erfände eine riesige Maschine. Dennoch wandte sich Schaeffer dem Klavier zu und präparierte es, ohne von John Cage etwas zu wissen. Das präparierte Klavier führte aber nicht zum gewünschten Resultat, sondern nur zu einem Superschlagzeug. Pierre Boulez spielte Schaeffer einige Akkorde in verschiedenen Stilen vor, die zu einem Klangbrei verarbeitet wurden, der eine gewisse Ähnlichkeit mit seinem Ursprung bewahrte, ohne deutlich erkennbar zu sein. Daraus entstanden die *Etude violette* und die *Etude noire*. Doch immer dachte Schaeffer an ein symphonisches Werk.[12]

Mit der *Symphonie pour un homme seul* (Symphonie für einen einzelnen Menschen; 1951) gelang Schaeffer der Durchbruch. Er wollte nicht den verjährten dithyrambischen Ton wieder aufnehmen[13], sondern nur eine Abfolge von Klangobjekten ohne bestimmte Bedeutung herstellen. Nicht die Variationen einer initialen akustischen Substanz waren sein Ziel, sondern eine größtmögliche Verschiedenheit der Elemente. Einige Monate vorher hatte Schaeffer Cage kennengelernt und entdeckte beim Amerikaner ähnliche Tendenzen; er ging noch weiter und baute das Knarren einer Türe in sein Werk ein.[14]

Am 1. Mai 1951 packte Schaeffer aber das schlechte Gewissen über seine mühsame Arbeit im Studio. Zuhause am Klavier wäre doch die richtige

Musik. »Warum immer das Gegenteil von dem machen, was man liebt?«, fragte er sich am Tage darauf. Doch das Genie zeige sich oft in benachteiligten Individuen.[15] Musik sei nicht mehr anthropomorph, es gehe nur darum, der Akustik Fragmente zu entreißen, die eine neue Sprache bilden könnten.[16] Die zwölf Töne der traditionellen Skala seien am Anfang auch nur eine Sache gewesen, behauptet Schaeffer, der Tierlaute und Maschinenlärm sammelte, um sie in einer neuen Sprache zu artikulieren.[17] Daß der Vokal A immer Freude, der Vokal U aber Trauer ausdrücke, erschien ihm unsicher. Solche Konventionen verbinden zwar die Menschen untereinander, aber nicht die Menschen mit der Welt.[18] Der Überdruß und das Mißbehagen im Studio wurden immer größer. Am 10. Mai sieht Schaeffer eine Ausstellung mit abstrakten Bildern, die ihn in seinen Bestrebungen zu bestätigen scheinen. Die Leute lassen sich davon nicht mehr ärgern, wie er mit Befriedigung feststellt.[19] Doch schon am folgenden Tag packt ihn wieder die Erkenntnis, daß seine Verbohrtheit absurd ist. Er sei doch vor allem Techniker, gesteht er offen ein.[20] Beizufügen wäre, daß die Technik um 1950 noch zu wenig weit entwickelt war, als daß man effizient mit ihr hätte arbeiten können.

Nachdem Schaeffer im Jahre 1954 zum französischen Überseeradio gewechselt hatte, kehrte er 1958 nach Paris zurück und gab dem Groupe de Recherche de Musique concrète eine neue Richtung: Es ging ihm darum, eine Art Solfège der akustischen Ereignisse zusammenzustellen, deren sich die Musiker oder Techniker nach freier Wahl hätten bedienen können. Im Jahre 1968 wurde er Dozent am Conservatoire und versuchte, seine Prinzipien bei einigen Studenten durchzusetzen. Wie er seinem Interviewer Marc Pierret erzählte, löste sein Erscheinen in dem altehrwürdigen Haus an der Rue de Madrid eine Explosion von Neugierde aus. Das Interesse für alle Formen der klanglichen Realität war geweckt, auch das für die Musik anderer Völker. Schaeffer suchte nach Entsprechungen zwischen Ton und Bild, Gebärde und Ton, zwischen Subjekt und Objekt, zwischen Musik und Gesellschaft.[21] Zwei Jahre Ausbildung waren notwendig, um zu einer Musik zu kommen, die formal den neuen Klängen entsprach. Zuerst mußten die Töne »gepflückt« werden.[22] Das heißt: Der Student konnte auf der Straße oder in der freien Natur Aufnahmen machen, doch war es unausweichlich, vom Solfège, einem Katalog von Geräuschen, weiter zu einem musikalischen Diskurs zu gelangen, der einen Sinn hatte.[23] Jeder Student brachte einige von ihm gesammelte Motive; fünfzig davon ergaben eine Kollektivkomposition. Es bestand totale Wahl-

Neben Pierre Schaeffer wirkte vor allem Pierre Henry als Promotor der Musique concrète. Er gab der Musik nicht selten eine ritualistische und magische Kraft, die die Herkunft der Klänge und Geräusche aus der alltäglichen Umwelt vergessen ließ (Roger-Viollet, Paris; Foto von Lipnitzki-Viollet).

freiheit, doch das Werk wies eine Einheit auf.[24] Iannis Xenakis wollte Regeln der Verteilung der verschiedenen gefundenen Objekte einführen, doch Schaeffer widersetzte sich einem Vorgehen, das er als willkürlich empfand; denn der Zufall habe zwar seinen Wert, führe aber zu einer Perversion der Rolle des Komponisten.[25]

Pierre Schaeffer vereinsamte immer mehr und konnte sich mit der Musik seiner Kollegen nicht befreunden. Über Edgard Varèse befragt, gesteht er ihm ein gewisses Verdienst als Vorläufer zu, findet aber seine Musik fragwürdig, zerstört.[26] Sirenengeheul genügt nicht, genau so wenig wie das Klappern von Schreibmaschinen in Erik Saties *Parade*. Xenakis habe ihm *Bohor* gewidmet, ein Stück, das er verachtet: zwanzig Minuten lang ein Gewimmel von aus Lautsprechern lärmenden Tönen. Das sei etwas für die Snobs. Xenakis sei maßlos, romantisch. Eine Verbindung von wissenschaftlicher Musik mit Effekten scheint Schaeffer unmöglich.[27] Er geht die Entwicklung der letzten Jahrzehnte durch: die Balletts russes, die Zwölftonmusik, Varèse, Happenings — man wisse nicht mehr, wo einem der Kopf steht.[28] Mit Karlheinz Stockhausen springt Schaeffer nicht zimperlicher um: Er sei zwar systematisch, wechsle aber alle zwei Jahre sein System.[29] John Cage nennt er höhnisch einen Pastorensohn, der sich als Philosoph aufspiele. Er gesteht ihm aber die Rolle eines provokativen Genies zu. Überall sieht er schlimme Verführer. Die elektronischen Apparate scheinen ihm Propaganda für den Konzern IBM zu machen, doch Michelangelo habe nicht nur zum Ruhm der Päpste gearbeitet. Die künstlerische Orientierung richte sich nicht nach der Entwicklung der Technik.[30] Schaeffer gibt aber zu, daß auch manipulierte Künstler Ungeahntes offenbaren können. Doch in den üblichen Konzerten sieht er bloß leere Zeremonien.[31] Nur die Einsamen, die Außenseiter, die im wahren Sinne des Wortes Hochmütigen entgehen dem Verderben der kranken Zivilisation.[32]

Gegenüber der Journalistin Martine Cadieu äußerte er sich am 20. Oktober 1966 in der radikalsten Weise über seine Ziele: »Der Sinn der Musik? Orpheus, der unglücklichste Mensch der Welt, ist der Held des Festes. Aus seinen Schmerzensschreien, aus seinen Tränen macht die gierige Menge ihren Profit und ihr Vergnügen. Obwohl er von den wilden Tieren geachtet wird, entgeht er nicht der Erkenntnis.«[33] Ist Musik Wissenschaft oder Kunst? Eher Magie. Ist die Musik eine Sprache? Welche Musik? Westliche, primitive, konkrete, elektronische? Und Schaeffer kommt zur eher hilflosen Definition: Musik ist eine Architektur, die redet.[34]

Der Groupe de Recherche Musicale (GRM) am französischen Rundfunk ging unter der Leitung von François Bayle bald seine eigenen Wege, nachdem Schaeffer zuerst mit diktatorischen Allüren geherrscht hatte. Er lockerte die Zügel und ließ die Jüngeren gewähren, die heute genau so wie die Komponisten und Forscher am Institut de Recherche et Coordination Acoustique/Musique (IRCAM) mit Computern arbeiten. Die Zeit des mühsamen Suchens mit primitiven Apparaten ist vorbei. Die Technik entwickelt sich rasch weiter, und die Musiker versichern sich der Hilfe der Industrie.

Die traditionellen Konzerte der großen Orchester kennen fast ausschließlich Instrumente, die im 17. Jahrhundert konzipiert und seither nur unbedeutend verändert wurden. Deshalb ist es verständlich, daß nun neue Klangerzeuger gesucht werden, die mit Schaeffer — höchst paradox — einen archaischen Charakter von Zauber und Beschwörung annehmen. Wird damit eine Aura usurpiert, die diesen elenden Geräten nicht zukommt? Das ist schwierig zu sagen. Aus primitiven Anfängen hat sich auf jeden Fall eine Musik entwickelt, die unseren Klanghorizont bedeutend erweitert hat. Orpheus' Abstieg in die Unterwelt, den Schaeffer für sich in Anspruch nimmt, war ein vermessenes Wagestück. Es hat sich aber gelohnt, wenn man von der Annahme ausgeht, daß die Grenzen der Musik immer weiter nach außen verschoben werden sollen. Auch Richard Wagners oder Igor Strawinskys Musik galt vielen Zuhörenden zuerst als Lärm, ganz zu schweigen von der außereuropäischen Musik, deren Klänge schon Claude Debussy, Edgard Varèse und Olivier Messiaen in ihre Werke aufnahmen. Schaeffer verfolgte diese Tendenz mit zuerst ungeeigneten, simplistischen Mitteln weiter. Ob seine Experimente einmal in den Rang von Werken aufsteigen werden, ist ungewiß. Das Publikum weigert sich, nur vor Lautsprechern zu sitzen, die rätselhafte Geräusche in den Raum senden. Zusammen mit der Projektion von Filmen oder wechselnder Beleuchtung des ganzen Konzertsaales kann aber eine Atmosphäre geschaffen werden, die die fremdartige Musik synästhetisch vermittelt. Schaeffer suchte seinen Studenten am Conservatoire den Zusammenhang zwischen Ton und Gebärde verständlich zu machen. Und die *Symphonie pour un homme seul* wurde vom jungen Maurice Béjart getanzt. Das akustische Geschehen verband sich mit einer Choreographie, die zwar keiner linearen Handlung folgte, die aber das reine Hören, wenn nicht verständlicher, so doch attraktiver machte.

Für und wider die moderne Musik

Das Auftreten von Pierre Boulez in Paris wirkte für viele wie eine Naturkatastrophe: Er hörte besser, dirigierte besser, organisierte besser, argumentierte besser und wußte seine Gegner schachmatt zu setzen. Die Konzertreihe *Domaine Musical* fand gerade beim Großbürgertum des 16. Arrondissements und nicht nur bei Intellektuellen und Künstlern Anerkennung. Leute, die die moderne Musik nicht besonders mochten, gingen ins Théâtre du Marigny und später in die Salle Gaveau und ins Théâtre de l'Odéon, weil sie sicher waren, dort die Noten zu hören, die in der Partitur standen. Boulez verbreitete Autorität um sich und ein Gefühl der Sicherheit, nun endlich die ungewohnten Klänge authentisch im Konzert zu vernehmen.

Gegen die neue Musik erhoben sich aber zugleich kritische Stimmen. Bernard Gavoty polemisierte unter dem Pseudonym ›Clarendon‹ in *Le Figaro* gegen die Wiener Schule und die Serialisten. Er hatte sein einflußreiches Amt von Reynaldo Hahn übernommen, der sich um 1902 nicht einmal für Claude Debussys Oper *Pelléas et Mélisande* hatte erwärmen können. Eine andere, sehr konservative Persönlichkeit war Daniel Lesur, der in den dreißiger Jahren zusammen mit Olivier Messiaen, André Jolivet und Yves Baudrier zur Gruppe »La Jeune France« gehört hatte, nie etwas vom Rang seiner Kollegen komponierte, aber in wichtige Ämter der französischen Kulturbürokratie aufstieg. Bernard Gavoty und Daniel Lesur publizierten im Jahre 1957 ein Buch mit dem Titel *Pour ou contre la musique moderne* (Für oder wider die moderne Musik), in dem in alphabetischer Reihenfolge viele Komponisten ihre Meinung zur jüngsten Entwicklung in Paris abgaben. Einige dieser Namen sind heute nahezu vergessen, doch lohnt es sich, auch Ansichten zu hören, die überholt sind, um sich einen Begriff zu machen vom Einfluß der nicht mehr als vier Konzerte pro Jahr des *Domaine Musical*, die leicht in der Unmenge anderer, konventioneller Konzerte hätten untergehen können, wenn ihr Konzept nicht so außergewöhnlich und verführerisch auf ein Elite-Publikum eingewirkt hätte.

Für Tony Aubin zählt nur die Tradition von Charles Gounod bis Maurice Ravel. Das Publikum liebe keine Abenteuer, man solle ihm seine Freiheit lassen. Die Treue zur »Kultur« wird beschworen, wobei nicht weiter gefragt wird, was darunter zu verstehen sei. Freiheit bestehe nicht darin, alles, was uns vorangegangen ist, zu zerstören.[1]

Nachdem Georges Auric noch einmal die alte Freundschaft im »Groupe des Six« evoziert hat, kommt er auf die serielle Musik zu sprechen, die er zu respektieren behauptet, obwohl sie ihm wie Madegassisch oder Indisch vorkomme. Liebe empfindet er nur für Igor Strawinsky, Claude Debussy und Maurice Ravel, er achtet aber Arnold Schönberg, Alban Berg und Anton Webern, dessen Radikalisierung er jedoch als durch den Serialismus von Pierre Boulez überholt einschätzt.[2]

Henry Barraud erinnert daran, daß das Publikum auch in Charles Gounods *Faust* und Georges Bizets *Carmen* zuerst das Fehlen von Melodik beklagt habe; heute gebe es aber Melodien auf alte Modi. Barraud tut so, als sei die Ästhetik der Zeit zwischen den beiden Weltkriegen immer noch aktuell. Gefragt nach den Möglichkeiten der neuen Technik, versteigt er sich in eine der Bibel entnommene Sprache: Die Komponisten »tun der Materie Gewalt an, damit diese nur für sie [die Komponisten] spreche, da in ihnen der Geist schweigt und andernorts weht.«[3] Das Publikum habe Igor Strawinsky, Béla Bartók und Alban Berg schnell anerkannt, sein Urteil solle man nicht geringschätzen, sonst blieben die neuen Werke in einer Scheinwelt.[4]

Nur Dekadenz und Verfall sieht Henri Büsser, der schon bei der Uraufführung von Claude Debussys *Pelléas et Mélisande* dabei gewesen war. Die Schönberg-Schule paße nicht zum französischen Genius, der die Klarheit kultiviere.[5]

Als eine Art Freibeuter erklärt sich Joseph Canteloube: »Machen Sie es wie ich, mein Lieber! Besingen Sie Ihr Land, Ihre Erde!«[6] Eine solche Unbefangenheit war in den fünfziger Jahren sehr selten anzutreffen, als Pierre Boulez unter dem von ihm proklamierten Zwang der historischen Notwendigkeit immer weiter voranschritt. Sie verdient es aber, heute wieder ernst genommen zu werden.

Jacques Chailley, der spätere Professor an der Sorbonne, drückt sich vorsichtiger aus: Arnold Schönberg habe seine Technik nie als Formel präsentiert, die man nachahmen könne oder müsse. Doch die Emanzipation der Dissonanz führe zur Regression des Hörens. Die Harmonik könne erweitert, aber nicht zerstört werden.[7]

Vollkommen unreflektiert gibt sich Marcel Delannoy, der Schönberg kurzerhand als langweilig erklärt und in der Musique concrète etwas vollkommen Neues, aber keine Musik sieht, wobei er uns im Ungewissen darüber läßt, was unter Musik zu verstehen sei.[8]

Henri Dutilleux äußert sich sehr differenziert und will in keine Gruppe eingereiht werden. Vom Schock der Zwölftonmusik möchte er sich nicht überwältigen lassen. Doch die französische Musik sei nicht ein Synonym für Charme, Finesse und Esprit und auch kein reines Divertissement. Dutilleux glaubt nicht an eine Botschaft der Musik, sondern an ihre geistige und soziale Bedeutung im menschlichen Bewußtsein, die immer rätselhaft bleibt.[9] Er wendet sich gegen beide Seiten, gegen die Serialisten und gegen den französischen Chauvinismus, und bewahrt sich so eine singuläre Stellung (siehe unten S. 258ff.).

Jean Françaix dagegen, der Lieblingsschüler von Nadia Boulanger, sieht nichts Neues unter der Sonne, nur Nachahmungen von Claude Debussy und Igor Strawinsky, während er mutig seinen eigenen Weg geht, ohne sich einem bestimmten System zu verpflichten.[10]

Ernster erscheint Arthur Honegger. Obwohl er Pierre Boulez gefördert hatte, indem er ihn an die Schauspieltruppe von Madeleine Renaud und Jean-Louis Barrault empfahl und damit indirekt die Konzerte mit neuer Musik ermöglichte, sieht er in dieser nur eine scheußliche Serienproduktion von komplizierten, langweiligen und kindischen Stückchen. Mit Recht klagt er aber den historischen Determinismus an und beansprucht für sich die Freiheit und den Instinkt, tonal, atonal oder polytonal komponieren zu dürfen. Auch Musik für die Maßen sei legitim, wenn sie von Herzen komme und zugleich den Verstand anspreche.[11]

Auf weniger hohem Niveau hält sich Jacques Ibert, obwohl er wichtige und ehrenvolle Stellungen im französischen Kulturleben eingenommen hatte. Er redet von infantilen Experimenten, ruft die jahrhundertealte Tradition an, der man sich nicht entledigen könne, und vertraut dem gesunden Menschenverstand.[12]

André Jolivet fühlt sich entmutigt durch den Mangel an Konstanz in allen neueren Bestrebungen. Die Musique concrète findet er zwar interessant, doch fehle ihr ein zusammenhängender Diskurs, der sie erst zur richtigen Musik machen würde.[13]

Marcel Landowski gibt sich zuerst sehr moderat. Er sieht Gefahren von beiden Seiten, von der Routine, die sich auf die Tradition beruft, und vom Modernismus mit seinen heuchlerisch revolutionären Formeln. Der Kontakt mit der Musik der Ahnen und des gewöhnlichen Volkes erscheint ihm aber als ein Jungbrunnen. Einfach und gesund sieht er die Musik der Zukunft. Einfach zu sein sei das Schwierigste und nicht die stets wachsende Komplexität.[14]

Außer Pierre Boulez, der hier mit einer Brandrede gegen die geistige Trägheit vertreten ist, wirkt auch Maurice LeRoux allem Neuen gegenüber aufgeschlossen. Er findet zwar Arnold Schönberg schwerfällig und häßlich, erhebt aber Anton Webern zu seinem Idol: »Die musikalische Form bricht entzwei; wir leben in einer Epoche des Übergangs, die schwer zu ertragen ist. Doch unsere Mentalität verändert sich mit dem Fortschritt der Wissenschaft; unsere Ohren sind feiner als die unserer Eltern. Alles erlangt eine neue Bedeutung: Formen, Melodien, Rhythmen und Orchestration. Wir fügen uns nicht den Wünschen des Publikums.«[15]

Originell ist Darius Milhauds Vorschlag, eine lateinische Dodekaphonie zu erfinden, die etwas anderes als die Traurigkeit ausdrücken könnte.[16] Unbestreitbar redet die Musik der Schönberg-Schule von seelischen Krisen, die der mediterranen Heiterkeit Milhauds konträr sind. Daß man diese mit einer Technik ausdrücken könnte, die ebenso ingeniös wäre wie Anton Weberns Intervallpermutationen und -kombinationen, ist bestimmt nicht ganz ernst gemeint. Milhaud spielt hier nur seine weltmännische Toleranz aus, die ihn vor extremen Stellungnahmen schützt.

Serge Nigg hat bei René Leibowitz zur gleichen Zeit wie Pierre Boulez die Reihentechnik studiert, um sich dann von ihr abzuwenden, da sie die Hysterie, die Traurigkeit und die Angst ausdrücke. Wie Milhaud sucht er die Freude, den Optimismus und die Trunkenheit. Ein Franzose muß sich französisch verhalten, wobei es verschiedene Vorbilder gibt: Hector Berlioz, Emmanuel Chabrier, Gabriel Fauré und Claude Debussy[17], was eine simplistische Verallgemeinerung bedeutet.

Maurice Ravels Freund Roland-Manuel bemerkt mit Recht, daß die Leute von heute mit den Ohren ihrer Großeltern hören. *Daphnis et Chloé* sei nicht moderner als die Messe oder eine Motette von Guillaume de Machaut.[18] Deshalb wäre es möglich, sich auch der aktuellen Musik gegenüber positiv zu verhalten.

Am radikalsten äußert sich Pierre Schaeffer: Er will Schrecken verbreiten und zu den Urerlebnissen der Menschheit zurückkehren. Die Musique concrète hat mit dem Futurismus nichts zu tun, da sie sich nicht anekdotisch mit alltäglichen Geräuschen beschäftigt, sondern diese umformt und eine neue Sprache, eine neue Kultur einleitet.[19]

Der siebenundachtzigjährige Florent Schmitt, Mitglied der Académie des Beaux-Arts, hält den Einfluß Zentraleuropas und des amerikanischen Jazz für zu groß, zieht aber Alban Berg gegenüber Arnold Schönberg vor. Heute schlucke das Publikum alles, stellt er resigniert fest.[20]

Daß die Musik jetzt sehr vital sei und über starke Persönlichkeiten verfüge, räumt Alexandre Tansman ein. Doch die Komponisten kommunizierten nicht mehr mit dem Publikum.[21]

Die Umfrage von Bernard Gavoty und Daniel Lesur geriet zu einem Scherbengericht über die moderne Musik. Das war bestimmt beabsichtigt. Die Mitglieder der Zunft verhielten sich konservativer als das Publikum, dem sie noch immer ihre Reverenz erwiesen mit der Feststellung, daß gerade die Hörer nicht überfordert werden dürften. Schon die feurigsten Wagnerianer rekrutierten sich aus den Kreisen der Literaten (siehe oben S. 9ff.), die offener für Ungewohntes waren als die professionellen Musiker, die an ihren Regeln festhielten.

Gavoty und Lesur steuerten zu ihrem Buch, das im Grunde nur zufällig aufgezeichnete, leicht hingeworfene Bemerkungen enthält, eine Schlußbetrachtung bei. Sie zitieren Colette, die gesagt haben soll, man habe mit jedermanns Worten zu schreiben — aber so wie keiner sonst.[22] Mit diesem schiefen Vergleich glaubten sie das Problem gelöst zu haben, als wäre die Musik aus etwas den Worten Vergleichbarem zusammengesetzt. Ob die Musik und vor allem die Musik, um die es hier ging, eine Sprache sein kann oder sein will, wird nicht weiter erörtert. Doch die Entwicklung der musikalischen »Sprache« vollziehe sich zu schnell, die Tradition sei nicht verbraucht.[23] Die Absicht, Neues um jeden Preis zu machen, trenne den Musiker vom Publikum.[24]

Es gibt aber verschiedene Kreise von Hörern und Hörerinnen, die verschiedene Vorlieben haben. Das Publikum wird von Gavoty und Lesur ganz einfach als der monolithische Block jenes Teils der Menschheit aufgefaßt, der sich als kultiviert und aufgeklärt betrachtet. Daß alternative Konzertreihen wie die des *Domaine Musical* auch Zuspruch finden, sollte gerade in einer Stadt von der Größe der französischen Hauptstadt nicht nur freundlich geduldet, sondern begrüßt werden. Für Gavoty und Lesur ist außerdem Arnold Schönberg der Zauberlehrling[25], der das ganze Unheil über die Musik gebracht hat. Doch schon im Jahre 1952 hatte Pierre Boulez seinen Aufsatz *Schönberg est mort* (Schönberg ist tot) veröffentlicht, der eine kritische Auseinandersetzung mit dem Erbe dieses Komponisten darstellt[26], der eine Art Schreckgespenst für konservative Musiker geworden war, die der Entwicklung nachhinkten, ohne zu begreifen, was sich wirklich zutrug. Daß Claude Debussy und Olivier Messiaen der französischen Avantgarde eine Wendung zur Flexibilität und Klangkultur gaben, führte weit weg von Schönberg, der dennoch wie ein ungeliebter Vater respektvoll verehrt wurde. Mit dem Hedonismus allein, wie ihn die ältere Generation liebte, war nicht mehr Staat zu machen. Er hatte sich in der Zeit zwischen den beiden Weltkriegen ausgetobt. Was Boulez anstrebte, war eine ernsthaftere Reflexion über die Bedingungen des Handwerks, das sich zwar nicht selbst genügen konnte, aber schon im Verlaufe der fünfziger Jahre eine neue ästhetische Orientierung fand, weit weg von Schönberg oder von der Routine, die sich als Tradition maskierte.

Anmerkungen

Der Serialismus

1 Darius Milhaud: *Noten ohne Musik*, München 1962, S. 101.
2 Jean Wiéner: *Allegro appassionato*, Paris 1978, S. 64.
3 Olivier Messiaen: *Technik meiner musikalischen Sprache*, Paris 1966, S. 15.
4 Messiaen, S. 11.
5 Calvin Tomkins: *Ahead of the Game*, London 1968, S. 84; zuerst 1962 in den USA publiziert.
6 Tomkins, S. 84.
7 *John Cage*: hg. von Richard Kostelanetz, London 1968, S. 82.
8 *Cage*, S. 55.
9 *Cage*, S. 56.
10 Pierre Boulez: *Par volonté et par hasard,* entretiens avec Célestin Deliège, Paris 1975, S. 42.
11 Tomkins, S. 101.
12 Stefan Schädler, *Transformationen des Zeitbegriffs in John Cages »Music of Changes«*, in: *John Cage II*, hrsg. von Heinz-Klaus Metzger und Rainer Riehn (Musik-Konzepte, Sonderband*)*, München 1990, S. 190f.
13 Pierre Boulez: *Relevés d'apprenti*, Paris 1966, S. 265ff.
14 Messiaen, S. 10.
15 Pierre Boulez/John Cage: *Correspondance et documents*, Winterthur 1990, S. 47.
16 Boulez: *Relevés*, S. 177.
17 Boulez: *Par volonté*, S. 70.
18 Robert Piencikowski: *Stilleben mit Gitarre*, in: *Pierre Boulez. Eine Festschrift zum 60. Geburtstag am 26. März 1985*, hrsg. von Josef Häusler, Wien 1985, S. 85.
19 Piencikowski, S. 87.
20 Boulez/Cage, S. 163.
21 Boulez: *Relevés*, S. 17.
22 John Cage: *Silence*, Middletown 1961, S. 74f.
23 Boulez: *Relevés*, S. 47.
24 Boulez: *Relevés*, S. 43.
25 Cage: *Silence*, S. 177f.
26 Boulez: *Par volonté*, S. 64.
27 Boulez: *Points de repère*, Paris 1981, S. 152.
28 Cage: *Silence*, S. 53.
29 Cage: *Silence*, S. 26.
30 Boulez: *Points*, S. 94.
31 Boulez/Cage, S. 35.

Die Anfänge der Konzertreihe »Domaine Musical«

1 Claude Samuel: *Entretiens avec Olivier Messiaen*, Paris 1967, S. 53f.
2 Samuel, S. 85.
3 Pierre Boulez: *Relevés d'apprenti*, Paris 1966, S. 75ff.
4 Boulez, S. 205ff.
5 Pierre Boulez: *Le Pays fertile. Paul Klee, texte préparé et présenté par Paule Thévenin*, Paris 1989.
6 Theo Hirsbrunner: *Spiel und Ritual*, in: Wolfgang Dömling / Theo Hirsbrunner: *Über Strawinsky*. Studien zu Ästhetik und Kompositionstechnik, Laaber 1985, S. 201ff.
7 Boulez: *Relevés*, S. 201ff.
8 Arnold Schönberg: *Harmonielehre*, Wien 41922, S. 238, 288.
9 Boulez: *Relevés*, S. 33ff.
10 Boulez: *Relevés*, S. 9ff.
11 Boulez: *Relevés*, S. 241ff.
12 Theo Hirsbrunner: *Reihenkomposition*, in: Dömling/Hirsbrunner, S. 173ff.
13 Boulez: *Relevés*, S. 265ff, 307ff, 349ff, 367ff.

Olivier Messiaen und Pierre Boulez

1 Claude Samuel: *Entretiens avec Olivier Messiaen*, Paris 1967, S. 193f.
2 Samuel, S. 194f.
3 Samuel, S. 203.
4 Samuel, S. 203.
5 Samuel, S. 203.
6 Samuel, S. 209.
7 Samuel, S. 11f.
8 Samuel, S. 128.
9 Samuel, S. 58.
10 Pierre Boulez: *Par volonté et par hasard*, Paris 1975, S. 125.
11 Samuel, S. 59.
12 Samuel, S. 212.
13 Samuel, S. 141.
14 Samuel, S. 77.

Die Musique concrète

1 Pierre Schaeffer: *A la recherche d'une musique concrète*, Paris 1952, S. 11.
2 Schaeffer, S. 12.
3 Schaeffer, S. 13.
4 Schaeffer, S. 14.

5 Schaeffer, S. 15.
6 Schaeffer, S. 17.
7 Schaeffer, S. 18.
8 Schaeffer, S. 19.
9 Schaeffer, S. 20f.
10 Schaeffer, S. 23.
11 Schaeffer, S. 25.
12 Schaeffer, S. 27.
13 Schaeffer, S. 59.
14 Schaeffer, S. 63.
15 Schaeffer, S. 99.
16 Schaeffer, S. 100.
17 Schaeffer, S. 101.
18 Schaeffer, S. 102.
19 Schaeffer, S. 103.
20 Schaeffer, S. 104.
21 Marc Pierret: *Entretiens avec Pierre Schaeffer*, Paris 1969, S. 36.
22 Pierret, S. 75.
23 Pierret, S. 79.
24 Pierret, S. 80.
25 Pierret, S. 81.
26 Pierret, S. 21.
27 Pierret, S. 22.
28 Pierret, S. 25.
29 Pierret, S. 26.
30 Pierret, S. 28.
31 Pierret, S. 29.
32 Pierret, S. 30.
33 Martine Cadieu: *A l'écoute des compositeurs*, Paris 1992, S. 119.
34 Cadieu, S. 120.

Für und wider die moderne Musik

1 Bernard Gavoty / Daniel Lesur: *Pour ou contre la musique moderne*, Paris 1957, S. 47f. Im folgenden als Gavoty zitiert.
2 Gavoty, S. 52f.
3 Gavoty, S. 57f.
4 Gavoty, S. 59.
5 Gavoty, S. 79.
6 Gavoty, S. 82.
7 Gavoty, S. 91f.
8 Gavoty, S. 111.

9 Gavoty, S. 128.
10 Gavoty, S. 141.
11 Gavoty, S. 152ff.
12 Gavoty, S. 157f.
13 Gavoty, S. 170f.
14 Gavoty, S. 173.
15 Gavoty, S. 178.
16 Gavoty, S. 238.
17 Gavoty, S. 245ff.
18 Gavoty, S. 281.
19 Gavoty, S. 296f.
20 Gavoty, S. 300f.
21 Gavoty, S. 303f.
22 Gavoty, S. 315.
23 Gavoty, S. 321.
24 Gavoty, S. 323.
25 Gavoty, S. 325.
26 Pierre Boulez: *Relevés d'apprenti*, Paris 1966, S. 265ff.

V. 1966—1993

Paris ohne Pierre Boulez

In der Mitte der sechziger Jahre verließ Pierre Boulez Paris im Zorn und schwor, nie mehr dorthin zurückkehren zu wollen, nachdem André Malraux, der Kulturminister in Charles de Gaulles Regierung, seine Vorschläge zur Reorganisation des französischen Musiklebens abgelehnt hatte. Sie hätten anderen Tendenzen als denen, die in der Konzertreihe *Domaine Musical* vertreten waren, kaum die Möglichkeit zum Weiterleben gelassen. In einem Brief vom 24. April 1966 an den Minister kritisierte Boulez vor allem die administrative Trennung der Musik von den übrigen kulturellen Aktivitäten. Marcel Landowski, der für eine gesunde, einfache und volksnahe Musik eintrat (siehe oben S. 213), wurde zum Direktor der Musik am Kulturministerium ernannt. Noch im Jahre 1968 legte Boulez zusammen mit Olivier Messiaen, Jean Vilar und Maurice Béjart ein Projekt zur Reform der Opéra vor, das ebenfalls keine Folgen zeitigte. Deshalb verlegte er seine Tätigkeit ins Ausland: In Baden-Baden besaß er bereits ein Haus; in der Bundesrepublik Deutschland waren mehr finanzielle Mittel vorhanden, um die neue Musik zu fördern. Als Dirigent des Cleveland Orchestra, des BBC Symphony Orchestra und des New York Philharmonic begann Boulez eine internationale Karriere, die ihn als Star oder besser Antistar der klassischen Moderne und der Avantgarde weltweit berühmt machte. Er verstand es, auch ein eher traditionell orientiertes Publikum an selten gehörte Werke, die große Ansprüche an das Auffassungsvermögen stellten, heranzuführen. Was im *Domaine Musical* begonnen hatte, erlangte nun weltweite Resonanz.

*

Unterdessen ging das französische Musikleben seinen gewohnten Gang weiter. Neben den berühmten Namen von Komponisten und Solisten hat Paris immer eine provinziell zu nennende Mittelmäßigkeit kultiviert. Die Größe der Stadt bot auch bescheidene Nischen für Konzerte mit Musik von Kleinmeistern verschiedener Herkunft. Für die Generation der nun schon alten Komponisten wie Francis Poulenc oder Darius Milhaud hatte sich schon zu der Zeit, als Boulez noch in Paris tätig war, nichts geändert. Für sie herrschte noch immer die Unbefangenheit und Leichtigkeit der Jahre zwischen den beiden Weltkriegen. Poulenc erklärte 1961, er habe zwar schon als Vierzehnjähriger Arnold Schönberg gehört und ihn zusammen mit Darius Milhaud 1920 in Wien besucht, doch in der Musik Anton Weberns habe er eine Klarheit entdeckt, die der von Stéphane Mallarmé verwandt sei.[1] Damit nimmt er, wohl unbewußt, einen Gedanken auf, den schon Boulez geäußert hat. Gegenüber Schönbergs *Pierrot lunaire* hat er aber ähnliche Vorbehalte wie Milhaud (siehe oben S. 171): »Ich liebe die menschliche Musik, den Humor, das Lachen oder das Gebet... Ich schwanke zwischen dem tiefen Ernst und der heiteren Laune.«[2] Daß gerade diese beiden Pole der Gemütsbewegungen in Schönbergs Melodramen gegenwärtig sind, ist Poulenc nicht aufgefallen. Nach seiner Meinung über die elektronische Musik und die Musique concrète befragt, antwortete er heiter: »Eh bien, ich verändere mich nicht.«[3] Der Maler Pierre Bonnard hätte auch nicht zum Kubisten werden können. Wieder beschwört er mit verführerischen Formulierungen seine Vorliebe für die mediterrane Welt, für die Skulpturen an den Kirchen von Autun und Moissac: »Ich liebe die Kargheit, die nach Jasmin und Orangenblüten duftet.«[4] Als geistiger Bruder von Emmanuel Chabrier erklärt er: »Ich glaube, daß der Respekt die Liebe tötet. Eine gute menschliche Reaktion statt einem starren Verharren in sublimen Sphären — darin zeigt sich der französische Charakter, und ich bin ganz Franzose.«[5] In leichtem Plauderton räumt er ein, daß Boulez »intelligent« sei[6], aber es ist durchaus anzunehmen, daß Poulenc gerade eine überragende Intelligenz als dem musikalischen Schaffen nicht förderlich erscheint, womit er vielleicht nicht ganz Unrecht hat. Die Antithese zwischen Olivier Messiaen und Pierre Boulez (siehe oben S. 193ff.) zeigte, wie ein in vielem naiver Künstler — Messiaen — einem unablässig reflektierenden — Boulez — die fruchtbare Produktivität voraus haben kann.

Ganz ähnlich wie Francis Poulenc verhielt sich im Jahre 1961 Darius Milhaud. Von seiner Wohnung am Boulevard de Clichy aus hörte er immer noch gerne die Geräusche von der Straße, doch die Welt der Schaubuden mit ihrem Knallen der Gewehre sei traurig geworden. Früher habe es dressierte Bären, Drehorgeln und Akkordeons gegeben: »Ich arbeite nur gut im Lärm des Lebens. [...] Ich habe Angst vor der Einsamkeit; ich liebe nichts so sehr wie das Klappern der Absätze meiner Frau, die durch die Wohnung trippelt, die

Stimmen am Telefon [...]. Ich ertrage das leere Haus nicht.«[7] Unablässig komponiert Milhaud neue Werke, an die schon geschriebenen erinnert er sich kaum. Ohne vorgefaßtes System, ohne Notizen oder Skizzen geht er an die Arbeit, die schnell vorangeht, da er nichts durchstreicht.[8] Er gibt zwar zu, oft vorher lange nachzudenken, ist aber weit entfernt von den Serialisten, die umfangreiche Tabellen von Zahlen brauchten, um dann sorgfältig auszuwählen und zu einer Musik zu gelangen, die sich nicht der spontanen Erfindungskraft verdankt. Milhaud verurteilt die um sich greifende Mode der Musik für Vibraphone, Xylophone, Maracas und Ondes Martenot, findet sie aber bei Olivier Messiaen, Pierre Boulez und Luigi Dallapiccola noch echt und glaubwürdig.[9] Er betont, daß er *Pierrot lunaire* im Jahre 1922 in Paris aufgeführt habe[10], bekennt sich aber auch glücklich zu seinem »äußerst harmonischen Leben«[11], was ihn unweigerlich in einen unauflösbaren Gegensatz zu Arnold Schönberg bringen mußte, dessen Musik und Leben von heftigen seelischen Spannungen geprägt worden waren.

Von Poulenc und Milhaud konnte man nicht erwarten, daß sie an den revolutionären Tendenzen um 1950 teilgenommen hätten; denn dafür waren sie schon zu alt. Ihre bedeutendsten Werke haben sie in den zwanziger Jahren geschrieben, aber nicht mit Boulez' Pathos, im Namen der »Geschichte« zu wirken. Sie waren schon damals zu tolerant und verwöhnt, um jetzt gegen den Serialismus erbittert anzukämpfen. Ihre Werke, die unverrückbar an den verjährten Prinzipien festhielten, aus der Zeit um 1960 auszuklammern, wäre aber unangebracht. Zu sehr lieben die Franzosen die Musik bis heute als eine leichte Zerstreuung, und das Ausland schaut mit Erstaunen und auch ein bißchen Neid auf die sorglose Leichtigkeit vieler französischen Komponisten, die mit ihren Werken sagen möchten: Die Fröhlichkeit ist eine Form der Höflichkeit. Hinter der Vollkommenheit und Glätte des Metiers verbirgt sich aber oft eine zärtliche Melancholie, die tief anrührt.

*

Die Serialisten standen vor einem Problem: Gerade eine strenge Konstruktion ließ zu Beginn der Arbeit nicht voraussehen, welche Lösungen sich in der Folge automatisch aufdrängen. Der Komponist fühlte sich einerseits als Beherrscher des Materials, anderseits diktierte ihm der selbstgewählte Zwang sein Gesetz auf. Warum nicht von Anfang Freiheiten einbauen, die den Interpreten zum Mitgestalter der Musik machten? Leicht konnte aber so ein Konzert in freies Improvisieren abgleiten, das nichts Neues hervorbringt und nur von den an anderer Musik gewonnenen Erfahrungen profitiert. Während der Darmstädter Ferienkurse für Neue Musik wurde einmal Earle Browns *November 52* aufgeführt, das nur aus einer Graphik von senkrechten und waagrechten Strichen bestand. Doch die Musiker wußten daraus nichts anderes zu machen als eine Reihe von kurzen Klangfiguren, die der klar und streng ausnotierten Musik anderer Komponisten entstammten. Ein tonaler Zusammenhang, der sich für einige wenige Sekunden zufällig ergab, wurde vom Publikum als »faux pas« verlacht, wie wenn Browns Angaben ein solches Resultat ausgeschlossen hätten. Im Gefolge von John Cage und seinen Freunden kam ein dilettantisches Musizieren mit Formeln auf, deren Zusammenhanglosigkeit als neue Freiheit genossen wurde. Boulez dagegen ließ seinen Interpreten bis zu einem gewissen Grad Freiraum, sah aber alle Kombinationen von Einzeltönen und Tongruppen voraus. Sie waren durchdacht, und oft gab er selbst als Dirigent mit einigen Handbewegungen den Weg an, den die Musik gehen sollte. Die Notation der Musik hatte einen so hohen Grad von Differenzierung erreicht, daß vor allem der Rhythmus unzählige kleine Varianten erlaubte, die kaum voneinander zu unterscheiden waren. Aus der Erkenntnis heraus, daß uns die Mathematik, die Zahlen nur wenig geben können, begrüßte Boulez, daß das Gefängnis der rigiden Konstruktion geöffnet worden war, wehrte sich aber dagegen, daß nun alles erlaubt sei. In typisch europäischem Geiste erklärte er: »Es gibt kein künstlerisches Schaffen außerhalb des Unvorhersehbaren, das zur Notwendigkeit wird.«[12] Doch das Spiel mit dem Zufall, auch wenn es ein gelenkter Zufall war, verlockte viele, die sich zum Teil auf unbedarfte Weise der neuen Möglichkeiten bemächtigten.

Olivier Messiaen lehnte sie aus religiösen Gründen ab; denn der menschliche Schöpfer sei verantwortlich, und nur Gott kenne alle Kombinationen.[13] Der Zweifel sei das Unglück des viel zu intelligent und hellsichtig gewordenen Menschen: »Wir sind uns selbst nicht mehr sicher. Die Engel allein sehen die Evidenz, wie sie Mozart sah.«[14] Messiaen betrauert damit den Verlust eines Paradieses, das Boulez von Anfang an ablehnte. Die Natur um Belehrungen zu fragen, wie das Messiaen vorschlug[15], wäre ihm nie eingefallen. Mozart hat er jedenfalls in reifen Jahren nie dirigiert, ebenso wenig Bach. Dessen in heiterem G-Dur stehender Sterbechoral, den er während seiner Analysekurse in Basel hervorholte, kam ihm merkwürdig vor, weil Boulez ein glückliches Jenseits von Anfang an ausschloß.

Wesentlich unbeschwerter gab sich Marius Constant, der im Jahre 1964 nach den Zukunftsaussichten der sich aleatorisch nennenden Musik befragt wurde. Er ist davon begeistert, sofern man Herr des Zufalls bleibt: »Es geht darum, eine Explosion auszulösen und zugleich zu wissen, wie man sie bändigen kann.«[16] Das klingt geradezu nach der in Atomkraftwerken ablaufenden Kernspaltung, die Elektrizität liefert, statt wie die Bombe die ganze Umgebung radioaktiv zu verseuchen. Constant sieht große Dinge, große Entwicklungen voraus.[17] Im Pariser Rundfunk veranstaltete er Konzerte, die ein Panorama der aktuellen Musik geben sollten, und schloß dabei den Jazz neben der orientalischen Musik auch nicht aus.[18] Doch im Grunde liebt er die Stille auf dem Lande mit einem Spielcasino in der Nähe.[19] Constants künstlerischer Geschmack blieb schwankend; der Durst nach neuen Sensationen machte ihn zu einer vorsichtig abwägenden Haltung unfähig.

Ingeniöser verhielt sich André Boucourechliev mit *Archipel I* für zwei Pianos und zwei Schlagzeuger. Die Interpreten können ihre Schiffsreise von Insel zu Insel selbst wählen und hier oder dort ihre Anker werfen. Die beiden Partituren der Pianisten gleichen sich und sind nur unmerklich verschieden; vage und genaue Notierungen wechseln ab. Auf lange Töne kann mit langen Tönen oder mit Kontrasten geantwortet werden, während sich die beiden Spielenden nicht sehen dürfen und sich keine Zeichen geben. Die Dauer des Stückes ist nicht fixiert, sie könnte vielleicht eine volle Stunde ausmachen. Das Ende kann sich ganz spontan und auf eine wunderbare Weise ergeben, die den Interpreten und den Zuhörenden logisch vorkommt. Das Schlagzeug erweitert den Klang gegen die Tiefe hin, es ergreift aber manchmal auch die Initiative und verändert den Verlauf. Manchmal findet nicht einmal eine Hauptprobe des Stückes statt. Unsinn wäre es, alles voraussehen zu wollen. Boucourechliev verschaffte sich zum Komponieren einen Architektentisch von über zwei Meter Breite, um darauf seine »Landkarte« ausbreiten und sie mit einem einzigen Blick überschauen zu können.[20] Wie Boulez liebte er Marcel Proust und James Joyce, ohne aber die Präzision in der Detailarbeit der beiden Schriftsteller zu erreichen. Die Komplexität seiner Musik ist vorgetäuscht, durch Unbestimmtheit erreicht, was sich für die Großform als nachteilig herausstellt, die Boulez gerade als offene Form in der kleinsten Einzelheit zu legitimieren strebte.

Gilbert Amy, ein Schüler von Boulez, übernahm im Jahre 1967 die Leitung der Konzerte *Domaine Musical*. Auch er denkt an offene Werke, um vom Akademismus der fünfziger Jahre wegzukommen. Er betrachtet die graphische Notation als eine Art Stimulus für den Interpreten. Die Musik kann sich wie ein Fächer öffnen, muß es aber nicht, da einige Scharniere die Struktur zusammenhalten. Nicht die Verweichlichung der Form führt zu einer Steigerung und Freiheit des Ausdrucks. Anton Webern habe sich als erster von der motivischen Arbeit Arnold Schönbergs und Alban Bergs abgewandt und den Weg zu einer neuen Morphologie der Musik geöffnet.[21] Gilbert Amy erweist sich damit als Jünger von Boulez, der seine Musik jenseits von Webern beginnen wollte, das heißt: Sie ist nicht mehr so wie diejenige Weberns, geht aber von ihr aus auf geradem Wege, ohne an Seitenpfade zu denken, die plötzlich eine neue Aktualität erlangen könnten.

Die sechziger Jahre sahen das Aufblühen von verschiedenen Zufallsoperationen, die heute bald streng reflektiert, bald eher unbesorgt wirken. Eine große Zukunft war ihnen nicht beschieden, wenn man von John Cage absieht. Er allein konnte, frei von abendländischen, in tausend Jahren entwickelten Skrupeln, auch den bescheidensten Musiker zum Mitspieler seiner Konzerte machen. Ob es die Franzosen deutlich aussprachen oder stillschweigend voraussetzten — immer dachten sie an eine hohe Professionalität der Aufführung, die sich auf die Dauer dem mehr oder weniger spontanen Improvisieren verschloß. Was wie aus dem Augenblick geboren erschien, war doch in den meisten Fällen gewissenhaft eingeübt worden.

*

Jean-Claude Eloy wandte sich ganz von Pierre Boulez ab, nachdem er noch am Anfang der sechziger Jahre bei ihm in Basel studiert und Werke geschrieben hatte, die denen seines Lehrers täuschend ähnlich waren. Mit dreizehn Jahren schon hatte er Claude Debussy kennengelernt, mit siebzehn Anton Weberns *Symphonie* op. 21 und Boulez' *Le Marteau sans Maître*, der ihn tief erschütterte. Nun aber, im Jahre 1971, nennt er Boulez einen gefährlichen Mann, der Epigonen nicht liebe. Durch seinen Wegzug sei aber eine Leere entstanden. Eloy steht einsam da und sucht durch die Flucht nach Asien neue Kraft zu gewinnen. In Europa wurde der Ton seiner Sinnlichkeit beraubt und unter dem Einfluß des Christentums abstrakt, während die indische Musik den Ton allmählich entstehen und in seiner Schönheit wirken läßt. Der Wert von Eloys Arbeit liegt gerade in der Fusion der beiden Systeme, ohne in John Cages Mystizismus zu verfallen. Im Westen herrscht die diskontinuierliche Zeit, Eloy sucht aber in seinem Werk *Kamakala* das Kontinuum. »Kama« bedeutet Gott des Verlangens, »Kala« die in kleine Einheiten unterteilte Zeit, die es zu überwinden gilt. Die Musik steigt allmählich aus der Tiefe auf, um schließlich alle höheren Töne zu umfassen. In der Schule von Ali Akbar Khan wurde ein Raga während Stunden gespielt, und die Jünger lernten durch Osmose: Sie ließen sich ohne Widerstand von den Klängen durchdringen und setzten sich nicht wie die Europäer rational mit ihnen auseinander. Eloy träumt deshalb von einer Gruppe von Komponisten, die sich der Introversion hingeben. Für die Arbeit an *Kamakala* suchte er die Nähe von Henri Michaux, der die Eindrücke von Meskalinräuschen beschrieben hatte.[22] Für Boulez aber war die außereuropäische Musik erstarrt und entkräftet. Er gibt zwar zu, daß die Japaner und Inder im Innern der Musik leben — darin trifft er sich mit Eloy —, doch könne man nichts aus einer toten Zivilisation in die unsere tragen. Oberflächlich bliebe der Versuch, in fremde Magie einzugehen; die Mythen verschwänden. Was bleibe, sei eine gewisse geistige Bereicherung, die man aber transzendieren müsse. Wenn ein Japaner den Gregorianischen Choral entdeckt, tut er dasselbe: Er übernimmt vielleicht einige Merkmale der ihm fremden Musik, unverfälscht bewahren kann er sie aber nicht.[23]

In geistiger Nähe zu Eloy stand Pierre Henry. Er hatte mit Pierre Schaeffer bei der Entstehung der Musique concrète eine wichtige Rolle gespielt und war begabter als dieser. In seiner Phonothek befanden sich gegen 50.000 Sequenzen von Aufnahmen: Schreie, Geräusche der Natur und auch das ganz banale Ächzen einer sich in ihren Angeln drehenden Türe — genug Stoff, um damit während ganzer Tage und Wochen umzugehen. In seinem winzigen Studio wähnte man sich in der Bude eines Alchimisten.

Um 1970 lebte er nur noch von den Vorräten aus früheren Aufnahmen, nachdem er Schaeffer im Jahre 1958 verlassen hatte. Während er an einem bestimmten Werk arbeitete, dachte er schon an das nächste. Wie ein Filmregisseur Gesichter und Orte auswählt, so suchte sich Henry seine Klangobjekte zusammen. Im Konzert sah er ein Ritual — darin glich er Eloy — und erklärte: »Ich liebe es, Rituale zu vereinigen und selbst die Messe zu lesen.«[24] Die Symbiose verschiedener Religionen führte zu einer Art »spiritueller Gymnastik. Ich möchte meditieren und beten.«[25] In *Le Voyage d'après le Livre des Morts Tibétain* (Die Reise, nach dem tibetanischen Totenbuch; 1962) beschreibt Henry den Weg nach innen. Verschiedene Stationen führen aus der diesseitigen Welt zu den Gottheiten des Friedens, aber nicht ohne daß vorher der Meditierende von Schrecken und Grauen gepackt würde. Mit moderner Technik wird eine archaische Welt beschworen; Tonbänder und Schallplatten verbreiten in europäischen Konzertsälen und Wohnungen fremdartige Geräusche, die sich auf uralte Schriften tibetanischer Mönche berufen. Doch Pierre Boulez erklärte schon 1964, daß die Formen des traditionellen Konzerts nicht zur elektronischen und zur konkreten Musik passen; in letzterer sieht er nur Schusterhandwerk. Das Publikum als in sich geeinte, zum musikalischen Erlebnis bereite Gruppe existiert nicht mehr, dafür aber das einzelne Individuum, dem der Sinn des Fremdartigen aufgehen könnte.[26] Henrys übersteigertes Sendungsbewußtsein mußte er als kindische Anmaßung belächeln. Nicht in der Regression auf Riten, die wir Europäer nie verstehen können, sah er das Heil, sondern in perfekteren Maschinen, als sie den Komponisten während der sechziger Jahre zur Verfügung standen.

*

Iannis Xenakis war die weitaus stärkste Persönlichkeit, die sich von Boulez' Einfluß abhob. Das Schlüsselerlebnis für seine spätere Musik der Klangmassen hatte er schon in Griechenland, als er gegen die deutschen Besatzer und später gegen die Engländer kämpfte: »Ein Platz, eine Straßenkreuzung [...]. Auf der Straße Leute, zu Hunderten, zu Tausenden, die wie ein Fluß aus Menschen herbeiströmen. Sie skandieren Sätze nach einer bestimmten Ordnung. Diese Worte kommen in Wellenbewegungen daher, bevor sie alle denselben Rhythmus erreichen. Die Rhythmik, der Takt werden hier offensichtlich, sie werden durch den gemeinsamen Willen geboren, und der Übergang vom Skandieren zum unerbittlichen und regelmäßigen Rhythmus, das Chaos vor sich, bleibt im Gedächtnis haften: tönendes Chaos, körperliches Chaos: Die Deutschen mit ihren Panzern und Maschinengewehren warten, bis sich die Woge bricht. Dann, im Dezember 1944, begann der Krieg gegen die Engländer, den man fälschlicherweise einen Bürgerkrieg nannte. [...] Die Stadt wurde belagert; Barrikaden, Kanonenschüsse auf die Akropolis, Flugzeuge, Bomben. Die Kugeln pfiffen durch die Nacht, es war Leuchtspurmunition, die in unregelmäßigen Abständen abgefeuert wurde. Explosionen ganz neuer Art... Dieser Krieg griff den Menschen mit unbekannten Mitteln an. Der Staub meiner Vergangenheit rief in mir neue Formen der Kommunikation und des Schöpfungsaktes hervor.«[27]

Xenakis, der kommunistische Widerstandskämpfer, kam nach dem Krieg als Emigrant nach Paris, studierte bei Arthur Honegger, mit dem er sich nicht verstand, bis er in Olivier Messiaen einen verständnisvollen Mentor fand. Er setzte sich in der Folge allen Einflüssen aus, die damals aktuell waren; der Musique concrète, der Zwölftontechnik, wie sie René Leibowitz lehrte, und der Musik Béla Bartóks, die man um 1948 ausbuhte.[28] Für den Serialismus empfand er keine Neigung, und die lineare Polyphonie zerstöre sich selbst durch ihre Komplexität.[29] In Debussy und Messiaen entdeckte er eine tiefe französische Tradition, auch Edgard Varèse war wichtig; doch die wichtigsten Kraftlinien kamen weiterhin aus Griechenland. Xenakis studierte die antiken Philosophen und vertraute gleichzeitig mathematischen Formeln, die er als Architekt und Mitarbeiter von Le Corbusier genau kannte. In der Mathematik fand er ein Mittel, seine Eindrücke aus dem Krieg rational zu ordnen und in seiner Musik wiederzugeben: »Die Schüsse und Explosionen in der eisigen Nacht zum Beispiel waren Ereignisse, die ohne offensichtlichen Zusammenhang mit dem Geschehen blieben: Ein Kampf fand nicht statt. Aber ich entdeckte in der Wahrscheinlichkeitsrechnung eine Lösung; daraus entstand plötzlich die Musik der Massen, die ich um 1953 schrieb.«[30] In Westeuropa fand Xenakis neben der Musique concrète vor allem den seriellen Pointilismus, die Arbeit am kleinsten Detail. Der Aleatorik wiederum fehlte es an einem festen Halt, ihr konnte die Wahrscheinlichkeitsrechnung »ein deterministisches Korsett« verleihen.[31] Die dazu verwendeten mathematischen Formeln sind heute jedem Mittelschüler bekannt, ob sie aber im akustischen Bereich vom menschlichen Ohr verstanden werden können, ist eine berechtigte Frage. In den Partituren von Xenakis finden sich die konvexen und konkaven Kurven, die an das Betondach des Philips-Pavillons erinnern, das Xenakis für die Weltausstellung von 1958 in Brüssel berechnete. Er vertraute nicht nur auf die Tragfähigkeit des elegant geschwungenen Dachs, sondern auch auf die Verständlichkeit seiner Musik, deren Notation die gleichen Formen aufweist: »Es besteht überhaupt kein Grund, daß die Musik naiv sein soll, man mußte von den aktuellen Erkenntnissen auf anderen Gebieten profitieren.«[32] Die Angst vor der Maschine nennt Xenakis romantisch; das Publikum solle eine Anstrengung unternehmen, um von einer Gottheit durchdrungen zu werden, obwohl Xenakis bekennt, Atheist zu sein: »[...] aber ich gebe zu, daß sich der Mensch seinen Gott schafft, oder vielmehr, daß Gott existiert hätte, auch wenn er nicht geschaffen worden wäre.«[33] Solche pathetischen Töne hatte man seit Edgard Varèse in Paris nicht mehr gehört; sie verbinden sich bei Xenakis mit einer Wissenschaftlichkeit, die früher unbekannt war. Falsch wäre es aber, anzunehmen, daß nun die Mathematik allein das Komponieren beherrschte. Xenakis wählte zwischen den Formeln aus; und ausgehend von seinen Kriegserlebnissen könnte statt von Mathematik auch von Biologie gesprochen werden, vom Vibrieren molekularer Strukturen unter dem Blick des Mikroskops.

Daß Pierre Boulez nur von Zellen aus wenigen Tönen ausgegangen wäre, die automatisch die Großform bestimmt hätten, ist ein Irrtum. Auch er hatte seine globalen Visionen. Doch Xenakis fand als erster ein zuverläßiges Mittel, große Fresken zu entwerfen, denen ein appellativer Charakter eignete, den Boulez mit seiner Skepsis und Zurückhaltung gar nicht suchte. Xenakis' Aufstieg zu einem der berühmtesten in Frankreich lebenden Komponisten begann gerade während Boulez' selbstgewähltem Exil. Mochte der Serialismus seine Bedeutung verlieren und schon bald wenn nicht als eine Sackgasse, so doch als eine extreme Form der Beherrschung des musikalischen Materials erkannt worden sein, so setzte Xenakis seinen eigenen Akzent in die Entwicklung der Musik, weil er souverän in großen Zusammenhängen dachte, in kontinuierlichen und diskontinuierlichen Klangmaßen, die etwas von dem revolutionären Impetus verraten, der ihn als jungen Mann beseelt hatte.

Wie erwähnt, war Xenakis Mathematiker und Architekt und versuchte, die akustische mit der optischen Ebene in Einklang zu bringen. Der Film schien ihm dazu nur geringe Möglichkeiten zu bieten: »Der flache Bildschirm. Das ist ein kleines Fenster, das das räumlich-visuelle Volumen definiert.«[34] Statt dessen stellte er sich unregelmäßige Bildschirme von unterschiedlicher Biegung und riesigen Dimensionen vor, eine »kinematographische Malerei«[35] oder eher eine tönende Malerei, und glaubte, daß »alles, was der euklidische Raum darstellt, auch in den akustischen Raum übertragen werden kann. Stellen wir uns eine akustische Gerade vor, die durch punktförmige Klangquellen definiert wird. Der Klang kann gleichzeitig allen Punkten dieser Geraden entspringen. Das ist die statische Definition der Geraden. Wir können uns ein rechtwinkliges Netz vorstellen, das einen hörbaren Raum umschreibt.«[36] Um der starren Anordnung der Klangquellen zu entgehen, imaginierte Xenakis weiter: »Wir könnten auch mit der Hilfe von Bewegung die hörbare Gerade konstruieren: einen Ton, der auf der Geraden von Lautsprechern wandert. Damit werden die Kräfte der Geschwindigkeit und der akustischen Beschleunigung eingeführt. Alle geometrischen Kurven und alle Oberflächen können in Bewegungen transponiert werden. Wir werden diese Stereophonie die *kinetische Stereophonie* nennen.«[37]

Im Jahre 1966 gab man dem Komponisten bei der Weltausstellung von Montreal die Gelegenheit, seine Ideen zu realisieren: ein Schauspiel aus Klang und Licht, das vollkommen automatisiert war und sich im Verlaufe eines Tages ohne jeden Bezug zur Umgebung wiederholte. Der nächste Auftrag kam aus Iran; die Festspiele von Chiraz wollten am 26. August 1971 in den Ruinen von Persepolis ein von Xenakis konzipiertes Spiel aus farbigem Licht und akustischen Signalen geben. Da die Ruinen der antiken Stadt in einer einsamen Gegend stehen, wählte Xenakis die einfachsten Mittel: Feuer und Hunderte von Fackeln. Dazu schuf er ein 56 Minuten dauerndes Tonband von acht Spuren. Die Lautsprecher wurden in drei Kreisen innerhalb des Palastes aufgestellt, damit sich der Klang in der Weite der Wüste nicht verlor. Während Kinder in der subtropischen Nacht ihre Fackeln den benachbarten Hügel hinauftrugen und Scheinwerfer von Autos und Projektoren die Nacht durchkreuzten, konnte das Publikum anarchische Geräusche, Lärm, Knarren usw. vernehmen. Die Presse reagierte positiv, konnte es aber nicht unterlassen, amüsiert anzufügen, nun habe schon ein zweiter Grieche Persepolis in Brand gesetzt[38], nach Alexander dem Großen, der sich auf seinem Feldzug gegen Osten das Reich der Perser unterwarf und so die Zerstörung der athenischen Akropolis durch Xerxes 480 v. Chr. rächte.

Es ist unbestreitbar, daß Xenakis das ganze Prestige dieses berühmten Ortes in sein Kalkül miteinbezog. Die rein akustische Seite des Spektakels verlor einen Teil ihrer Autonomie, was positiv und negativ beurteilt werden kann. Zum einen wurde den aggressiven Geräuschen eine Verbindlichkeit und Plausibilität verliehen, die sie im Konzertsaal schwerlich hätten, zum andern wurden sie zu einem ephemeren Ereignis, an das sich das zuhörende und zuschauende Publikum zwar gerne erinnern dürfte, ohne jedoch auf eine Wiederholung dieser Sensation — denn darum handelte es sich — zu drängen.

Für diese *Polytope* genannten Spektakel bot sich beim Herbstfestival in Paris im Jahre 1972 eine noch bessere Gelegenheit. Als Ort der Aufführung wurden die spätantiken Ruinen des Musée de Cluny am Boulevard Saint-Michel gewählt, an denen die Menge sonst achtlos vorübergeht. Die Mauern waren mit Metall verkleidet, auf das 600 Blitzlichter und 400 Spiegel aufgesetzt wurden. Laserstrahlen und andere Lichtquellen wetteiferten mit dem Klang; die optische Komponente gliederte die Zeit, die akustische den Raum; damit verhielten sich Musik und Architektur komplementär, wie es sich Xenakis immer gewünscht hatte. Es war nicht mehr notwendig, sich auf einfache Mittel zu beschränken; denn im Gegensatz zu Persepolis konnten in Paris die anspruchsvollsten technischen Installationen realisiert werden. Ob solche Werke aber der Musik- oder ganz allgemein der Kunstgeschichte beizuordnen wären, ist eine müßige Frage. Auf alle Fälle wurden Abende möglich, auf die viele Avantgarde-Künstler neidisch werden könnten, deren Konzerte und Ausstellungen weitgehend unter Ausschluß einer breiten Öffentlichkeit stattfinden. Mit großem Nachdruck meldete Xenakis deshalb während der achtziger Jahre sein Recht auf mehr finanzielle Unterstützung an, die zu einem guten Teil dem Institut de Recherche et Coordination Acoustique/Musique (IRCAM) von Pierre Boulez zufloß. Dort aber ist man sich der größeren Resonanz, die so hochdotierte Unternehmungen im Zeitalter der Massenmedien erlangen müssen, um sich zu rechtfertigen, unterdessen bewußt geworden.

Xenakis ist Boulez' Antipode: Der eine drängt nach außen und verwirklicht totales Theater, während der andere unter strenger intellektueller Selbstkontrolle nur wenig produziert und alte Werke immer wieder umarbeitet.

Das Institut de Recherche et de Coordination Acoustique/Musique (IRCAM)

Die aleatorischen Kompositionstechniken hätten sich auch ohne den Einfluß von Pierre Boulez entwickeln können, da sie weltweit erprobt wurden. Sie versprachen eine neue, bedenkenlose Freiheit nach den Zwängen des Serialismus, eine Freiheit, die Boulez verdächtig vorkommen mußte, weil sie den europäischen Begriff des »Werkes«, für das sein Schöpfer voll verantwortlich zeichnet, leichthin zur Seite schob. André Boucourechlievs Aufforderung zum improvisatorischen Zufall hat mit Boulez' offener Form nichts zu tun, weil sich in dieser jedes Detail stringent auf das Ganze bezieht. Den mit mathematischen Formeln errechneten Strukturen von Iannis Xenakis fehlte die primär musikalisch begründete Daseinsberechtigung. Paris befand sich von der Mitte der sechziger Jahre an in einem Vakuum, das durch Boulez' Weggang hervorgerufen worden war.

Doch schon bald regten sich neue Initiativen, die von Georges Pompidou, dem Staatspräsidenten Frankreichs, ausgingen. Zusammen mit dem Centre Georges-Pompidou, das sich der aktuellen Kunst des 20. Jahrhunderts widmete, sollte ein musikalisches Zentrum entstehen, das zwar organisatorisch unabhängig wäre, aber die Aktivitäten des Museums ergänzen würde. Die Trennung der Musik von den übrigen kulturellen Aktivitäten, die Boulez in einem Brief vom 24. April 1966 an den Kulturminister André Malraux angeklagt hatte, könnte nun aufgehoben werden.

Im Jahre 1969 wurde der Komponist in den Palais de l'Elysée zum Präsidenten gebeten, um die bestehenden Probleme zu besprechen. Zwei Jahre später begannen die Vorbereitungen zur Gründung des Institut de Recherche et de Coordination Acoustique/Musique, kurz IRCAM genannt. Am 7. März 1974 fand im Théâtre de la Ville — früher Théâtre Sarah-Bernhardt — eine Pressekonferenz zur Einführung des Instituts statt, das noch Petit-Beaubourg hieß, da es neben dem Centre Beaubourg, wie Pompidous Museum auch heißt, gebaut werden sollte. Am Herbst-Festival desselben Jahres feierte Paris das neu entstehende Zentrum mit einigen Konzerten. Erst am 5. Januar 1976 kehrte aber Boulez ans Pult des Orchestre de Paris zurück, und das IRCAM begann zu arbeiten.

Das Ensemble InterContemporain wurde ins Leben gerufen, um neue Musik kompetent wiedergeben zu können. Dieses Ensemble besteht aus einer Anzahl von Musikern, die den stets wechselnden Besetzungen der Werke entsprechen und im gegebenen Falle zur Verfügung stehen. Die genormten kammermusikalischen und orchestralen Formationen haben ja im 20. Jahrhundert ihre Geltung weitgehend verloren; jedes Stück verlangt nach einer ihm ganz eigenen Gruppe von Musikern, was manchmal fast unlösbare organisatorische Probleme stellt, wenn im selben Konzert ein Werk für Bläser mit Schlagzeug auf eines mit Streichern folgt. Im Ensemble InterContemporain arbeiten nur hochqualifizierte Solisten, die sich der Idee des Ganzen unterordnen. Große symphonische Werke sind zwar nicht aufführbar, wohl aber Mischformen zwischen Kammer- und Orchestermusik, wie sie Arnold Schönberg in seiner *Kammersymphonie* op. 9 zuerst erprobt hat. Schon während seiner Dirigententätigkeit am New York Philharmonic regte Boulez die Aufführung von Kammermusik an, weil die Instrumentalisten damit mehr gefordert und besser motiviert wurden als im Tutti der Streicher und Bläser.

1977 wurden die Räume des IRCAM bezogen, und am 13. Oktober 1978 fand die Einweihung und Eröffnung des Espace de projection im selben Gebäude statt. Es wurde neben dem Centre Georges-Pompidou fünf Stockwerke tief in die Erde gebaut. Eine Treppe führt in die Unterwelt mit Studios und Büros, über denen sich heute der von Jean Tinguely und Niki de Saint-Phalle gestaltete Strawinsky-Brunnen befindet. Der Espace de projection markiert den tiefsten Punkt; er ist ein hoher Saal, in dem dank verschiebbarer Wände akustische Experimente durchgeführt werden können. Heute ist die erwähnte Treppe durch ein Glasdach geschlossen, über dem sich eine schmale »japanische« Brücke wölbt. Sie führt in einen streng bewachten Empfangsraum, über dem sich ein fünfstöckiger Turm erhebt, in dem heute die meisten Büros untergebracht sind. Die unterirdischen Räume waren grau und nur mit dem notwendigsten Komfort ausgestattet, die neuen, oberirdischen gewähren den Blick auf das Centre Georges-Pompidou und hinüber bis zur Kirche Sacré-Coeur auf dem Montmartre. Die Pädagogik des IRCAM soll später auch in Säle neben dem Turm übersiedeln. Vorläufig befindet sie sich noch an der Rue du Renard, die vom Hôtel de Ville zum Centre hinaufführt. Das ganze Areal bietet eine Vielzahl architektonischer Stile, die gerade die Kraft zur ständigen Erneuerung des Pariser Stadtbildes beweisen: hinten an der Place Strawinsky die gotische Kirche Saint-Merri, davor der Brunnen mit seinen an Comics erinnernden, farbenprächtigen Figuren, die unablässig Wasser versprühen, dann das Centre mit seinen Röhren und Glaswänden, die nicht an ein Museum, sondern an den Terminal eines Flughafens denken lassen.

Die Ziele des IRCAM sind so vielfältig, daß sie ins Kreuzfeuer der Kritik geraten mußten. Pierre Boulez, der seine hohe Stellung zuerst als unangreifbar betrachtete, mußte sich Angriffe gefallen lassen, die in allen Massenmedien erhoben wurden. In allererster Linie diente und dient das Institut der Forschung und schöpferischen Arbeit. Neue elektronische Apparate, die Boulez bei der Musique concrète der fünfziger Jahre noch vermißt hatte, standen nun zur Verfügung, um Klänge zu erzeugen, die bis zu diesem Zeitpunkt noch nie gehört worden waren oder die man als nicht kunstwürdig einstufte. Boulez wehrte sich immer gegen das Denaturieren von traditionellen Instrumenten und auch gegen neuartige vokale Praktiken, da sich der Sänger, zum Schreien, Kreischen oder Ächzen aufgefordert, in gewissen ethischen und professionellen Normen verletzt fühlen könnte. Die neuen Apparate, die, entsprechend programmiert, in Echtzeit auf die live spielenden Musiker reagieren, erlauben eine rasche und flexible Arbeit des von Ingenieuren assistierten Komponisten. Das früher so mühsame Basteln mit Schallplatten und Tonbändern fällt weg. Die Technik entwickelt sich schnell weiter; das IRCAM bleibt ständig in Kontakt mit der Industrie. Die Komponisten bauen zum Teil auch bei sich zuhause Apparaturen auf, mit denen sie spontan und natürlich umgehen wie frühere Musiker mit dem Klavier oder irgendeinem anderen Instrument. Die eigentliche Forschung will die verschiedensten akustischen Phänomene analysieren. Ob diese im gegebenen Falle einem Werk, das einen gewissen Kunstanspruch erhebt, dienstbar gemacht werden können, hängt von der schöpferischen Potenz des Komponisten ab. Die Apparate bieten von sich aus keine Hierarchie an wie die bekannten Instrumente, die Tasteninstrumente mit ihren zwölf chromatischen Tönen oder die Streichinstrumente mit ihrer Stimmung in Quarten oder Quinten. Vor den neuen Möglichkeiten stellt sich die Frage, ob der Musiker weiß, was er will, oder sich ratlos dem Zufall überläßt. Eine Interaktion zwischen Technik und Phantasie ist die Regel, doch der Computer ist nicht intelligenter als der Mensch, der ihn konstruiert und programmiert hat.

Von den künstlerischen Resultaten der Arbeit sei im folgenden Kapitel ausführlich die Rede (siehe unten S. 244ff.); hier sei nur gesagt, daß die Musiker von früh auf gefordert haben, mit den Apparaten umzugehen, zum Teil schon vor ihrem zwanzigsten Lebensjahr, und eine Spontaneität und Intuition entwickelten, die keine Angst vor der Maschine mehr kennt. Werden die Werke auf CDs eingespielt, so ist es auch nicht mehr der Toningenieur, der die Klänge mischt, sondern der Komponist selbst weiß das heute auf sachkundige Weise auszuführen. Das Notenbild einer Partitur kann in den meisten Fällen nur einen unvollkommenen Eindruck von der Musik geben, deshalb werden nun die Tonträger zu den primären Vermittlern des Werks. Früher waren sie ein Notbehelf, dazu bestimmt, die meist unvollkommene Vergegenwärtigung der Musik außerhalb des Konzertes zu gewährleisten; heute ersetzen sie weitgehend die Einmaligkeit eines Ereignisses und sind jederzeit verfügbar.

*

Im Jahre 1977 fanden in Paris unter dem Motto *Passage du XXe siècle* Dutzende von Konzerten statt, die eine Bestandsaufnahme der Musik des 20. Jahrhunderts darstellen wollten. Was in den fünfziger Jahren mit der Konzertreihe *Domaine Musical* noch relativ bescheiden begonnen hatte, wurde nun im großen Stil fortgesetzt. Arnold Schönberg und seine beiden Schüler, Alban Berg und Anton Webern, standen im Mittelpunkt; von ihnen ging alles Neue aus. Um sie herum gruppierten sich Claude Debussy, Béla Bartók und Igor Strawinsky. Die Amerikaner Charles Ives, Henry Cowell und John Cage erhielten ihren Platz in einer nach Boulez' Meinung einzig gültigen, ständig »nach vorne« drängenden Entwicklung. Die Zeit nach dem Zweiten Weltkrieg war mit allen großen Namen vertreten: mit Pierre Boulez selbst, Luigi Nono und Karlheinz Stockhausen, dem Triumvirat zu Beginn der Darmstädter Ferienkurse für Neue Musik. Viele Komponisten, deren Werke heute schon wieder vergessen sind, wurden vorgestellt, doch die französischen Komponisten der zwanziger Jahre — Darius Milhaud, Francis Poulenc, Arthur Honegger usw. — fehlten in den Programmen genauso wie Paul Hindemith. Sie alle hatten ihre Stunde, die nun endgültig vorbei zu sein schien. Die Orchester und Kammerensembles kamen aus ganz Europa, um die nun als endgültig wichtig erkannten Kompositionen aufzuführen. Ein Prozeß der Elimination fand statt, der grausam ausfiel, weil sich niemand dagegen wandte. Die Wegmarken der Musik des 20. Jahrhunderts wurden neu gesetzt. Wie schon im *Domaine Musical* fehlte auch jetzt ein bestimmter Akzent, der auf die französische Musik gesetzt worden wäre. Sie existierte als solche kaum mehr, da Boulez längst zum Kosmopoliten geworden war und am IRCAM Wissenschaftler und Künstler der verschiedensten Länder beschäftigte. Boulez' Sieg über den Chauvinismus bedeutete eine Absage an alles Gefällige, Versöhnliche, das nach dem Ersten Weltkrieg als Reaktion auf den Ernst der deutschen Romantik gefeiert worden war. Nicht von ungefähr begann Boulez im Jahre 1976 sein Dirigat des *Ring des Nibelungen* in Bayreuth; er setzte sich mit der äußerst komplexen Musik Richard Wagners auseinander, was außer Honegger und Messiaen keiner der vorangegangen Generation gewagt hätte. Es ist erstaunlich, daß bis heute am IRCAM von der Musik der Vergangenheit fast nur Johann Sebastian Bach, Ludwig van Beethoven und Richard Wagner erwähnt werden, weil man darin die Entwicklung sieht, die in gerader Linie zu Arnold Schönberg führte. Franz Schubert oder Robert Schumann spielen keine Rolle, und auch Wolfgang Amadeus Mozart paßt nicht in das Schema einer Musik, die sich logisch folgerichtig aus einer einzigen Grundsubstanz entwickelt hätte. Von Schönberg schien diese nun auszugehen, gerade in der Mitte der siebziger Jahre, als sich in Deutschland mit Wolfgang Rihm und Manfred Trojahn eine noch jüngere Generation erhob, um unbefangen, frei vom Zwang einer intellektuell kontrollierten Musik, nur noch dem Trieb zu folgen und den Mut zum direkten Ausdruck aufzubringen. Vielleicht kam das IRCAM um zwanzig Jahre zu spät, doch vorher fehlten die richtigen Apparate, um Boulez' Traum von einer Musik zu erfüllen, die ganz mit der technisch-industriellen Entwicklung Schritt hält. Edgard Varèse hatte um 1930 neue Instrumente gefordert. Von ihm ging über André Jolivet und Olivier Messiaen ein nicht zu unterschätzender Einfluß auf Boulez aus, der in Paris erst jetzt auf höchstem Niveau zu wirken begann. Am Anfang standen das Schlagzeug und die Sirenen von Varèse, dann kamen die Ondes Martenot von Jolivet und Messiaen, alles noch ziemlich unbeholfene Klangerzeuger, die nun von den Computern des IRCAM abgelöst wurden.

*

Als das IRCAM in der Mitte der siebziger Jahre seine Arbeit aufnahm, ging es Pierre Boulez, dem Direktor des Instituts, darum, die Informatiker an den neuen Computern ausbilden zu lassen. Nach den fünfziger und sechziger Jahren, die im Zeichen des Tastens und Suchens gestanden hatten, schienen nun die Maschinen zur Verfügung zu stehen, die eine zielbewußte Erkundung des akustischen Universums ermöglichten. Michel Decoust wurde mit der Leitung der Pädagogik betraut. Außerhalb des IRCAM veranstaltete Boulez selbst mit dem Ensemble InterContemporain kommentierte Konzerte, die auch als Kassetten in den Verkauf kamen. Was in Ruhe und hartnäckiger Konzentration in den unterirdischen Studios gefunden und erfunden worden war, sollte den Weg in die breite Öffentlichkeit antreten.

Die Schlüsselfigur der Pädagogik am IRCAM war aber nicht Decoust, sondern Robert Piencikowski, der 1978/79 Zutritt zu den Boulezschen Manuskripten in Baden-Baden hatte, nachdem er das Material für die Transkription der Noten von *Le Marteau sans Maître* auf Computer bereitgestellt hatte. Bei dieser Arbeit entwickelte er seine Fähigkeit, jeden Ton, jedes Detail eines Notentextes genau zu beachten und zu deuten, eine Fähigkeit, die ihn zu einem der besten Analytiker nicht nur von Boulez' Musik machte. Das Projekt, regelmäßig musikwissenschaftliche Kurse zu geben, nahm im April und Mai 1980 Gestalt an. Unterstützt von Pierre-Laurent Aimard, dem Pianisten des Ensemble InterContemporain, begann Piencikowski seine Kurse vor Leuten, die er auf der Straße getroffen hatte. Die Propaganda ging von Mund zu Mund weiter. Vor zehn bis fünfzehn Hörern analysierte er zuerst Schönbergs *Suite* op. 29 und Boulez' *Eclat*.

Im folgenden Jahr verließen Luciano Berio, Vinko Globokar und Gerald Bennett das Institut; es galt, dessen Aktivitäten neu zu koordinieren. Unter der Bezeichnung Collège de l'IRCAM wurden den einzelnen Kursen ihre Rollen zugewiesen. Boulez selbst dozierte und doziert noch heute am Collège de France. Jedermann hat freien Zutritt, der Saal an der Rue des Ecoles neben der Sorbonne füllt sich schon eine halbe Stunde vor dem Beginn der Vorlesungen, die in unregelmäßigen Abständen über das ganze Schuljahr verteilt sind. Grundkenntnisse sind unerläßlich, denn Boulez öffnet historische Perspektiven, die weit in die Vergangenheit zurückreichen, um die Musik von heute zu erklären. Er geht oft von einigen schriftlich fixierten Sätzen aus, um dann zur freien Rede zu wechseln. Noch lebende Komponisten werden nicht mit ihrem Namen erwähnt, doch die Anspielungen sind jedem verständlich. Boulez will von hoher Warte aus nicht mehr direkt in den Streit der Meinungen gezogen werden. Im Jahre 1989 erschienen die Referate der ersten zehn Jahre Unterricht in Buchform unter dem Titel *Jalons* (Wegmarken) bei Christian Bourgois in Paris.

Seine Kurse können aber auch in den Räumen des IRCAM stattfinden, wenn Andrew Gerszo ihm assistiert, um das Funktionieren der Computer zu erklären. Vorlesungen »ex cathedra« wechseln mit Seminaren ab. McAdams gab Kurse über Informatik, David Wessel sprach über Psychoakustik. In den letzten Jahren hat sich der Kreis der Dozenten erweitert: Tristan Murail, Philippe Manoury, Philippe Depalle, Miller Puckette und viele andere sind dazugestoßen. Piencikowski stimmte seine Analysen immer auf die Konzerte des Ensemble InterContemporain ab und widmete sich oft während zwei Monaten demselben Werk. Er wurde während zwei bis drei Jahren von Dominique Jameux unterstützt und lud auch Gäste ein: Boulez, Helmut Lachenmann, Gilbert Amy, Tod Machover, Henri Pousseur, Klaus Huber, Elliott Carter und der Patriarch Olivier Messiaen sprachen in diesem Zirkel über ihre Werke. Michel Butor zog Parallelen zwischen dem Nouveau Roman und der Neuen Musik, während Yves Bonnefoy Stéphane Mallarmés Bedeutung für Pierre

Die Arbeit mit Computern verlangt das Teamwork von Technikern mit Komponisten. Didier Arditti, Andrew Gerszo, Pierre Boulez und Giuseppe de Giugno, der Konstrukteur des Computers 4X, (von links nach rechts) diskutieren die Möglichkeiten von neuen elektroakustischen Lösungen (Foto: Chalhoub).

Boulez' Ästhetik erläuterte. Im Jahre 1990 wurde Piencikowski an die Paul Sacher Stiftung Basel berufen. Die »Achse« Basel—Paris, die schon in der Zeit zwischen den beiden Weltkriegen vom künstlerischen, freundschaftlichen und auch finanziellen Blickpunkt aus von unschätzbarem Wert gewesen war, erlangte nun eine neue Dimension. Die Studenten und Forscher begannen zwischen den beiden Städten hin- und herzureisen. In Paris befindet sich die modernste Technologie; in Basel aber liegen die Manuskripte vieler Komponisten des 20. Jahrhunderts.

Im Jahre 1989 erreichte die Pädagogik des IRCAM eine neue Stufe. Das französische Unterrichtsministerium erlaubte dem Institut, Kurse zu einem Diplôme d'Etudes approfondies (DEA) zu geben, Kurse, die zu einem Kernfach über Musik unseres Jahrhunderts ausgebaut wurden. Zwei Jahre später kam der Unterricht für Doktoranden hinzu. Die Studierenden kamen aus den verschiedensten Ländern, nicht zuletzt aus Osteuropa, Lateinamerika und Korea. Jeder kann als freier Hörer an den Lehrveranstaltungen teilnehmen, doch zu einem Diplom gelangen nur diejenigen jungen Leute, die ein Dossier einreichen, das ihre früheren Studien belegt. Als Doktoranden werden nur Studierende mit einem deutschen Magister, einem schweizerischen Lizentiat oder einer französischen Maîtrise zugelassen. Das Problem der gegenseitigen Anerkennung von Studienabschlüssen wird geprüft; es gilt, Mißverständnisse zu vermeiden. Eine licence en musicologie in der Schweiz entspricht nicht einer französischen licence, diese ist nur eine Vorstufe zur maîtrise, während der deutsche Magister und das schweizerische Lizentiat direkt zum Doktorstudium führen.

Der Studienplan sieht die unterschiedlichsten Teilgebiete vor. Die eigentliche Musikwissenschaft erstreckt sich von Debussy bis zur Postmoderne. Philosophische und naturwissenschaftliche Fächer ergänzen die Kenntnisse über Musik. Der Arbeit an den Computern stehen Unterweisungen über den nicht-traditionellen Gebrauch von Instrumenten wie der Flöte gegenüber. Komponisten berichten über ihre Arbeit. Nachteilig wirkt sich der Umstand aus, daß die Dozenten, die aus allen Ländern der westlichen Welt kommen, nur für höchstens zwei bis drei Tage pro Schuljahr engagiert werden. Sie können zwar so das Beste ihres Wissens ohne alltägliche Routine vermitteln; die Studierenden benötigten aber auch eine ständige Überwachung ihrer Fortschritte. Außerdem wird jedem gleich zu Beginn das Thema seiner Diplomarbeit zugewiesen, was zu Härten führen kann, aber auch ein planloses Suchen während Monaten ausschließt. Stipendiaten werden streng kontrolliert; machen sie keine Fortschritte, so wird ihnen die finanzielle Unterstützung erbarmungslos entzogen. Die meisten sind aber sehr motiviert, und es besteht ein großer Nachholbedarf. Die französische Adorno-Rezeption ist eben erst angelaufen, und schon beklagen sich die Jungen, daß die Schriften von Carl Dahlhaus nicht auf Französisch vorliegen. Denn ihre Musikwissenschaft beschränkte sich bis jetzt hauptsächlich auf das Sammeln von Fakten, über die nachzudenken als unwissenschaftlich galt. Die *musicologie reflective* steht erst in ihren Anfängen, deshalb könnte Dahlhaus' Einfluß sehr nützlich sein.

Laurent Bayle hat im Herbst 1991 Pierre Boulez in der Leitung des IRCAM abgelöst, und Jean-Baptiste Barrière leitet die Pädagogik. Die Doktoranden werden speziell von Hugues Dufourt, einem der maîtres-penseurs des Centre National de Recherche Scientifique, ausgewählt und betreut. Ob diesem rein wissenschaftlichen Zweig des Instituts eine große Zukunft beschieden ist, kann heute (Mitte 1993) noch nicht mit Bestimmtheit gesagt werden. Zu groß sind die Zerstreuungen und Ablenkungen, die eine Stadt wie Paris bietet. Auf der anderen Seite sind die Anregungen aber auch enorm reich. Viele Orte in Europa bieten Computerkurse für Musikerinnen und Musiker an. Doch wo sonst kann ein junger Mensch so viele interessante Konzerte mit neuer Musik hören wie dort? Auch der Kontakt mit Kollegen aus aller Welt wirkt stimulierend. Ausländer werden in Paris seßhaft und reisen doch von Zeit zu Zeit zurück in ihr Heimatland. Viele der Doktoranden sind auch Praktiker oder haben zum mindesten ein Instrumentalstudium hinter sich. Da kann es leicht vorkommen, daß die Leitung eines Orchesters zusammen mit einer Doktorarbeit über Ligeti zuviel an Arbeit bedeutet. Diese Jungen reifen langsam; erst spät werden sie ins volle Berufsleben eintreten.

Das IRCAM wird neben Sommer- und Wochenendkursen, die allen schon bewährten Musikern offenstehen, bald noch mehr anzubieten haben. Gedacht wird an Kurse für Wissenschaftler mit Computererfahrung, aber ohne gründliche musikalische Kenntnisse. Diese Leute verfügen oft über ein intuitives Sensorium im Umgang mit jenen Maschinen, können aber das schon Bekannte nicht vom Unbekannten trennen, das ihnen gerade dank dieser Apparate offenstünde. Das gleiche gilt für die Studenten aus Schwellenländern, deren Kultur bis jetzt keine feste Hierarchie zwischen dem, was als wertvoll anerkannt ist, und dem, was als wertlos gilt, ausgebildet hat. Ob es angebracht ist, in diesem Zusammenhang auf eine brasilianische Studentin einzuwirken, um ihr die europäischen Werte klarzumachen, ist fragwürdig. Wäre es nicht besser, man ließe sie ihren eigenen Weg finden? Doch das könnte noch Generationen dauern. Und da sie nun schon einmal den Entschluß gefaßt hat, in Paris zu studieren, soll sie unsere Denkweise gründlich kennenlernen. In unserer Zeit mit ihrer erhöhten Mobilität und den sich mit Lichtgeschwindigkeit verbreitenden Informationen neigt das Musikleben zur Uniformität, bildet aber zugleich auch »Inseln« von Partikularitäten aus, die zu mißachten falsch wäre.

Daß das IRCAM nicht zu einer hochmütig geschlossenen Zunft werde, ist das Bestreben Jean-Baptiste Barrières, der Reisen durch die französische Provinz plant, um im Verborgenen lebende Computertalente aufzuspüren und zu einer soliden Ausbildung nach Paris zu holen. Die Apparate entwickeln sich schnell weiter und bieten schon jetzt mehr an, als die musikalische Imagination erwartet. Der Mensch hatte genug Zeit, seine Phantasie der Entwicklung vom Cembalo über das Hammerklavier zum Steinway und Synthesizer anzupassen. Nun steht ihm aber ein Kontinuum von Möglichkeiten zur Verfügung, unter denen er eine Wahl treffen sollte. Mehr denn je sind Musikerinnen und Musiker mit kühner Vorstellungskraft gefragt. Das darf man bei allen technokratischen Allüren des IRCAM nicht vergessen.

Eine Öffnung zeichnet sich auch in anderer Richtung ab: Viele französische Komponisten der mittleren Generation denken daran, eine Oper zu schreiben. Die Verbindung des Auditiven mit dem Visuellen verspricht einen besseren Zugang zu einem breiteren Publikum. Doch die Opéra Bastille ist aus Kostengründen während eines Drittels der Saison geschlossen; Richard Strauss' *Elektra* füllt den Saal nicht. Einige exemplarische Aufführungen von Claude Debussys *Pelléas et Mélisande* mit Boulez am Pult und Peter Stein als Inszenator fanden im Frühjahr 1992 am Théâtre du Châtelet statt, gefolgt von Alban Bergs *Wozzeck* mit Daniel Barenboim, inszeniert von Patrice Chéreau. Doch handelt es sich dabei um Werke, die jeder Kenner längst zum klassischen Repertoire zählt. York Höller verwendet in *Le Maître et Marguerite* elektroakustische Instrumente, Michaël Levinas in *La Conférence des oiseaux* ebenfalls. Beide Werke wurden zum Teil am IRCAM produziert und in Frankreich uraufgeführt, blieben aber vereinzelte Ereignisse.

Daß ein Konzert oder eine Oper aber gerade zum Ereignis werden, ist das Bestreben von Laurent Bayle. Er sieht es in Boulez' *Répons* schon verwirklicht, einem Werk, das neben traditionellen Instrumenten den Computer 4X verwendet und auch vom Optischen her sehr spektakulär ist: Seine bis jetzt letzte Fassung wurde im Jahre 1988 in einem Steinbruch bei Avignon aufgeführt. Die Hörer und Zuschauer umringen ein Instrumentalensemble, dessen Klang elektronisch nicht verändert wird, während Solisten, farbig beleuchtet, von erhöhten Standorten aus ihre nun durch den Computer manipulierten Klangwellen in den Raum ergießen. Eine solche Aufführung ist so teuer wie die einer Oper, hebt sich aber aus dem Alltag heraus und verschafft eine große ästhetische Bereicherung. Wie lange kann es dauern, bis einem jungen Menschen, der am Bildschirm die Zahlenreihen studiert, ein Werk dieser suggestiven Kraft gelingt? Die meisten Studenten am IRCAM sind noch weit davon entfernt. In vielen Workshops präsentieren sie aber einem Publikum von Kolleginnen und Freunden ihre Versuche — es ist erstaunlich, wie oft man an diesen Abenden immer wieder dieselben Gesichter sieht —, doch besteht kein Grund zur Resignation. Der eine oder andere Musiker, der zugleich Informatiker ist, wird seinen Weg machen. Die Hörgewohnheiten verändern sich mit der neu entstehenden Musik, die aber — bestimmt zu ihrem Vorteil — nicht in die üblichen Konzertsäle eindringen wird.

Mit der Gründung des IRCAM dachte Boulez an eine Art Bauhaus der Musik, wie es in der Zeit zwischen den beiden Weltkriegen in Weimar und Dessau für die Bildenden Künste bestanden hatte. Paul Klee war einer seiner Dozenten. Das Centre Pompidou nahm diese Tatsache zum Anlaß, im Jahre 1985 eine Ausstellung zum Thema *Klee et la musique* zu organisieren. Der interdisziplinäre Charakter des IRCAM, der Boulez immer vorgeschwebt hatte, nahm damit Gestalt an. Auch die musikwissenschaftlichen Kurse beschränken sich oft nicht auf die Analyse eines bestimmten Notentextes, so wertvoll sie auch sein kann, sondern die geistigen Hintergründe werden mit einbezogen: Claude Debussys und Boulez' Verwandtschaft mit Stéphane Mallarmé, Olivier Messiaens mit orientalischen Mythen durchsetzte Religiosität. In den letzten Jahren machte sich aber bei einigen Studierenden eine gewisse Theoriemüdigkeit bemerkbar, ein Phänomen, das nicht nur in Paris auftritt. Die jungen Leute wollen nur noch wissen, wie eine bestimmte Musik »gemacht« worden ist. Deshalb werden an der Pädagogik des IRCAM auch schon berühmte Komponistinnen und Komponisten angestellt, die über ihre Werke berichten: Klaus Huber, Adriana Hölszky, Brian Ferneyhough, György Kurtág usw. Der Horizont erweitert sich immer mehr. Noch vor einigen Jahren wäre es undenkbar gewesen, am IRCAM über Messiaen zu sprechen, weil dessen Musik nicht in das Dogma einer Musik passen wollte, die sich streng aus einem Initialgedanken entwickelt. Heute ist auch er akzeptiert, weil sein Einfluß auf die heutige mittlere Generation der Komponisten nicht zu übersehen ist.

Musik und Recherche

Für Bernhard Hahnloser

Die Gründung des Institut de Recherche et de Coordination Acoustique/ Musique (IRCAM) in der Mitte der siebziger Jahre gab einer großen Anzahl von französischen Komponisten die Gelegenheit, sich besser zu artikulieren. Doch schon seit dem Erscheinen von Edgard Varèse in Paris um 1930 wurde die Frage aufgeworfen, ob die moderne Technik und Wissenschaft zu unabdingbaren Hilfsmitteln der musikalischen Produktion werden könnten. Was zuerst als romantische Utopie von einigen wenigen Außenseitern gefordert wurde, nahm nun Gestalt an. Die Institution des IRCAM, in dem viele Komponisten der heute (1993) mittleren Generation eine Beschäftigung fanden — sei es als Dozenten, sei es als Forscher — bot einen gewissen Halt, ohne den die individuellen Bestrebungen zentrifugal auseinandergedriftet wären. Dabei ging es nicht darum, Pierre Boulez platt nachzuahmen. Konflikte fanden vielmehr zwischen den Alten und Jungen statt, wobei diese sich aber immer geschmeichelt fühlten, wenn Boulez mit dem Ensemble InterContemporain eines ihrer Werke in makelloser Form aufführte. Die Querbeziehungen zwischen den verschiedenen Musikern waren und sind sehr vielfältig: Hugues Dufourt war Schüler von Jacques Guyonnet in Genf, der seinerseits wieder Schüler von Boulez war; Tristan Murail, Gérard Grisey und Michaël Levinas studierten am Conservatoire bei Olivier Messiaen, ohne den Boulez' Entwicklung zum Serialismus nicht möglich geworden wäre.

Diese vier Komponisten — Dufourt, Murail, Grisey und Levinas — gründeten schon im Jahre 1973, vor dem IRCAM, den Groupe de l'Itinéraire (die Gruppe der Wegstrecke); sie gingen einen Teil ihres Weges gemeinsam, um sich zu vollkommen verschiedenen Persönlichkeiten zu entwickeln. Die Musik, die sie schrieben, wurde unter dem Begriff »Spektralmusik« zusammengefaßt. Was darunter zu verstehen sei, formulierte der im Jahre 1943 geborene Dufourt: »Die Elektronik geht zu einer Mikroanalyse des klanglichen Phänomens über, das neue Ordnungsstrukturen und ein ungeahntes Feld von Möglichkeiten enthüllt. Die Techniken der optischen Darstellungen des Tones — vom Spektrographen zum Computer — erlauben, genau in die Einzelheiten der akustischen Welle einzugreifen und ihr die unmerklichsten Veränderungen aufzuerlegen.«[1] Auch die Schlaginstrumente sind neben der Elektronik sehr wichtig, da sie ein Mittelding zwischen Klang und Geräusch erzeugen und so zu neuen Hörgewohnheiten hinlenken. Was als Pauken- oder Gongschlag in der früheren Musik nur eine untergeordnete Rolle gespielt hat, wird nun zum Zentrum der Musik. An den Rändern des akustischen Universums werden Entdeckungen gemacht, die, sorgfältig analysiert, auch der Großform eine neue Richtung geben. Im Gegensatz zu den deutschen Komponisten Wolfgang Rihm und Manfred Trojahn sucht Dufourt nach einer neuen Syntax der Musik; die Trennung in Melodie und Begleitung, der Unterschied zwischen der Horizontale und der Vertikale und jedem trotz gewisser Variationen doch als selbständig hörbaren Rhythmus wird aufgehoben: »Diese Arbeit an der musikalischen Komposition geht direkt von den inneren Dimensionen der Klanglichkeit aus. Sie stützt sich auf die Kontrolle des ertönenden Spektrums und entwickelt aus dem Material die Strukturen, die aus ihm geboren werden. Die einzigen Charakteristika, in die man eingreifen kann, sind die dynamischen Unterschiede. Es sind fließende Formen, ständige Übergänge, die durch ständige Veränderungen determiniert sind. Man darf in diesem Zusammenhang von einer Komposition, bestehend aus einem Fluten und einem Austauschen, sprechen. Die Musik wird in Form von Schwellen, Oszillationen, Interferenzen und in eine bestimmte Richtung gehenden Prozessen gedacht.«[2]

Dufourts bekanntestes Werk ist *Saturne* (1979), das unter der Leitung von Peter Eötvös in der Espace de projection des IRCAM auf Schallplatte aufgenommen wurde. Der Komponist gibt dazu die folgende Erklärung: »Ich habe in diesem Stück die drei Instrumentalfamilien vereinigt, die am meisten zur Erneuerung des Klangmaterials beigetragen haben: Schlagzeug, Elektronik und Bläser. Die Begegnung dieser instrumentalen Techniken scheint mir besonders bedeutsam; denn sie führt zu einer neuen Form des musikalischen Organismus. Die Baß- und Kontrabaßflöte, die systematische Verwendung der Baritonoboe, der Kontrabaßklarinette, der Baßtrompete und der Kontrabaßposaune erzeugen Klangfarben, die das traditionelle Orchester auf merkwürdige Weise eingeschränkt hatte. [...] Rauhe Klänge, Atemgeräusche, das Überblasen bilden eine Klasse von hybriden und schwankenden Tönen. [...] Die elektrische Energie ist unbeschränkt: Sie bildet akustische Formen, die sich von der Mechanik befreit haben. Sie erlaubt, selektiv auf die Klangwelle einzuwirken: Man kann auswählen, kombinieren, nach Gutdünken verändern [...], was beim mechanisch erzeugten Ton untrennbar ist (Frequenzen, Spektren, Dynamik). Im Gegensatz dazu entzieht sich das Schlagzeug jeder analytischen Determination: Es bildet instabile akustische Formen, die man nur in ganz allgemeiner Weise kontrollieren kann. [...] Das Schlagzeug verlangt eine globale und zusammenfassende Annäherung an das Klangphänomen. Deshalb bildet die Verbindung von Schlagzeug und Synthesizern eine schöpferische Spannung. Ich entschloß mich, diese objektiven Widersprüche von rein akustischer Form ins Werk umzusetzen.«[3] Dennoch wäre es verfehlt, in *Saturne* nur ein wissenschaftliches Experiment zu sehen. Die bleichen und dunklen Farben der Musik beziehen sich unmißverständlich auf den sehr fernen Planeten unseres Sonnensystems. Dufourt zitiert deshalb Erwin Panofsky, der geschrieben haben soll: »Dieser kälteste, trockenste, langsamste Planet wurde gewöhnlich mit dem Greisenalter, der Dürftigkeit, dem Tod in Verbindung gebracht. Man machte Saturn für die Überschwemmungen, die Hungersnöte und andere Plagen verantwortlich. Die unter ihm Geborenen betrachtete man als die Elendesten, die am wenigsten zu Beneidenden unter den Sterblichen: Kranke, Lumpen, Bettler, Kriminelle, Bauern ohne Land, Latrinenfeger, Totengräber.«[4]

Am 27. Februar 1993 wurde in der Salle Olivier Messiaen des Pariser Rundfunkgebäudes ein anderes Werk von Dufourt uraufgeführt, das ebenfalls weit davon entfernt ist, nur eine Kombination von merkwürdigen Klängen und Geräuschen darzustellen: *Le Philosophe selon Rembrandt* (Der Philosoph nach Rembrandt) bezieht sich auf ein Bild des holländischen Malers: »Indem ich Rembrandt beschwor, versuchte ich durch die Kunst der Farbe, mir die wundervolle Palette des Malers anzueignen: einen Klangraum vergleichbar seinem Bildraum. Die Zeitdauer, die Form, die harmonischen Fortschreitungen, die Verteilung der Tonhöhen und der Klanggewebe, sogar die ganze Orchestration gehorchen dem Hell-Dunkel, um eine unaufhörliche Vermittlung von differenzierten Augenblicken zu erzeugen.«[5] Das Stück, das fünfzig Minuten dauerte, erregte das verlegene Staunen der Zuhörer. Die Musik blieb dunkel, ja häßlich; keine gefälligen Akkorde oder Melodien verwiesen auf schon Bekanntes und Akzeptiertes; eine monotone Folge von sich unmerklich verändernden Klangblöcken bildete das Werk. Daß es sich wie bei *Saturne* auf etwas Außermusikalisches, auf die Malerei bezog, beweist Dufourts Bestreben, aus dem Ghetto der Avantgarde auszubrechen, deren Weg seit dem Zweiten Weltkrieg er mit unbarmherzigen Worten geißelt: »Das Experiment ist fehlgeleitet, wenn es zum Selbstzweck wird. Seit 1945 tut aber die Kritik und die Musikwissenschaft so, als ob die Werke Konstruktionen wären, die durch formale Erfindung allein etwas gelten. Die schöpferische Arbeit beschränkt sich auf eine Ordnung von Zeichen. Den Code wechseln, neue Regeln einsetzen — so geht es immer weiter hinein ins Abenteuer. [...] Gebaut nur auf die ständige Zerstörung des Sinnvollen, sind diese Werke nur noch Form. Sie praktizieren den Wechsel um des Wechsels Willen.«[6] Dufourt, der sich als Philosoph habilitiert hat, sucht der Musik gerade dort, wo sie sich in das noch nie Gehörte vorwagt, eine Verbindlichkeit zu bewahren, die sie in den Workshops der Avantgarde weitgehend verloren hat. Als Denker möchte er oft verzweifeln, doch als Musiker drängt es ihn, das akustische Universum immer weiter zu erkunden und von seinen Erfahrungen zu berichten, mögen diese von fernen Planeten oder von der Betrachtung von Rembrandts Philosophen stammen. Er verweigert jede Gefälligkeit, wie sie die Franzosen doch so sehr lieben; schon bald möchte er sich von allen öffentlichen Ämtern, der Leitung des Doktoratsstudiums am IRCAM und der Forschung am Centre National de Recherche Scientifique (CNRS), zurückziehen und nur noch komponieren. Im Hell-Dunkel, das er bei Rembrandt sah, möchte er leben und nur noch einige so erstaunliche Werke wie *Saturne* schreiben, aber immer im engen Kontakt mit der gesellschaftlichen Wirklichkeit, der gegenüber er sich als Bewunderer Theodor W. Adornos verantwortlich fühlt.

Während bei Hugues Dufourt ein pessimistischer Grundzug, der aus einer überwachen Intelligenz resultiert, nicht zu übersehen ist, ruht Tristan Murail viel mehr in sich selbst. Im Jahre 1947 in Le Havre geboren, spielte er bei der denkwürdigen Uraufführung von Dufourts *Saturne* die Ondes Martenot, eines der Instrumente mit elektronisch erzeugten Klängen, die schon Messiaen zu beeindruckender Wirkung gebracht hatte, da sie beliebig lange angehalten werden können und bald ätherisch süß, bald drohend laut tönen. Murails Einstellung zur sogenannten Spektralmusik zeichnet sich durch Gelassenheit aus: »Ich glaube nicht, daß es ein ›spektrales System‹ im strengen Sinne des Wortes gibt, das man durch eine Reihe von Regeln definieren könnte, um im Endergebnis eine bestimmte Farbe zu erzeugen. Dagegen glaube ich, daß man von einer ›spektralen‹ Haltung sprechen kann, die zu einer ›spektralen‹ Methode führt. [...] Um das ›spektrale‹ Universum für sich zu beanspruchen, genügt es nicht, einige wohlgeformte Reihen von Teiltönen aneinanderzuketten; dazu braucht es vielmehr ein anderes Bewußtsein von dem, was Musik ist [...].«[7] Er listet einige Bedingungen auf, die vom Komponisten erfüllt werden müssen: »1) das Kontinuierliche denken vor dem Getrennten (wissen, daß alles miteinander verbunden ist), 2) zuerst das Ganze sehen und nicht die Abfolge oder einzelne Zellen, 3) Organisationsprozesse von logarithmisch-exponentieller Art gebrauchen und nicht lineare, 4) nicht auf kombinatorische Art konstruieren, sondern funktionell, 5) sich um die Beziehung zwischen der Konzeption und der Wahrnehmung kümmern.«[8] Damit setzt sich Murail vom Serialismus ab, der — vielleicht nicht immer in der Praxis, wohl aber in der Theorie — aus kleinen Zellen das Ganze entwickelte, getreu der Doktrin, die man während der fünfziger Jahre aus Anton Weberns Spätwerk abgeleitet hat. Da dessen Strukturen auch nicht unmittelbar gehört werden können, was von Murail als Mangel empfunden wird, setzt er ihnen ein dichtes Gewebe von Tönen entgegen, die ineinander übergehen. Das einzelne Klangobjekt aus Mikrointervallen wird mit dem nächsten verknüpft und ist Teil eines sich unmerklich verändernden Klangteppichs, der gelegentlich auch von Kontrasten abrupt unterbrochen werden kann. In *Vues aériennes* (Luftansichten oder Luftspiegelungen; 1986) bezieht sich der Komponist auf Claude Monets Bilder der Kathedrale von Rouen, die der Maler zu verschiedenen Tageszeiten im sich stets verändernden Licht dargestellt hat. Murails Stück besteht aus vier Abschnitten, der dritte ist quasi das Original, während sich die drei anderen durch Verkrümmungen, Verbiegungen der Intervalle auszeichnen: 1) Morgenlicht (helles Licht, stumpfe Winkel, maximale Verbiegung), 2) Licht im Regen (vage Umrisse, geschlossene Winkel, leichtere Verbiegung), 3) Mittagslicht (strahlendes Licht, frontale Ansicht, keine Verbiegung), 4) Abendlicht (warmes Licht, lange Schatten, starke Verbiegung).[9] Der Hornist begleitet den ganzen Gang durch den Tag; er befindet sich zuerst links hinter dem Podium, auf dem die Musiker spielen, um dann auf dem Höhepunkt, dem Publikum sichtbar, zu blasen und darauf langsam nach rechts abzugehen. Was sich den Zuhörenden in äußerst komplexen Strukturen nicht direkt mitzuteilen vermag, wird dadurch sinnfällig. Murail bewundert Monet vor allen anderen französischen Malern. Dessen Seerosenbilder, die in den ovalen Sälen der Orangerie am Südende des Tuilerien-Gartens ausgestellt sind, bilden ein Gegenstück zu seiner Musik, deren Umrisse nur vage gezeichnet sind und erst bei wiederholtem Hören einen allmählichen, organischen Prozeß enthüllen.

Doch ist es nicht unbedingt notwendig, auf die Bildende Kunst zurückzugreifen, um Tristan Murails Werke verständlich zu machen. Denn schon Claude Debussy und Paul Dukas haben mit ähnlichen Verbindungen zwischen den Akkorden gearbeitet: Manchmal genügte ihnen ein einziger Ton, um sanft überzuleiten, oder es spielen sich im Innern eines dichten Gemischs von Tönen minimale Veränderungen ab, die schon Murails Technik vorausnehmen. Es darf deshalb nicht überraschen, daß Murail der dynamischen Musik Ludwig van Beethovens nichts abgewinnen kann und auch gegenüber Olivier Messiaens Anspruch auf eine unbewegliche (ewige?) Zeit seine Vorbehalte anbringt. Sein Ziel wäre eher die Verschmelzung der beiden Vorgehensweisen: auf der einen Seite ein Werden und Entwickeln, auf der anderen ein In-sich-Ruhen.[10] In diesem Sinne ist der Bezug zu Monets Kathedralen durchaus ernst zu nehmen: Sie erhebt sich seit Jahrhunderten über der Stadt Rouen, wird aber im Verlauf der Tage und Jahre von den verschiedensten Farben umspielt.

Obwohl Gérard Grisey mit *Partiels* (Teiltöne; 1975) das schlagendste Beispiel für eine Musik, die sich aus Teiltonspektren aufbaut, geschaffen hat, läßt er sich nicht so leicht einer bestimmten Schule zuordnen. Peter Niklas Wilson hat die Tonhöhenorganisation dieses Werkes analysiert[11], doch erschöpft es sich nicht darin; denn es weist auch einen theatralischen Aspekt auf, den man nicht übersehen darf. Aus dem tiefsten E des Kontrabasses, das zuerst hart und rauh klingt, bauen sich die ganzzahligen Obertöne wie eine Fata morgana auf. Der Vorgang wiederholt sich einige Male, Geräusche mischen sich hinein, ein Kreisen und Weben beginnt, das immer wieder von katastrophisch anmutenden Unterbrechungen abgelöst wird. Gegen Ende des Werkes verstummen die Instrumente nach und nach; man hört (und sieht), wie die Musiker ihre Partituren schließen und vom Pult nehmen. Am Schluß steht der Dirigent im Leeren und macht seine Armbewegungen mechanisch weiter. *Partiels* ist nicht gerade eine Abschiedssymphonie im Stile Joseph Haydns, doch das szenische Element, das auch Murail in *Vues aériennes* einsetzt, ist hier, bei Grisey, mit größter Bravour gegenwärtig. Auch *Tempus ex machina* für sechs Schlagzeuger (1979) erreicht eine starke Wirkung auf das

Fünf Stockwerke unter dem Strawinsky-Brunnen von Jean Tinguely und Niki de Saint-Phalle befindet sich der Raum, in dem dank verschiebbarer Wände akustische Experimente durchgeführt werden können. Dort finden auch zahlreiche Konzerte statt, in deren Rahmen die neuesten Werke der Generationen nach Boulez aufgeführt werden (Foto: Gianni Berengo Gardin).

Publikum: Verschiedene, sich unablässig wiederholende rhythmische Formeln überlagern sich allmählich, um in ein undurchhörbares Chaos überzugehen und doch mit Brillanz und Eleganz zu schließen. Entscheidend für Grisey war aber seine Professur an der Universität von Berkeley in Kalifornien von 1982 bis 1986. Dort tauchte er in die seit den sechziger Jahren immer noch lebendige Hippie-Atmosphäre ein und machte die Bekanntschaft eines Kosmologen.

Das Resultat dieser Erfahrungen war *Le Noir de l'Etoile* (Das Schwarz des Sternes) für sechs, rund um das Publikum aufgestellte Schlagzeuger, Tonband und Übertragung von astronomischen Signalen (1989/90). Nur zu bestimmter Zeit öffnet sich das »Fenster« zu elektromagnetischen Schwingungen eines Pulsars, eines Neutronensterns, die, in akustische Schwingungen umgewandelt, auf der Erde hörbar gemacht werden können. Denkbar wäre es, diese Wellen ein- für allemal auf Tonband aufzunehmen, um das Stück zu jeder beliebigen Zeit aufführen zu können. Doch Grisey will es nicht so; ihm ist der ganz bestimmte Zeitpunkt wichtig, während dem die rätselhaften Geräusche aus dem Weltall zu uns gelangen und von den irdischen Schlagzeugern und dem Publikum freudig begrüßt werden.

Das Werk wird damit zu einem Ritual, einem Ereignis, das an einen bestimmten Augenblick gebunden ist und sich so aus der Routine der üblichen Konzerte heraushebt. Wenn *Le Noir de l'Etoile* gespielt werden kann, dann »wird« etwas, dann geschieht etwas Rätselhaftes, das nicht ganz in unserer Macht steht, von uns aber eingefangen werden kann. Grisey ist deshalb der lebhafteste Geist seiner Generation — er wurde 1946 geboren — und immer auf der Suche nach neuen Anreizen, mit denen er die Zuhörenden aus ihrer Lethargie weckt. Er ist der Antipode zu Dufourts saturnischer Melancholie; die riesigen Distanzen zwischen den Himmelskörpern lassen ihn nicht verzweifeln, er fängt vielmehr deren Nachrichten ein und integriert sie in die menschliche Gesellschaft.

Michaël Levinas zeichnet sich durch Vielseitigkeit aus. 1949 als Sohn des Philosophen Emmanuel Levinas in Paris geboren, studierte er wie Tristan Murail und Gerard Grisey Komposition bei Olivier Messiaen, ließ sich aber zugleich zum Pianisten ausbilden. Er hat sämtliche Klaviersonaten Beethovens auf CD eingespielt und besitzt ein eigenes elektronisches Studio, in dem er seine Klänge mischt. Wenn aber Griseys Musik ein theatralisches Element aufweist, so wären Levinas' Werke als geradezu komödiantisch zu bezeichnen. In *Appels* (Rufe; 1974) verwendet Levinas vor allem Blechblasinstrumente, deren Fanfaren er mit Rolands und Oberons Horn vergleicht, um zugleich noch auf das Erste Brandenburgische Konzert Johann Sebastian Bachs, auf Ludwig van Beethovens Dritte Leonoren-Ouvertüre und die Leitmotive Richard Wagners hinzuweisen. *Appels* soll sich von einer rein schmückenden Musik abheben und mit seiner offenen Form beschwörende und allgemein religiöse Kräfte wecken. Die Aufführung im Konzertsaal wirkt aber (vielleicht unfreiwillig) komisch, da die zwei Klarinetten, das Fagott, das Horn, die Trompete, die Posaune und das Klavier in je eine senkrecht vor ihnen plazierte Trommel hineinblasen und -spielen, die durch Mikrophone mit Lautsprechern rund um das Publikum verbunden sind. Das Ganze wird gemischt und führt zu sympathetischen Vibrationen zwischen den Instrumentalisten und der Elektronik; Vierteltöne in den Fanfaren des Horns, das die Hauptrolle spielt, geben einen Höreindruck, der sich unmißverständlich auf schon Bekanntes — eine alte liturgische Praxis — beruft, aber doch provokativ modern wirkt.

Um Vibrationen handelt es sich auch bei *Voix dans un vaisseau d'airain, chants en escalier* (Stimmen in einem erzenen Gefäß, Gesänge im Treppenhaus; 1977). Mikrophone im Innern des Klaviers sind mit der Singstimme, einem Sopran, einer Flöte und einem Horn verbunden, so daß die Saiten des Klaviers mitzuschwingen beginnen, ein Verfahren von verblüffender Einfachheit, das Pierre Boulez in *Dialogue de l'Ombre double* (Dialog des doppelten Schattens) für einen Klarinettisten übernehmen sollte. Dadurch entsteht ein hallender Klang, der — wie der Titel des Werkes andeutet — in einem großen leeren Gefäß oder in einem Treppenhaus verstärkt und wie ein Echo verlängert wird.

In *Préfixes*, einem Auftragswerk des IRCAM von 1991, geht Levinas zur Mischung von verschiedenen Klangquellen über; er nennt sie eine Hybridisation wie ein Gärtner, der verschiedene Pflanzen bis zur Unkenntlichkeit kreuzt. So werden Blas- und Schlaginstrumente, Bläser mit von einer menschlichen Stimme erzeugten Konsonanten und die menschliche Stimme mit zu Boden fallenden und sich drehenden Becken kombiniert und vor der Aufführung auf Band eingespielt. Dazu treten noch die Klänge der live spielenden Musiker, die auch elektronisch manipuliert werden, sich aber von den hybriden Tönen und Geräuschen abheben. Das Ganze wird durch Lautsprecher in den Saal übermittelt.

Der ingeniös spielende Charakter von Levinas' Musik zeigt sich am deutlichsten in *La Conférence des oiseaux* (Die Konferenz der Vögel; 1985), einer Art Kinder-Oper, die mit skurrilen und komischen Lauten ein Lehrstück über die Verführbarkeit des Menschen durch Demagogen darstellt. Schon in *Clov et Hamm* (1973) nach Samuel Becketts *Endspiel* war eine humoristische Seite des Komponisten festzustellen, die seinen Zeitgenossen fehlt: Zwei Greise, Posaune und Tuba, erinnern sich an eine Fanfare und ein Wiegenlied, die durch die Geräusche eines Mülleimers und das Schlagzeug gestört werden. Zum Schluß bricht die Posaune wie ein betrunkener Clochard in Tränen aus. Das Werk erinnert an das absurde Theater der fünfziger Jahre, ohne dessen tragische Untertöne ernst zu nehmen.

Levinas unterscheidet sich von seinen Weggenossen des »Groupe de l'Itinéraire« nicht nur durch seine übermütige Phantastik, sondern auch durch eine ganz andere Behandlung des musikalischen Materials. Während Hugues Dufourt, Tristan Murail und Gerard Grisey immer von dessen Einheit ausgehen und sich deshalb noch der durch Boulez vermittelten Homogenität der thematischen Elemente und indirekt der Schule Arnold Schönbergs verpflichtet fühlen, stellt Levinas disparate Erfindungen neben- und übereinander, die den Auftritt und den Abgang von imaginären Personen suggerieren.

*

Eine direkte Fortsetzung von Pierre Boulez' Werk *Répons* findet heute bei dem im Jahre 1952 geborenen Philippe Manoury statt. Er arbeitet ebenfalls mit dem Computer 4X und sieht die Entwicklung von noch besseren Maschinen wie der NeXT voraus, auf die *Répons* bald übertragen werden soll, da sie eine noch bessere Auflösung der Klänge erlaubt. Wie Dufourt ließ sich Manoury von den fernsten Planeten des Sonnensystems inspirieren und schrieb Stücke mit den Titeln *Jupiter*, *Neptune* und *Pluton*. Vor allem *Jupiter* ist ein leichter faßliches Beispiel für das Zusammenwirken eines live spielenden Musikers mit dem in Echtzeit reagierenden Computer geworden: Ein Flötist steht allein auf dem Podium und bläst Töne, die von der Maschine aufgenommen oder verändert werden. Klangmagie geht von diesem Stück aus; der Instrumentalist wirkt nicht verloren und lächerlich; denn von ihm gehen die Impulse aus, die das rätselhafte Geschehen leiten. Der Verlauf der Musik wirkt geschmeidig und selbstverständlich, während frühere Versuche in derselben Richtung oft nicht überzeugen konnten, weil ungewiß blieb, wer nun der gelenkte Roboter des anderen war, der Musiker oder der Apparat. In noch reicherer Form hat Manoury das gleiche Wechselspiel in *La Partition du ciel et de l'enfer* (Die Partitur von Himmel und Hölle; 1987) verwirklicht; es wurde am Herbst-Festival von Paris 1989 uraufgeführt. Nicht ein einzelner Solist steht der Technik gegenüber, sondern ein ganzes, wenn auch unkonventionell besetztes Orchester: Das Schlagzeug und die Bläser spielen die Hauptrolle, während die Streicher, die solistisch oder chorisch auftreten — je nachdem, ob sie elektronisch verstärkt werden oder nicht —, eher im Hintergrund bleiben. Die 4X wird zuerst von zwei Pianos MIDI und später auch von der Flöte MIDI reguliert; das in der Maschine gespeicherte Programm wird durch diese drei Instrumente ausgelöst, wobei eine enge Zusammenarbeit entstehen kann: Tonhöhen springen vom einen auf das andere Instrument über, undefinierbares Geräusch bildet oft den Hintergrund zu Melismen der Flöte, die wie unter Zwang immer dieselben Töne akzentuiert, während das elektronische Rauschen von den tiefen Streichern und dem Schlagzeug kaum merkliche Konturen erhält. Mit einigem Mut zur Vereinfachung und Übertreibung darf gesagt werden, daß dieses Werk klingt wie Igor Strawinskys *Sacre du printemps*, vermittelt durch Boulez' weiterreichende Erfahrungen: dieselbe Beschwörung urtümlicher Kräfte mit den Werkzeugen der modernen Zivilisation. Himmel und Hölle, die im Werktitel evoziert werden, sind die Antagonismen, die eine ungeheure Spannung erzeugen. Vielleicht ist die Flöte als menschliche Seele gedacht, die zwischen den beiden Welten ihr gefährdetes Dasein fristet. Manoury schweigt sich über seine tiefsten Intentionen aus. Denkbar ist, daß er mit *La Partition du ciel et de l'enfer* einen Begriff vom Menschen geben wollte, der auf seinem Planeten durch den Kosmos rast. Kraftvoll wird ohne Zweifel auch seine Oper über Orson Welles ausfallen, an der er heute (1993) arbeitet, um sie im Théâtre du Châtelet aufzuführen.

*

Viele Ausländer arbeiten am Institut de Recherche et de Coordination Acoustique/Musique (IRCAM) als Forscher und Künstler. Sie alle aufzuzählen wäre unmöglich. Marco Stroppa bildet indessen eine Ausnahme, weil er seit längerer Zeit am Institut tätig ist. Er wurde im Jahre 1959 in Verona geboren und machte seine ersten Erfahrungen mit Computern schon sehr früh in Venedig und Padua. Am Massachusetts Institute of Technology in Cambridge, Mass. (USA) studierte er von 1984 bis 1986 Computermusik, künstliche Intelligenz und kognitive Psychologie als Stipendiat der Fulbright Foundation. Von 1987 bis 1989 forschte er am IRCAM, um sich seit 1990 nur noch der Komposition, der Forschung, der Pädagogik und dem Schreiben von Essays zu widmen. Zugleich folgt er den Doktorandenkursen des IRCAM und fällt dort durch seine kritische, aber konstruktive Haltung auf. Da er schon früh mit der modernsten Technologie in Berührung kam, entwickelte er ein feines Sensorium für die Apparate, die für ihn nichts Unmenschliches mehr haben. Wenn heute selbst viele Laien die ungeschickte Montage einzelner Bandsegmente in Karlheinz Stockhausens *Gesang der Jünglinge* sofort entdecken, so wären sie bestimmt begeistert von Stroppas musikalischen Raumprojektionen, denen aber nichts Kaltes anhaftet. Er geht immer von einer seelischen Stimmung aus, um sie mit größter technischer Perfektion zu realisieren. Die Kathedrale von Chartres wurde ihm zu seinem Schlüsselerlebnis; er sah sie zuerst als schwarzen Punkt in reifen Kornfeldern, kam dann näher, entdeckte, daß es sich um eine gotische Architektur handelte, stand unter ihrer Fassade und studierte einzelne Skulpturen. So sind viele Werke wie zum Beispiel *Pulsazioni* (1989) als verschiedene, nach und nach zu durchmessende Etappen einer Wegstrecke zu betrachten. Sie stellen die Recherche in ihrem transitorischen Aspekt auf extremste Weise dar. Verschiedene Formen der Pulsation strukturieren die Zeit als ein Ein- und Ausatmen oder ihre mechanische Unterteilung, die die Zuhörenden beide intuitiv aufnehmen sollen. Stroppa redet nicht von Themen, Reihen oder Spektren, sondern von Organismen, deren Umrisse im Entstehen und Vergehen wahrgenommen werden. Nicht ihre technischen Grundlagen sind wichtig, sondern nur das Resultat, das keine leicht faßlichen Symmetrien enthält und diese doch als Hintergrund voraussetzt. Dadurch entstehen ein brodelndes Magma und ein genau kalkuliertes Fluten von akustischen Signalen, die ihre Ambiguität bewahren und verschieden interpretiert werden können.

Musik ohne Recherche

Das hohe Prestige, das die Spektralmusik der mittleren Generation in Frankreich genießt, rührt daher, daß bestimmte theoretische Positionen, einmal mit aller Schärfe formuliert, die Kräfte von einzelnen Personen bündeln und zusammenführen. Moden können schnell wechseln, doch die Komponisten Hugues Dufourt, Tristan Murail, Gerard Grisey und Michaël Levinas, gefolgt von Philippe Manoury und Marco Stroppa, halten sich schon lange an der vordersten Front der Entwicklung. In Paris muß man provozieren, um aufzufallen. Die Rolle, die Jean Cocteau um das Jahr 1920 für den »Groupe des Six« spielte, erfüllen nun die Kurse und Symposien am Institut de Recherche et de Coordination Acoustique/Musique (IRCAM), deren Resultate in Büchern und Heften einem breiteren Publikum bekannt gemacht werden.

Daneben haben es die übrigen Musikerinnen und Musiker schwer, weil ihnen ein verführerisches Markenzeichen fehlt. Immerhin gelang es Pascal Dusapin, sich zu profilieren, weil er eine (wieder provokative) Gegenposition einnahm. Im Jahre 1955 geboren, wurde er zum vielleicht einzigen Schüler von Iannis Xenakis, merkwürdigerweise aber, ohne dessen Arbeit mit mathematischen Formeln und Computern mitzumachen. Daß er sich zugleich für Edgard Varèse und auch für den Jazz interessierte, macht aus ihm eine schwer einzuordnende Erscheinung zwischen der anspruchsvoll-avantgardistischen und der Unterhaltungsmusik. Sein Streichquartett (1983) weist eine Härte und Aggressivität auf, die von seinen Vorbildern herrühren könnte, aber eher wie athematischer Bartók klingt. Die Musik des Ungarn mit seinen Glissandi, Klangballungen und den Vierteltönen, die die leeren Saiten der Streicher umspielen, ist aber bis in die einzelnen Partikel aufgesplittert und wirkt expressionistisch. Doch die Nähe zum frei-atonalen Schönberg wird dementiert, weil die exaltierte Gestik zum Gestikulieren wird. Dusapins Quartett wirkt beiläufig, uneigentlich; es bedient sich gewisser Erfindungen der nun schon klassisch zu nennenden Moderne, um zu einer unverkennbar französisch zu nennenden Postmoderne überzugehen, die dem Flüchtigen, dem Feinen und Aparten frönt, dem aber zugleich scharf geschnittene Konturen eignen. Die Musik wirkt sehr avanciert, ist es aber nicht, da Dusapin mit dem schon Vorhandenen auskommt, das er sich in einer bunten Mischung verfügbar macht. Das Pathos, das von ferne an Arnold Schönberg erinnert, wirkt aufgesetzt. Unernst prägt stilistische Elemente, die am Anfang des 20. Jahrhunderts ursprünglich in großem Ernst, ja in seelischen Qualen in Wien geschaffen wurden. Man darf sich deshalb nicht wundern, daß Dusapin am IRCAM nicht sehr angesehen ist. Erst gegen großen Widerstand gelang es dort einem Kursteilnehmer, diesen Komponisten als Thema seiner Diplomarbeit durchzusetzen. Dusapins Beliebigkeit hat aber ihre lange Tradition, da viele Franzosen der Musik von jeher nicht so viel Bedeutung beimessen wie die Deutschen. Ein Amüsement ist sie aber gerade bei diesem Komponisten auch nicht und steht deshalb in einem Niemandsland zwischen der hohen und der niederen Kunst.

*

Schwer einzuordnen und doch nicht im Abseits stehend ist Henri Dutilleux. Von den das ganze französische 20. Jahrhundert erschütternden Revolutionen ist in seiner Musik nur wenig zu spüren. Im Jahre 1916 geboren, gleicht sein Werdegang in verschiedenen Punkten demjenigen Olivier Messiaens. Seine früheste Jugend verbrachte er ohne den Vater, der zum Kriegsdienst eingezogen worden war. Die Eltern begünstigten seine Liebe zur Musik; am Pariser Conservatoire studierte er seit 1924 Harmonielehre, Kontrapunkt und Klavierspiel und versuchte sich auf den Schlaginstrumenten[1]; gerne hätte er auch die Orgel kennengelernt. Heimlich studierte er Partituren von Igor Strawinsky und Albert Roussel.[2] Dutilleux' Onkel, André Koszul, übersetzte William Shakespeare und Percy Shelley[3] und glich darin Olivier Messiaens Vater, der das Gesamtwerk des Elisabethaners übersetzte. Während des Zweiten Weltkrieges wurde Dutilleux für kurze Zeit mobilisiert, konnte aber schon 1940 ins zivile Leben zurückkehren, während sein Bruder wie Messiaen in einem schlesischen Gefangenenlager interniert war.[4] Im Gegensatz zu Messiaen gewann Dutilleux den Rom-Preis, mußte sich aber wegen der kriegerischen Umstände mit einem Aufenthalt in Nizza begnügen.[5] In Paris trat er keiner bestimmten Gruppe bei, kannte aber den alle neuen Tendenzen begünstigenden Dirigenten Roger Désormière, André Jolivet, Manuel Rosenthal, den Schüler Ravels, und Marcel Mihalovici. Dutilleux führte das Leben eines Einzelgängers: »Das ist oft eine unbequeme Haltung, doch man kann aus diesem Gefühl der Einsamkeit auch Kraft schöpfen.«[6]

Dennoch nahm der Komponist am kulturellen Leben der französischen Hauptstadt teil, indem er von 1943 bis 1963 am Rundfunk arbeitete und viele

Aufträge an seine Kollegen vergab. Berühmt geworden ist seine Musik zum Ballett *Le Loup* (Der Wolf; 1953), die Roland Petit mit den Ballets de Paris am Théâtre de l'Empire herausbrachte. Das Szenario stammte von Jean Anouilh und Georges Neveux und stellte nichts anderes als eine freie Variante des Märchens von *La Belle et la Bête* (Die Schöne und das Tier) dar, die einem tragischen Ausgang zustrebte. Das Stück wurde nicht nur in Paris, sondern auch in Hannover, Zürich, Lübeck, Wiesbaden, Wuppertal, Oldenburg, an der Scala in Mailand und in Kopenhagen gezeigt, um schließlich im Jahre 1975 auch an der Grand Opéra in Szene zu gehen.[7] Die Partitur verzichtet auf einzelne Nummern und integriert alle Episoden in eine einzige symphonische Entwicklung. Ein weiteres wichtiges Werk entstand 1978: *Timbres, Espaces, Mouvement* (Farben, Raum, Bewegung) inspirierte sich an Vincent van Goghs Bild von drehenden Galaxien am nächtlichen Himmel über den Silhouetten eines Dorfes mit dem Kirchturm und einer wie eine Flamme aufsteigenden Zypresse.

Seit 1961 lebt Dutilleux in Paris auf der Ile Saint-Louis, der kleinen Insel neben der größeren Ile de la Cité, auf der die Kirche Notre-Dame das Zentrum bildet. Dort herrscht Ruhe; nur wenige Touristen besuchen die Restaurants in den engen Gassen, die von sehr alten Häusern gesäumt sind, an deren Fassaden oft Erinnerungstafeln für berühmte Persönlichkeiten der Vergangenheit angebracht sind. In der Wohnung wird die Vergangenheit Frankreichs gegenwärtig: ein Bild von Camille Corot aus dem Jahr 1847 und Manuskripte von Claude Debussy, Maurice Ravel und Igor Strawinsky sind die Kostbarkeiten, die Dutilleux hütet.

Trotz aller Noblesse und Diskretion, die sein Leben umgibt, kamen Kompositionsaufträge aus dem Vereinigten Staaten von Amerika und auch aus der Schweiz, von Paul Sacher, zu dessen 70. Geburtstag im Jahre 1976 Dutilleux drei *Strophen* auf den Namen des Jubilars schrieb. Die Töne eS-A-C-H-E-Re werden als »Reime« immer wieder zitiert, das Violoncello, für das die Musik geschrieben wurde, weist aber noch eine »scordatura« auf, das heißt: die Stimmung der Saiten C-G-d-a wird zu B-Fis-d-a verändert und steuert mit der Möglichkeit zu dem Instrument sonst fremden Flageolett-Tönen eine weitere Schicht bei. Ständige Variationen von bestimmten Tonfiguren lassen an ein vegetatives Wachstum denken, doch bleibt es ungewiß, wo sich nun der Ausgangspunkt, der Ursprung dieser ständigen Umwandlungen befindet. Nicht im zeitlich Früheren sind die Konsequenzen für die Fortsetzung angelegt, sondern irgendwo, ganz geheim, in der Mitte, was an das Drehen und Kreisen auf Van Goghs erwähntem Bild denken läßt.

Ein weiteres für Paul Sacher bestimmtes Werk ist *Mystère de l'instant* (Geheimnis des Augenblicks; 1989). Die Musik für vierundzwanzig Streicher, Cymbalum und Schlagzeug stellt eine Synthese aus den verschiedensten Tendenzen der französischen Musik dar. Vor allem das wie aus einem unwiederholbaren Augenblick Geborene, das der Titel evoziert, erinnert an Claude Debussy, die schillernden Klangfarben ebenfalls. Sie sind aber durch eine ständige Kontrolle der vertikalen Dimension der Sphäre des reinen Hedonismus entrückt. Dutilleux denkt mit jeder Note auch die Strenge der seriellen Technik mit, ohne sich ihr auszuliefern. Die Musik klingt nicht abstrakt, sondern wird mit jedem Takt zu einem sinnlich erfahrbaren Vergnügen, das aber mit Bedacht genossen werden will. Echos, von ferne klingende Räume, beziehen sich wieder auf Debussy und auch auf den dritten Satz von Béla Bartóks *Musik für Saiteninstrumente, Schlagzeug und Celesta*, die von Sacher bestellt und uraufgeführt wurde. Der Name SACHER erscheint wie in den Strophen für Violoncello wieder. In ständigen Metamorphosen werden die Konstellationen der Töne fixiert und wieder aufgelöst. Die Musik bezieht sich weniger auf etwas im Notentext Kalkuliertes und Festgehaltenes als auf ein sich in der Zeit Entwickelndes und Vergehendes, was für diese Kunstgattung im Grunde eine Selbstverständlichkeit sein sollte, aber von vielen Komponisten des 20. Jahrhunderts zugunsten einer rigiden Konstruktion vergessen wurde.

Ohne sich stolz oder resigniert von seiner Umwelt zu isolieren, hat Dutilleux die Geduld und die Gelassenheit gefunden, sich das Beste seiner Zeit in einem geradezu alchimistischen Verfahren anzuverwandeln. Noch sind nicht alle Skizzen seiner Werke zugänglich; er selbst nennt sie »Monstren«. Vielleicht könnten sie zeigen, daß das, was so traumhaft schwer wirkt, sich genauer Berechnung verdankt und einen Arbeitsprozeß verrät, der dem von Charles Baudelaire ähnlich ist, der seine Gedichte mit Hilfe von Wörterbüchern schrieb. Die Musik ohne Computer würde sich so auch einer Recherche verdanken, einer Recherche freilich, die sich nicht im Teamwork zwischen Komponisten, Mathematikern und Ingenieuren entwickelt, sondern ganz der unverwechselbaren Individualität eines Künstlers überantwortet bleibt.

Anmerkungen

Paris ohne Pierre Boulez

1 Martine Cadieu: *A l'écoute des compositeurs*, Paris 1992, S. 10.
2 Cadieu, S. 10.
3 Cadieu, S. 10.
4 Cadieu, S. 11.
5 Cadieu, S. 13.
6 Cadieu, S. 10.
7 Cadieu, S. 14f.
8 Cadieu, S. 16.
9 Cadieu, S. 18.
10 Cadieu, S. 18.
11 Cadieu, S. 15.
12 Cadieu, S. 67.
13 Cadieu, S. 70.
14 Cadieu, S. 72.
15 Cadieu, S. 68.
16 Cadieu, S. 41.
17 Cadieu, S. 43.
18 Cadieu, S. 41.
19 Cadieu, S. 43.
20 Cadieu, S. 141ff.
21 Cadieu, S. 134ff.
22 Cadieu, S. 255ff.
23 Cadieu, S. 150ff.
24 Cadieu, S. 220.
25 Cadieu, S. 220.
26 Cadieu, S. 67.
27 Cadieu, S. 92.
28 Cadieu, S. 91.
29 Cadieu, S. 92.
30 Cadieu, S. 93.
31 Cadieu, S. 94.
32 Cadieu, S. 93.
33 Cadieu, S. 96.
34 Nouritza Matossian: *Iannis Xenakis*, Paris 1981, S. 265.
35 Matossian, S. 265.
36 Matossian, S. 265.
37 Matossian, S. 266.
38 Matossian, S. 270.

Musik und Recherche

1 Hugues Dufourt: M*usique, Pouvoir, Écriture*, Paris 1991, S. 290.
2 Dufourt, S. 291.
3 Plattentext zu *Saturne*, SAPPHO-004.
4 Plattentext zu *Saturne*, SAPPHO-004.
5 Dufourt, in: *Présences 93, festival de création musicale*, 6. — 27. Februar 1993, Maison de la Radio, S. 81.
6 Dufourt: *Musique, Pouvoir, Écriture*, Paris 1991, S. 117f.
7 Tristan Murail, in: *Entretemps* Nr. 8, o.D., wahrscheinlich Paris 1988, S. 150.
8 Murail, S. 151.
9 Julian Anderson im Begleittext der CD *Accord, una corda*, SACEM 200842, S. 5.
10 Murail, S. 150.
11 Peter Niklas Wilson: *Unterwegs zu einer »Ökologie der Klänge«. Gérard Griseys »Partiels« und die Ästhetik der Groupe de l'Itinéraire*, in: *Melos* 50 (1988), Heft 2, S. 33—55.

Musik ohne Recherche

1 Pierrette Mari: *Henri Dutilleux*, Paris 1988, S. 7.
2 Mari, S. 20f.
3 Mari, S. 23
4 Mari, S. 24.
5 Mari, S. 24.
6 Mari, S. 25.
7 Mari, S. 45.

Bibliographie

Pierre Boulez

Jesús Agaila: *Le domaine musical: Pierre Boulez et vingt ans de création contemporaine*, Paris 1992.

Ursula Bäcker: *Frankreichs Moderne von Claude Debussy bis Pierre Boulez: Zeitgeschichte im Spiegel der Musikkritik,* Regensburg 1962.

Pierre Boulez: *Jalons (pour une décennie), dix ans d'enseignement au Collège de France*, Paris 1989.

Pierre Boulez: *Le pays fertile. Paul Klee*, Paris 1989.

Pierre Boulez: *Par volonté et par hasard. Entretiens avec Célestin Deliège,* Paris 1975; z.T. identisch mit *Wille und Zufall*, Stuttgart 1977.

Pierre Boulez: *Penser la musique aujourd'hui*, Paris 1963; deutsch: *Musikdenken heute*, Mainz 1963.

Pierre Boulez: *Points de repère*, Paris 1981; z.T. identisch mit: *Anhaltspunkte*, Stuttgart 1975.

Pierre Boulez: *Relevés d'apprenti*, Paris 1966; z.T. identisch mit: *Werkstatt-Texte*, Frankfurt/Main 1972.

Raphaël Brunner: »Au-delà de la stérilité: une lecture de deux ouvrages de Pierre Boulez«, in: *La revue musicale de Suisse romande* 43 (1990), S. 81–87.

Michel Butor: »Mallarmé selon Boulez«, in: *Melos* 28 (1961), S. 356–359.

Patrice Chéreau: *Histoire d'un »Ring«:* Der Ring des Nibelungen *de Richard Wagner*, Bayreuth 1976–1980, Paris 1980.

Correspondance et documents, *Pierre Boulez, John Cage*, réunis, présentés et annotés par Jean-Jacques Nattiez et al., Winterthur 1990.

Robert Craft: »Boulez and Stockhausen«, in: *The Score* 24 (1958), S. 54–62.

Ulrich Dibelius: »Pierre Boulez: vom Komponieren zum Dirigieren«, in: *Studien zur Wertungsforschung* 3 (1972), S. 20–30.

Jorge Fernández Guerra: *Pierre Boulez*, Madrid 1985.

Antoine Goléa: *Rencontres avec Pierre Boulez*, Paris 1958.

Antoine Goléa: *Vingt ans de musique contemporaine*, Genf 1981.

Glenn Gould: *Schriften zur Musik*, München 1992, 2 Bände; 1. Band: *Von Bach bis Boulez*; 2. Band: *Vom Konzertsaal zum Tonstudio.*

Paul Griffiths: *A Concise History of Modern Music: From Debussy to Boulez*, London 1980.

Paul Griffiths: *Pierre Boulez*, London 1978.

Theo Hirsbrunner: »*Notations* (1945), Mainz 1986«, in: *Melos* 48,2 (1986), S. 1–20.

Theo Hirsbrunner: »Pierre Boulez' Weg zum Serialismus«, in: *Musiktheorie* 2 (1987), S. 3–13.

Theo Hirsbrunner: *Pierre Boulez und sein Werk*, Laaber 1985.

Dominique Jameux: *Pierre Boulez*, Paris 1984; englisch: *Pierre Boulez*, London 1991.

Lev Koblyakov: »Pierre Boulez's *Le marteau sans maître*: Analysis of Pitch Structure«, in: *Zeitschrift für Musiktheorie* 8,1 (1977), S. 24–39.

Lev Koblyakov: *Pierre Boulez: A World of Harmony*, Chur 1990.
György Ligeti: »Pierre Boulez«, in: *Die Reihe* 4 (1958), S. 38–63.
György Ligeti: »Zur III. Klaviersonate von Boulez«, in: *Die Reihe* 5 (1959), S. 38–40.
Ulrich Mosch: »Disziplin und Indisziplin: zum seriellen Komponieren im 2. Satz des *Marteau sans maître* von Pierre Boulez«, in: *Musiktheorie* 5 (1990), S. 39–66.
Rollo H. Myers: *Modern French Music: From Franck to Boulez*, New York 1984.
Jean-Jacques Nattiez: *Tétralogies, Boulez, Chéreau: essai sur l'infidélité*, Paris 1983.
Joan Peyser: *Boulez*, New York 1976.
Robert Piencikowski: »René Char et Pierre Boulez: esquisse analytique du *Marteau sans maître*«, in: *Schweizer Beiträge zur Musikwissenschaft* 4 (1981), S. 192–266.
Giselher Schubert: »Werkidee und Kompositionstechnik. Zur seriellen Musik von Boulez, Stockhausen und Ligeti«, in: *Die Musik der fünfziger Jahre*, Mainz 1985, S. 48–71.
Klaus Schweizer: *Olivier Messiaens Klavieretüde* Mode de valeurs et d'intensités (1949), Freiburg i.Br. 1964.
Ulrich Siegele: *Zwei Kommentare zum* Marteau sans maître *von Pierre Boulez*, Neuhausen-Stuttgart 1979.
Peter F. Stacey: *Boulez and the Modern Concept*, Aldershot 1987.
Manfred Stahnke: *Struktur und Ästhetik bei Boulez: Untersuchungen zum Formanten ›Trope‹ der Dritten Klaviersonate*, Hamburg 1979.
Ivanka Stoianova: »La *Troisième Sonate* de Boulez et le projet mallarméen du livre«, in: *Musique en jeu* 16 (1974), S. 9–28.
Ivanka Stoianova: »Narrativisme, téléologie et invariance dans l'oeuvre musicale, à propos de *Rituel* de Pierre Boulez«, in: *Musique en jeu* 25 (1976), S. 14–31.
Steven W. Winick: »Symmetry and Pitch-Duration Association in Boulez' *Le marteau sans maître*«, in: *Perspectives of New Music* 24 (1986), S. 280–321.

Emmanuel Chabrier

Rollo Myers: *Emmanuel Chabrier and His Circle*, London 1969.

Ernest Chausson

Jean-Pierre Barricelli und Leo Weinstein: *Ernest Chausson. The Composer's Life and Works*, Norman 1955.

Claude Debussy

Claude Abravanel: *Claude Debussy: A Bibliography*, Detroit 1976.
William W. Austin: *Music in the 20th Century: From Debussy through Stravinsky*, New York 1966.
Jean Barraqué: *Claude Debussy in Selbstzeugnissen und Bilddokumenten*, Reinbek 1980.

Richard Beyer: *Organale Satztechniken in den Werken von Claude Debussy und Maurice Ravel*, Wiesbaden 1992.

Werner Danckart: *Claude Debussy*, Berlin 1950.

Claude Debussy: Dokumente seines Lebens und Schaffens, Auswahl und verbindende Texte von Hans Rutz, München 1954.

Claude Debussy: *Correspondance, 1884-1918*, réunie et annotée par François Lesure, Paris 1993.

Claude Debussy: *Correspondance de Claude Debussy et P.-J. Toulet*, Paris 1929.

Claude Debussy: *Correspondance de Claude Debussy et Pierre Lou_s (1893-1904)*, recueillie et annotée par Henri Borgeaud; avec une introduction de G. Jean-Aubry, Paris 1945.

Claude Debussy: *Lettres de Claude Debussy à sa femme Emma*, présentées par Pasteur Vallery-Radot, Paris 1957.

Claude Debussy: *Lettres de Claude Debussy à son éditeur*, publiées par Jacques Durand, Paris 1927.

Claude Debussy: *Lettres inédites à André Caplet*, recueillies et présentées par Edward Lockspeiser, Monaco 1957.

Claude Debussy: *Monsieur Croche: antidilettante*, Paris 1926 (10ème édition).

Claude Debussy: *Monsieur Croche et autres écrits*. Introduction et notes de François Lesure, Paris 1971; deutsch: *Monsieur Croche. Sämtliche Schriften und Interviews*, Stuttgart 1974.

Maurice Dumesnil: *Claude Debussy: Master of Dreams*, Westport (Conn.) 1979.

Maurice Emmanuel: Pelléas et Mélisande *de Claude Debussy: étude historique et critique, analyse musicale*, Paris 1926.

Michel Faure: *Musique et société, du Second Empire aux années vingt: autour de Saint-Saëns, Fauré, Debussy et Ravel*, Paris 1985.

Guy Ferchault: *Claude Debussy, »musicien français«*, Paris 1948.

Christian Goubault: *Claude Debussy*, Paris 1986.

David A. Grayson: *The Genesis of Debussy's* Pelléas et Mélisande, Ann Arbor 1983.

Theo Hirsbrunner: »Claude Debussy und Pierre Louys: zu den *Six épigraphes antiques* von Debussy«, in: *Die Musikforschung* 31 (1978), S. 426–442.

Theo Hirsbrunner: *Debussy und seine Zeit*, Laaber 1981.

Roy Howat: *Debussy in Proportion: A Musical Analysis*, Cambridge 1989.

Denis Emile und Germaine Inghelbrecht: *Claude Debussy*, Paris 1953.

Albert Jakobik: *Claude Debussy oder Die lautlose Revolution in der Musik*, Würzburg 1977.

Charles Koechlin: *Debussy*, Paris 1941.

Louis Laloy: *Claude Debussy*, Paris 1909.

François Lesure: *Catalogue de l'oeuvre de Claude Debussy*, Genf 1977.

François Lesure: *Claude Debussy avant* Pelléas, *ou les années symboliques*, Paris 1992.

François Lesue: *Debussy. Iconographie musicale*, Paris 1980.

Edward Lockspeiser: *Debussy, His Life and Mind*, London 1962ff.

Roger Nichols: *Claude Debussy:* Pelléas et Mélisande, Cambridge 1988.

Roger Nichols: *Debussy Remembered*, London 1992.

Léon Oleggini: *Au coeur de Claude Debussy*, Paris 1947.

Robert Orledge: *Debussy and the Theatre*, Cambridge 1985.

Rodolfo Paoli: *Debussy*, Florenz 1940.

Richard S. Parks: *The Music of Claude Debussy*, New Haven 1989.
Maria Porter: *Zum Problem der »Form« bei Debussy*, München 1974.
Georg Schaeffner: *Claude Debussy und das Poetische*, Bern 1943.
Richard Langham Smith: *Claude Debussy:* Pelléas et Mélisande, Cambridge 1988.
Heinrich Strobel: *Claude Debussy*, Zürich 1940.
André Suarès: *Debussy*, Paris 1936.
Léon Vallas: *Claude Debussy et son temps*, Paris 1932.
Pierre Vallery-Radot: *Tel était Claude Debussy*, Paris 1958.
Emile Vuillermoz: *Claude Debussy*, Paris 1920.
Linda Lee Watson: *Debussy: A Programmatic Approach to Form*, Ann Arbor 1978.
Dieter Winzer: *Claude Debussy und die französische musikalische Tradition*, Wiesbaden 1981.

Hugues Dufourt

Hugues Dufourt: *Musique, pouvoir, écriture*, Paris 1991.

Paul Dukas

Paul Dukas: *Les écrits de Paul Dukas sur la musique*, Paris 1948.

Henri Duparc

N. van der Elst: *Henri Duparc: L'homme et l'oeuvre*, Lille 1972.

Gabriel Fauré

Claudia Breitfeld: *Form und Struktur in der Kammermusik bei Gabriel Fauré*, Kassel 1992.
Gabriel Fauré: *Correspondance,* textes réunis, présentés et annotés par Jean-Michel Nectoux, Paris 1980; englisch: *Gabriel Fauré. His Life Through His Letters*, London 1948.
Vladimir Jankélévitch: *Gabriel Fauré et ses mélodies*, Paris 1938.
Jean-Michel Nectoux: *Gabriel Fauré, les voix du clair-obscur*, Paris 1990; englisch: *Gabriel Fauré: A Musical Life*, Cambridge 1991.
Claude Rostand: *L'oeuvre de Gabriel Fauré*, Paris 1945.
Georges Servières: *Gabriel Fauré: étude critique*, Paris 1930.
Louis Vuillemin: *Gabriel Fauré et son oeuvre*, Paris 1914.

Gérard Grisey

Gérard Grisey: *Entretemps*, Paris o.J. (wahrscheinlich 1988 [mit Beiträgen von Peter Niklas Wilson, Gérard Grisey et al.]).

Arthur Honegger

Pierre Boulez: »Arthur Honegger«, in: *Cahiers de la compagnie Madeleine Renaud – Jean-Louis Barrault* 15 (1956).
José Bruyr: *Honegger et son oeuvre*, Paris 1947.
Marcel Delannoy: *Arthur Honegger*, Paris 1953, Genf 1986.
Harry Halbreich: *Arthur Honegger: un musicien dans la cité des hommes*, Paris 1992.
Arthur Honegger: *Incantations aux fossiles*, Lausanne 1948; deutsch: *Beschwörungen*, Bern 1955.
Arthur Honegger: *Je suis compositeur*, Paris 1951; deutsch: *Ich bin Komponist*, Zürich 1952; englisch: *I Am a Composer*, London 1966.
Arthur Honegger: *Nachklang: Schriften, Photos, Dokumente* (hg. von Willi Reich), Zürich 1957.
Marcel Landowski: *Honegger*, Paris 1957.
Pierre Meylan: *Honegger: son oeuvre et son message*, Lausanne 1985.
Daniel Quienton Parker: *The Symphonies of Arthur Honegger*, Ann Arbor 1990.
Roland-Manuel: *Arthur Honegger,* Paris o.J.
Joseph Roy: *Le rôle et l'importance des choeurs dans les oratoires d'Arthur Honegger*, Paris 1990.
Geoffrey K. Spratt: *Catalogue des oeuvres d'Arthur Honegger*, Genf 1986.
Geoffrey K. Spratt: *The Music of Arthur Honegger*, Cork 1987.
Willy Tappolet: *Arthur Honegger*, Zürich 1933.
Hans Dieter Voss: *Arthur Honegger:* Le roi David*: ein Beitrag zur Geschichte des Oratoriums im 20. Jahrhundert*, München 1983.

Vincent d'Indy

Vincent d'Indy: *Beethoven*, Paris 1911.
Vincent d'Indy: *César Franck*, Paris 1906.
Vincent d'Indy: *Richard Wagner et son influence sur l'art musical français*, Paris 1933.
Léon Vallas: *Vincent d'Indy*, Paris 1946–1950 (2 Bände).

Charles Koechlin

Charles Koechlin: *Debussy*, Paris 1941.
Charles Koechlin: *Etude sur le choral d'école d'après J.-S. Bach, avec des thèmes de Gabriel Fauré*, Paris 1926.

Charles Koechlin: »Koechlin par lui-même, 1867-1950 (texte inédit)«, in: *La Revue musicale*, Paris 1981.
Charles Koechlin: *L'oeuvre de Charles Koechlin: catalogue*, introduction de Henri Sauguet, Paris 1975.
Charles Koechlin: *Précis des règles du contrepoint*, Paris 1926.
Robert Orledge: *Charles Koechlin (1867-1950): His life and his Works*, Chur 1989.
Benno Schnatz: »Charles Koechlin: vers une voûte étoilée«, in: *39. Berliner Festwochen*, 1989.

Olivier Messiaen

Marie Bessière: »Oiseaux exotiques d'Olivier Messiaen: de la nature à l'oeuvre musicale«, in: *Analyse musicale* 78 (1987), S. 62–67.
Antoine Goléa: *Rencontres avec Olivier Messiaen*, Paris 1984.
Paul Griffiths: *Olivier Messiaen and the Music of Time*, London 1985.
Serge Gut: *Le groupe »Jeune France«: Ives Baudrier, Daniel Lesur, André Jolivet, Olivier Messiaen*, Paris 1984.
Harry Halbreich: *Olivier Messiaen*, Paris 1980.
Theo Hirsbrunner: *Olivier Messiaen, Leben und Werk*, Laaber 1988.
Robert S. Johnson: *Messiaen*, London 1984.
René Leibowitz: »Olivier Messiaen«, in: *L'arche* 2 (1945), S. 130–139.
Pierrette Mari: *Olivier Messiaen: l'homme et son oeuvre*, Paris 1965.
Brigitte Massin: *Olivier Messiaen: une poétique du merveilleux*, Aix-en-Provence 1989.
Olivier Messiaen: *Entretiens avec Olivier Messiaen* (Claude Samuel), Paris 1967.
Musique et couleur: nouveaux entretiens avec Claude Samuel, Paris 1986.
Olivier Messiaen: T*echnique de mon langage musical*, Paris 1944; deutsch: Paris 1966.
Thomas R. Muncy: *Messiaen's Influence on Post-War Serialism*, Ann Arbor 1987.
Roger Nichols: *Messiaen*, Oxford 1986.
Alain Périer: *Messiaen*, Paris 1979.
Michèle Reverdy: *L'oeuvre pour orchestre d'Olivier Messiaen*, Paris o.J.
Claude Rostand: *Olivier Messiaen*, Paris 1957.
Klaus Schweizer: »Materialdenken und Stilbildung bei Olivier Messiaen: Anmerkungen zu Satz IV des Oratoriums ›La transfiguration de notre Seigneur Jésus-Christ‹«, in: *Schweizer Jahrbuch für Musikwissenschaft. Neue Folge*, 8/9 (1988/89), S. 95–114.
Claude Rostand: *Olivier Messiaen:* Turangalîla-Symphonie, München 1982.

Darius Milhaud

Paul Collaer: *Darius Milhaud*, Paris 1948; Genf 1982.
Jeremy Drake: *The Operas of Darius Milhaud*, Boston Spa 1987.
Manfred Kelkel: *Le mythe de la fatalité dans* Le pauvre matelot *de Jean Cocteau et Darius Milhaud*, Paris 1985.

Hans Knoch: *Orpheus und Eurydike: der antike Sagenstoff in den Opern von Darius Milhaud und Ernst Krenek*, Regensburg 1977.
Hilde Malcomess: *Die* opéras-minute *von Darius Milhaud*, Bonn 1993.
Darius Milhaud: *Correspondance Jean Cocteau/Darius Milhaud*, publiée par Pierre Caizergues et Josiane Mas, Montpellier 1992.
Darius Milhaud: *Entretiens avec Claude Rostand*, Paris 1952; deutsch: *Gespräche mit Claude Rostand*, Hamburg 1952 (?).
Darius Milhaud: *Ma vie heureuse*, Paris 1953, 1987.
Darius Milhaud: *Notes sans musique* 1949: rev. hrsg. von Jeremy Drake, Paris 1982; deutsch: *Noten ohne Musik*, München 1962.
Darius Milhaud: *Notes sur la musique: essais et chroniques*, Paris 1982.
Madeleine Milhaud: *Catalogue des oeuvres de Darius Milhaud*, Genf 1982.
Nancy Lynn Perloff: *Art and the Everyday: The Impact of Parisian Popular Entertainment on Satie, Milhaud, Poulenc, and Auric*, Ann Arbor 1986.
Ruth E. Zinar: *Greek Tragedy in the Theater Pieces of Stravinsky and Milhaud*, Ann Arbor 1985.

Tristan Murail

Tristan Murail: *Entretemps*, Paris o.J. (wahrscheinlich 1988 [mit Beiträgen von Julian Anderson, Marc-André Dalbavie, Tristan Murail et al.]).

Francis Poulenc

Pierre Bernac: *Francis Poulenc et ses mélodies*, Paris 1978; englisch: *Francis Poulenc: The Man and his Songs*, London 1977.
Keith W. Daniel: *Francis Poulenc: His Artistic Development and Musical Style*, Ann Arbor 1982.
Hanno Ehrler: *Untersuchungen zur Klaviermusik von Francis Poulenc, Arthur Honegger und Darius Milhaud*, Tutzing 1990.
Henri Hell: *Francis Poulenc, musicien français*, Paris 1978.
George R. Keck: *Francis Poulenc: A Bio-Bibliography*, New York 1990.
Wilfrid Mellers: *Francis Poulenc*, Oxford 1993.
Francis Poulenc: *Correspondance*, réunie par Hélène de Wendel, Paris 1967.
Francis Poulenc: *Journal de mes mélodies*, Paris 1964.
Francis Poulenc: *Moi et mes amis*, confidences recueillies par Stéphane Audel, Paris 1963; englisch: *My Friends and Myself*, London 1978.
Thomas Duncan Stirzaker: *A Comparative Study of Selected Works by Arthur Honegger, Darius Milhaud and Francis Poulenc*, Ann Arbor 1988.

Serge Prokofiev

Elisabeth Hanson: *Prokofiev: The Prodigal Son: An Introduction to his Life and Work in Three Movements*, London 1964.

Claudia Margaret Kiel: *The Piano Etudes of Prokofiev and Stravinsky: An Interpretive Analysis for Performers*, Ann Arbor 1990.

Eckart Kröplin: *Frühe sowjetische Oper: Schostakowitsch, Prokofjew*, Berlin (DDR) 1985.

Ivan Nestiev: *Prokofiev*, Paris 1949; deutsch: *Prokofiev: der Künstler und sein Werk*, Berlin (DDR) 1962; englisch: *Sergei Prokofiev: His Musical Life*, New York 1946.

Serge Prokofiev: *Dokumente, Briefe, Erinnerungen*, Zusammenstellung, Anmerkungen und Einführung von S. I. Schlifstein, Leipzig o.J.

Serge Prokofiev: *Prokofiev über Prokofiev: aus der Jugend des Komponisten*, hrsg. von David H. Appel, München 1981.

Serge Prokofiev: Beiträge zum Thema, Dokumente, Interpretationen, Programme, das Werk, hrsg. von Hermann Danuser, Juri Cholopow, Michail Tarakanow, Laaber 1990.

Serge Prokofiev: *Soviet Diary 1927 and Other Writings*, hrsg. von Oleg Prokofiev, London 1991.

Natalja Pavlovna Savkina: *Sergej Prokofiev*, Berlin (DDR) 1984.

Alfred Schnittke: *Gedanken zu Sergej Prokofjew: Festvortrag zur Eröffnung des Internationalen Prokofjew-Festivals am 16. September 1990 in Duisburg*, Hamburg 1990.

Maurice Ravel

Louis Aguettant: *La musique de piano: des origines à Ravel*, Paris 1954.

Pierre Boulez: »Trajectoires: Ravel, Stravinsky, Schönberg«, in: *Contrepoints* 6 (1949), S. 122–142.

José Bruyr: *Maurice Ravel, ou le lyrisme et les sortilèges*, Paris 1950.

Léon-Paul Fargue: *Maurice Ravel*, Paris 1946.

Theo Hirsbrunner: *Maurice Ravel. Sein Leben. Sein Werk*, Laaber 1989; spanisch: *Maurice Ravel: vida y obra*, Madrid 1993.

Burnett James: *Ravel*, Sidney 1987.

Vladimir Jankélévitch: *Ravel*, Paris 1956; englisch: *Ravel*, Westport (Conn.) 1976.

Hélène Jourdan-Morhange: *Ravel d'après Ravel*, Lausanne 1953; englisch: *Ravel According to Ravel*, London 1988.

Hélène Jourdan-Morhange: *Ravel et nous: l'homme, l'ami, le musicien*, Genf 1945.

Marguerite Long: *Au piano avec Maurice Ravel*, Paris 1971.

Armand Machabey: *Maurice Ravel*, Paris 1947.

Marcel Marnat: *Maurice Ravel*, Paris 1986.

Rollo H. Myers: *Ravel: Life and Works*, Westport (Conn.) 1977.

Roger Nichols: *Ravel Remembered*, London 1987.

Arbie Orenstein: *Ravel, Man and Musician*, New York 1975; deutsch: *Maurice Ravel: Leben und Werk*, Stuttgart 1978.

Maurice Ravel: *Esquisse autobiographique*, Liège 1943.

Maurice Ravel: *Lettres à Roland-Manuel et à sa famille*, Quimper 1986.
Maurice Ravel: *Lettres, écrits, entretiens*, réunis, présentés et annotés par Arbie Orenstein, Paris 1989; englisch: *A Ravel Reader: Correspondence, Articles, Interviews*, compiled and edited by Arbie Orenstein, New York 1990.
Roland-Manuel: *Ravel*, Paris 1948; deutsch: *Ravel*, Potsdam 1951.
Roland-Manuel: *A la gloire de Ravel*, Paris 1938; englisch: *Maurice Ravel*, London 1947.
Roland-Manuel: *Maurice Ravel et son oeuvre*, Paris 1914.
F. H. Shera: *Debussy and Ravel*, London 1951.
Hans Heinrich Stuckenschmidt: *Maurice Ravel: Variationen über Person und Werk*, Frankfurt/Main 1976.
Willy Tappolet: *Maurice Ravel: Leben und Werk*, Olten 1950.
Ricardo Viñes: *Le journal inédit de Ricardo Viñes (Ravel, Debussy, Duparc)*, Genf 1980.

Albert Roussel

Basil Deane: *Albert Roussel*, London 1961; Westport (Conn.) 1980.
Norman Demuth: *Albert Roussel: A Study*, London 1971.
Robert Follet: *Albert Roussel: A Bio-Bibliography*, New York 1988.
Arthur Hoérée: *Albert Roussel*, Paris 1938.
Nicole Labelle: *Catalogue raisonné de l'oeuvre d'Albert Roussel*, Louvain-la-Neuve 1992.
Marc Pincherle: *Albert Roussel*, Genf 1957.
Albert Roussel: *Le carnet de bord (1889–1890)*, présentation-analyse Daniel Kawka, Saint-Etienne 1987.
Albert Roussel: *Lettres et écrits*, textes réunis, présentés et annotés par Nicole Labelle, Paris 1987.
Louis Vuillemin: *Albert Roussel et son oeuvre*, Paris 1924.

Erik Satie

John Cage: »Defense of Satie«, in: *John Cage*, edited by Richard Kostelanetz, New York 1970.
Alan M. Gilmor: *Erik Satie*, London 1988.
Vincent Lajoinie: *Erik Satie*, Lausanne 1985.
Rollo H. Myers: *Erik Satie*, New York 1985; französisch: *Erik Satie*, Paris 1959.
Robert Orledge: *Satie the Composer*, Cambridge 1990.
Nancy Lynn Perloff: *Art and the Everyday: Popular Entertainment and the Circle of Erik Satie*, Oxford 1991.
Francis Picabia: *Vive Erik Satie*, Liège 1957.
Anne Rey: *Erik Satie*, Paris 1981.
Erik Satie: *Briefe*, hrsg. von Ornella Volta, Hofheim 1991 (1. Band).
Erik Satie: *Ecrits*, réunis, établis et annotés par Ornella Volta, Paris 1977; deutsch: *Schriften*, Hofheim 1988; englisch: *The Writings of Erik Satie*, London 1980.
Pierre-Daniel Templier: *Erik Satie*, Paris 1932; englisch: *Erik Satie*, New York 1980.

Ornella Volta: *Satie/Cocteau: les malentendus d'une entente: avec des lettres et des textes inédits d'Erik Satie, Jean Cocteau, Valentine Hugo et Guillaume Apollinaire*, Paris 1993.
Ornella Volta: *Satie et la danse, avec un témoignage de David Vaughan*, Paris 1992.
Ornella Volta: *Satierik Erik Satie*, München 1984.
Ornella Volta: *L'ymagier d'Erik Satie*, Paris 1979.
Grete Wehmeyer: *Erik Satie*, Regensburg 1974.

Pierre Schaeffer

Sophie Brunet: *Pierre Schaeffer, suivi de Réflexions de Pierre Schaeffer*, Paris 1969.
Jean Laurendeau: *Maurice Martenot, luthier de l'électronique, précédé d'un témoignage de Pierre Schaeffer*, Montréal 1990.
Pierre Schaeffer: *A la recherche d'une musique concrète*, Paris 1952.
Pierre Schaeffer: *Amérique nous t'ignorons*, Paris 1946.
Pierre Schaeffer: *De l'expérience musicale à l'expérience humaine*, Paris 1971.
Pierre Schaeffer: *Entretiens avec Pierre Schaeffer* (Marc Pierret), Paris 1969.
Pierre Schaeffer: L'oeuvre musicale, textes et documents inédits, réunis par François Bayle, Paris 1990.
Pierre Schaeffer: *Traité des objets musicaus: essais interdisciplines*, Paris 1966.

Igor Strawinsky

Andrew William Buchman: *Sonata Form in Stravinsky's* Sonate *(1924)*, Ann Arbor 1988.
Wolfgang Burde: *Strawinsky: Leben, Werke, Dokumente*, Mainz 1992 (2. Auflage).
Wolfgang Burde: *Strawinsky. Monographie*, München 1982.
Clifford Calsar: *A Complete Catalogue*, San Francisco 1982.
Alfredo Casella: *Strawinsky*, Brescia 1951.
Juan Eduardo Cirlot: *Igor Stravinsky: su tiempo, su significación, su obra*, Barcelona 1949.
Paul Collaer: *Strawinsky*, Bruxelles 1930.
Dominique-René de Lerma: *Igor Federovitch Stravinsky, 1882–1971: A Practical Guide to his Music*, Kent 1974.
Domenica de Paoli: *Igor Stravinsky: da ›L'oiseau de feu‹ à ›Persefone‹*, Torino 1934.
Indra Devi: *Forever Young, Forever Healthy*, Englewood Cliffs 1953.
Wolfgang Dömling: *Igor Strawinsky in Selbstzeugnissen und Bilddokumenten*, Reinbek 1983.
Wolfgang Dömling und Theo Hirsbrunner: *Über Strawinsky. Studien zur Ästhetik und Kompositionstechnik,* Laaber 1985.
Michail Druskin: *Igor Strawinsky: Persönlichkeit, Schaffen, Aspekte*, Leipzig 1976.
Jürgen Engelhardt: *Gestus und Verfremdung: Studien zum Musiktheater bei Strawinsky und Brecht/Weill*, München 1984.
Jacques Handschin: *Igor Strawinsky: Versuch einer Einführung*, Zürich 1933.
Theo Hirsbrunner: *Igor Strawinsky in Paris*, Laaber 1982.
Helmut Kirchmeyer: *Igor Strawinsky: Zeitgeschichte im Persönlichkeitsbild*, Regensburg 1958.

Heinrich Lindlar: *Lübbes Strawinsky-Lexikon*, Bergisch-Gladbach 1982.
Gian Francesco Malipiero: *Strawinsky*, Venedig 1945.
Scott Messing: *Neo Classicism, the Origins of the Term and its Use in the Schoenberg/ Strawinsky Polemic in the 1920's*, Ann Arbor 1987.
Massimo Mila: *Compagno Strawinsky*, Turin 1983.
Dieter Möller: *Jean Cocteau und Igor Strawinsky. Untersuchungen zur Ästhetik und zu ›Oedipus Rex‹*, Hamburg 1981 (2 Bände).
Nicolas Nabokov: *Igor Strawinsky*, Berlin 1964.
Luis Felipe Palencia Caratt: *Stravinsky, el clasicismo y la función del arte*, Barranquilla 1950.
Michel Philippot: *Igor Stravinsky: l'homme et son oeuvre*, Paris 1965.
Charles Ferdinand Ramuz: *Souvenirs sur Igor Stravinsky*, Lausanne 1929.
André Schaeffner: *Stravinsky*, Paris 1931.
Volker Scherliess: *Igor Stravinsky:* Le Sacre du printemps, München 1982.
Volker Scherliess: *Igor Strawinsky und seine Zeit*, Laaber 1983.
Robert Siohan: *Igor Strawinsky in Selbstzeugnissen und Bilddokumenten*, Reinbek 1960.
Federico Sopeña: *Strawinsky: vida, obra y estilo*, Madrid 1956.
Vera Sonja Stegmann: *Das epische Musiktheater bei Strawinsky und Brecht*, Bern 1991.
Igor Strawinsky: *An Autobiography*, New York 1958.
Igor Strawinsky: *Avec Igor Stravinski;* textes d'Igor Stravinski, Robert Craft, Pierre Boulez, Karlheinz Stockhausen; lettres inédites de Claude Debussy, Maurice Ravel, Erik Satie, Dylan Thomas, Monaco 1958.
Igor Strawinsky: *Chroniques de ma vie*, Paris 1935/36 (2 Bände); spanisch: *Crónicas de mi vida*, Buenos Aires 1935; deutsch: *Erinnerungen*, Zürich 1937.
Igor Strawinsky: *Conversations with Igor Stravinsky* (Robert Craft), Garden City (New York) 1959.
Igor Strawinsky: *Correspondance Ernest Ansermet – Igor Stravinski (1914–1967)*, Genf 1990–1992 (3 Bände).
Igor Strawinsky: *Dearest Babushkin: The Correspondence of Vera and Igor Stravinsky, 1921–1954; with Excerpts from Vera Stravinsky's Diaries 1922-1971*, edited by Robert Craft, London 1985.
Igor Strawinsky: *Dialogues* (um das *Diary* gekürzte Taschenbuchausgabe von *Dialogues and a Diary*), London 1982.
Igor Strawinsky: *Dialogues and a Diary* (Igor Stravinsky and Robert Craft), New York 1963; London 1968; deutsch: *Erinnerungen und Gespräche*, Frankfurt/Main 1972.
Igor Strawinsky: *Expositions and Developments* (Igor Stravinsky and Robert Craft), Garden City (New York) 1962.
Igor Strawinsky: *Gespräche mit Robert Craft* (Übers. von: *Conversations with Igor Stravinsky* und *Memories and Commentaries*), Zürich 1961.
Igor und Vera Strawinsky: ein Fotoalbum 1921-1971; Texte und Interviews mit Igor Strawinsky, 1912–1963, Herrsching 1982.
Igor Strawinsky: *In Conversation With Robert Craft*, Harmondsworth 1960.
Igor Strawinsky: *Leben und Werk: von ihm selbst* (enthält Erinnerungen, Musikalische Poetik, Antworten auf 35 Fragen), Zürich 1957.

Igor Strawinsky: *Memories and Commentaries*, hrsg. von Robert Craft, London und New York 1960.

Igor Strawinsky: *Poétique musicale*, Paris 1945 (4ème éd.); englisch: *Poetics of Music in the Form of Six Lessons*, Cambridge (Mass.) 1943, 1979; spanisch: *Poética musical*, Buenos Aires 1946; deutsch: *Musikalische Poetik*, Mainz 1949.

Igor Strawinsky: *Retrospectives and Conclusions* (Igor Stravinsky and Robert Craft), New York 1969; spanisch: *Ideas y recuerdos*, Barcelona 1970.

Igor Strawinsky: *Selected Correspondence*, ed. and with commentaries by Robert Craft, London 1982–1985 (3 Bände).

Vera Strawinsky und Robert Craft: *Strawinsky in Pictures and Documents*, London und New York 1978.

Heinrich Strobel: *Igor Strawinsky*, Zürich 1956.

Roman Vlad: *Strawinsky*, Turin 1983.

Stephen Walsh: *The Music of Igor Strawinsky*, Oxford 1993.

Eric Walter White: *Strawinsky. The Composer and his Works*, London 1966; 1979 (2. Aufl.).

Edgard Varèse

Jonathan W. Bernard: *The Music of Edgard Varèse*, New Haven 1987.

Pierre Boulez: »La sauvagerie concertée: hommage à Varèse«, in: *Le Nouvel observateur*, 17. November 1965, S. 53.

Marc Bredel: *Edgard Varèse*, Paris 1984.

David Harold Cox: *The Music of Edgard Varèse*, Boston Spa 1987 (2 Bände).

Peter Jaffe: *Edgard Varèse's Orchestral and Ensemble Works: History, Theory and Conducting Analysis*, Ann Arbor 1989.

Fernand Ouellette: *Edgard Varèse*, Paris 1966; englisch: *Edgard Varèse*, London 1973.

Keith Tedman: *Edgard Varèse: Concepts of Organised Sound*, Boston Spa 1990.

Edgard Varèse: *Ecrits*, textes réunis et présentés par Louise Hirbour, Paris 1983; italienisch: *Il suono organizzato: scritti sulla musica*, introduzione a cura di Louise Hirbour, Milano 1985.

Edgard Varèse: die Befreiung des Klangs: Symposium Edgard Varèse in Hamburg 1991, hrsg. von Helga de la Motte-Haber [mit Beiträgen von Rudolf Stephan, Jürg Stenzl, Pascal Decroupet u.a.], Hofheim (Taunus) 1992.

Edgard Varèse, 1883–1965: Dokumente zu Leben und Werk, zusammengestellt von Helga de la Motte-Haber und Klaus Angermann, Frankfurt/Main 1990.

The New Worlds of Edgard Varèse: A symposium with papers by Elliott Carter, Chou Wen-chung et al., New York 1979.

Odile Vivier: *Varèse*, Paris 1983.

Grete Wehmeyer: *Edgard Varèse*, Regensburg 1977.

Iannis Xenakis

André Baltensperger: »›Art‹ und ›science‹: Musik und Denken von Iannis Xenakis – zu seinem 70. Geburtstag«, in: *Neue Zeitschrift für Musik* 153 (1992), S. 27–34.

André Baltensperger: *Iannis Xenakis und die stochastische Musik: Komposition im Spannungsfeld von Architektur und Musik*, Basel 1987 (3 Bände).

Ellen Rennie Flint: *An Investigation of Real Time as Evidenced by the Structural and Formal Multiplicities in Iannis Xenakis'* Psappha, Ann Arbor 1989.

Nouritza Matossian: *Iannis Xenakis*, Paris 1981.

Michel Tabachnik: »Xenakis vu par un de ses interprètes attitrés«, in: *Dissonanz* 28 (1991), S. 14–17.

Iannis Xenakis: *Arts, sciences: alliages*, Bruxelles 1979.

Iannis Xenakis: »Concerning Time«, in: *Perspectives of New Music* 27 (1989), S. 84–92.

Iannis Xenakis: *Formalized Music: Thought and Mathematics in Composition*, Ann Arbor 1987.

Iannis Xenakis: The man and his Music: A Conversation with the Composer and a Description of his Works (Mario Bois), Westport (Conn.) 1980.

Register